MES ANNÉES CUBA

DU MÊME AUTEUR

Romans

LA MAURESQUE, Gallimard, 1982, prix Jouvenel de l'Académie française.

ZONE INTERDITE, Gallimard, 1994.

L'ÎLE DU LÉZARD VERT, Flammarion, 1992, prix Goncourt des lycéens.

HABANERA, Flammarion, 1994.

RHAPSODIE CUBAINE, *roman*, Grasset, 1996, prix Interallié.

D'AMOUR ET D'EXIL, Grasset, 1999, prix Relais H.

LA SAGESSE DU SINGE, Grasset, 2001.

MAESTRO !, Laffont, 2002, grand prix Télégramme.

Pièces de théâtre

Une quinzaine de pièces parmi lesquelles :

LES NONNES, Gallimard, 1970, prix Lugné-Poe.

EUX OU LA PRISE DU POUVOIR, Gallimard, 1971, production Comédie-Française / Petit Odéon, 1973.

LE JOUR OÙ MARY SHELLEY RENCONTRA CHARLOTTE BRONTË, Gallimard 1971, production Comédie-Française / Petit Odéon, 1973.

HOLOCAUSTUM OU LE BORGNE, Gallimard, 1972, Théâtre de l'Athénée, 1971.

UN BALCON SUR LES ANDES ; MENDOZA EN ARGENTINE ; MA' DÉA, Gallimard, 1985, coproduction Nouveau Théâtre de Nice / Grand Théâtre de l'Odéon.

HISTOIRE DE MAHEU LE BOUCHER, Actes Sud-Papiers, 1986, prix Avignon Off 1987.

MONSIEUR LOVESTAR ET SON VOISIN DE PALIER, Actes-Sud, 1996, Comédie de Genève, 1996.

LADY STRASS, *pièce en trois volets*, Avant-Scène, 1977 ; version anglaise, UBU Théâtre de New York, octobre-décembre 1996.

VIVA VERDI, Actes-Sud, 1998; création mondiale en mars 2004, Fontainebleau.

RACONTE-MOI RACHEL, projet de création 2004-2005.

Opéras

CÉCILIA, livret d'Eduardo Manet, musique de Charles Chaynes, Opéra de Monte-Carlo, mai 2000 ; Théâtre de l'Opéra de Nancy et de Liège, 2001.

MI AMOR, livret d'Eduardo Manet, musique de Charles Chaynes, création 2004-2005.

EDUARDO MANET

MES ANNÉES CUBA

BERNARD GRASSET
PARIS

I

1

Oriente, la tête du caïman

Le jour où je suis né la terre a tremblé à Santiago de Cuba. C'est du moins ce que soutenait ma mère. Fallait-il la croire ou pas ? Le fait est que j'eus droit, au cours de ma petite enfance, à diverses versions de cet accident héroïque.

« Tu es né à l'instant précis où le sol s'est mis à trembler, les murs à se fendre, les toitures à s'effondrer... Tout commençait à valser dans la maison quand la sage-femme haïtienne qui était venue m'aider à accoucher eut la bonne idée de faire transporter mon lit dans la rue. C'est là que tu es né ! Quelques instants plus tard, la chambre n'était plus qu'un amas de pierres et de bois calciné... Tu es venu au monde, mon fils, le lendemain du plus terrible tremblement de terre de toute l'histoire de Santiago de Cuba. Notre maison avait été providentiellement épargnée par les éléments en furie... »

Femme à l'imagination débordante, ma mère avait le don d'interpréter la réalité à sa convenance, tout comme elle ne se privait pas de réinventer sa vie au jour le jour.

Elle avait de longs cheveux bouclés, toujours bien peignés. Ils brillaient de reflets bleutés grâce à l'huile parfumée, « recette de femmes hindoues », dont elle les enduisait. Ma mère était fière de ses cheveux et de ses yeux « plus noirs que l'onyx ». Fuyant le soleil cubain qu'elle trouvait beaucoup plus fort que le soleil andalou de sa naissance, elle refusa toute sa vie de se rendre à la plage.

« Je n'ai pas besoin de rôtir sous le soleil tropical. Je tiens à garder le teint de mes origines. »

Ses origines...

Encore une source de mensonges éhontés. En fonction de son interlocuteur, ma mère se proclamait « syrienne » ou « gitane ». Je l'ai même entendue évoquer, une fois, son « arrière-grand-mère turque ». Quand je m'étonnais de l'incohérence de ses affirmations, elle prenait un air de *mater dolorosa*, imitant le regard éploré et le geste tragique d'une Vierge peinte par Murillo, et qu'elle tenait pour son portrait tout craché.

« La vie est dure, mon fils, murmurait-elle en caressant mes cheveux aussi noirs, bouclés et huilés que les siens. Sache que je ne mens jamais, je donne juste un peu de couleur aux choses qui sont grises. J'invente une stratégie de survie. Un jour tu comprendras. Je te le promets, un jour, je te dirai tout. »

Chaque matin selon l'humeur elle nous jouait un rôle. Quand elle réveillait la maison en fredonnant un air d'Imperio Argentina tout le monde comprenait que, ce jour-là, Sarah-Soledad jurerait devant l'image de la Macarena qu'elle était née en pleine sierra Morena, au sein d'une tribu de gitans fiers de leur liberté et n'ayant peur de rien ni de personne. D'autres matins, le calme régnait et je trouvais ma mère à la cuisine. Levée à l'aube, elle préparait des gâteaux, repassait le linge de la semaine, organisait des dîners... Devant les yeux étonnés de son fils et des « gens de maison » qui nous entouraient, ma mère prenait le temps de jouer, pour nous – son public acquis d'avance –, la jeune fille de la maison qu'elle avait été dans un coin radieux de son Andalousie natale. Quel coin ? me demanderez-vous. Tantôt c'était « quelque part près de Murcia », tantôt « une ferme non loin de Málaga », ou encore « notre villa sur le port de Cadix ».

De ces personnages, celui que je préférais était le plus exotique de tous : « celle dont la famille venait d'Afrique du Nord ».

La Mauresque.

« Si tu savais, mon fils ! Il faudra qu'un jour nous allions visiter ensemble Grenade, Séville, Cordoue... Le triangle magique ! C'est là que mes ancêtres ont participé à l'éclosion de la plus belle civilisation du monde. La cité était gouvernée par les poètes et les philosophes. L'art régnait en maître. Je t'ai montré les photos de ce qu'on appelle les *pueblos blancos*. Des maisons à échelle humaine, aux murs blancs, symbole de pureté. Des fenêtres et des portes bleues pour rappeler que nous devons tout au ciel. Et nos églises... Qui n'étaient pas des églises d'ailleurs mais des mosquées, et sont encore considérées comme des bijoux d'architecture. Nos pauvres mosquées martyrisées, converties en églises par les Rois Catholiques Ferdinand d'Aragon et Isabelle de Castille. Celle-là ! »

Ma mère ne disait pas le mot : elle se contentait de lever les bras au ciel, fermait les yeux et l'articulait grossièrement, sans le son, pour que je le saisisse sans l'entendre. « La puta. » Bien des années plus tard, je ne peux voir un portrait d'Isabelle la Catholique sans penser intérieurement, comme l'aurait fait ma mère : « La pute ! » Celle qui a expulsé ou brûlé Arabes et Juifs, celle par qui le malheur est arrivé.

« Si cet imbécile de Colomb n'avait pas débarqué avec ses Galiciens, les civilisations aztèque, inca et maya auraient étonné le reste de la terre ! »

J'avais compris, très tôt, que ma mère haïssait de toutes ses forces ceux qu'elle appelait les « Gallegos », c'est-à-dire les Espagnols en général et les Castillans en particulier.

« Dis-moi maman... papa, il est bien né à Madrid, non ? Avec ses cheveux presque blonds, sa peau blanche et ses yeux verts, il n'est pas gitan comme toi, ni maure, n'est-ce pas ?

— Ah ! çà, mon fils ! Ton père, c'est autre chose ! Il est castillan de naissance, mais il n'a rien d'un Gallego. Il n'y a qu'à voir son nom : Gonzalez-Manet. Le côté français de Manet est chez lui bien plus fort que les racines espagnoles. La France ! Ah, mon Dieu ! Paris ! Paris que j'aime ! »

Elle n'avait jamais mis les pieds en France et ne connaissait de Paris que ce qu'elle en avait lu dans les romans de Dumas, Victor Hugo et George Sand. A l'époque, elle collectionnait les revues françaises qui, disait-elle, « répandaient dans le monde l'élégance de la haute couture parisienne et donnaient une idée des raffinements de la Ville lumière ».

Je pense qu'elle s'avançait en disant que mon père était plus français qu'espagnol. Né à Cuba, mon père avait fait des études de droit à Madrid. Sa passion pour les écrivains du Siècle d'or espagnol m'avait permis de découvrir, dans la bibliothèque de la maison, les œuvres complètes de Cervantès, Lope de Vega et Calderón, en éditions de luxe.

Ma mère m'avait promis que mon père me parlerait, un jour, de l'époque où il habitait Paris.

« Il connaît cette ville comme personne, ajoutait-elle.

— Mais quand, maman, quand ? »

C'était la question à ne pas poser car mon père, tout au long de ma petite enfance, a été l'homme absent, l'homme du silence. Le gentleman venu d'ailleurs.

« Pourquoi ton père vient-il si peu à Santiago ? Comment t'expliquer ? Il faut que tu comprennes que c'est un monsieur important et très occupé. »

C'était alors l'occasion pour ma mère de « me raconter mon père ». Ou du moins le peu qu'elle en savait.

« Il a été ministre de l'Education sous le gouvernement du docteur Alfredo Zayas. Le seul président de la République à ne pas être militaire. Tous les autres, Menocal, le sinistre Machado, tous des généraux ! En plus Zayas était un président honnête. En ce moment ton père dirige un journal à La Havane. Ça l'occupe beaucoup. C'est aussi un excellent avocat. Il y a quelques années, il a défendu un brave commerçant qu'une Française de mauvaise vie, la terrible Rachel, avait rendu fou. »

Ce fait divers des années 20 était pour ma mère une source de conversation sans fin avec ses amies. Elle leur montrait, preuves à l'appui, les coupures de presse de l'époque. Et dans cette histoire sordide transformée en feuilleton romantique, mon père, l'avocat, faisait figure de héros. Un riche commerçant aragonais était tombé amoureux d'une « poule » française, la dénommée Rachel. Marié et père de famille nombreuse, cet homme acheta à sa maîtresse une des plus belles demeures de Santiago, la couvrit d'or et de bijoux. Rachel adorait prendre des bains en lisant des romans à l'eau de rose dans sa langue maternelle. Aveuglé par sa passion, l'Aragonais était le seul à ne pas savoir que Rachel le trompait avec un jeune mulâtre, plombier de métier. Un ami bien intentionné finit par lui prouver qu'il était cocu et que tout Santiago se moquait de lui. L'homme vit rouge. Transformé en taureau furieux il entra dans la maison, trouva Rachel qui lisait dans sa baignoire et la poignarda sauvagement. Quinze coups de couteau...

Pour le défendre, mon père plaida que l'Aragonais était devenu fou sous l'empire de la passion. Le meurtrier fut innocenté. Quelqu'un imprima la plaidoirie de mon père pour en faire une plaquette que l'on s'arracha dans tous les kiosques de la ville.

Il m'arriva, adolescent, de relire ce texte. Quelques phrases attirèrent mon attention :

« Mettez-vous à la place de cet homme, bon époux, bon père de famille, catholique fervent qui débarque sur notre île. Cet Aragonais de souche, habitué à une vie de rigueur et d'austérité, éprouve pour la première fois le climat tropical. Ses sens se troublent. Nous connaissons bien, nous les Cubains, les effets de la chaleur, les odeurs de fruits mûrs, la sensualité à fleur de peau qui vous enivre sans que vous puissiez contrôler vos émois. Saint Antoine lui-même n'aurait pas pu résister aux tentations s'il avait habité Cuba ! »

En prenant fait et cause pour l'Aragonais mon père plaidait pour lui. Plus espagnol que cubain, quoi qu'en dît ma mère, il obéissait à une tradition qui s'était imposée dans l'île avec la colonisation et qu'a si bien décrite Cirilo Villaverde dans son roman *Cecilia Valdés*, un monument de la littérature cubaine du XIXe siècle : l'homme vit à la maison avec l'épouse et mère de famille et entretient sa maîtresse dans un second foyer.

Le fait est que mon père, sur ce plan, battait tous les records et que je n'ai jamais réussi à savoir exactement le nombre d'enfants nés de ses œuvres. Je pense qu'à cette époque ma mère n'avait pas encore une idée précise de la situation. Il suffisait que l'homme de sa vie annonce sa visite et c'était le branle-bas : ma mère faisait couler un bain mousseux aux huiles parfumées, elle passait un long séjour dans la salle de bain à se peigner, se maquiller, se parfumer. C'était aussi l'occasion de sortir les somptueuses robes andalouses qui dormaient dans son placard et la rappelaient à ses origines.

Ce qui pour ma mère était une fête devenait pour moi signe de deuil. Je savais que l'entrée dans la chambre maternelle me serait interdite ; que lors de ces « visites » le couple disparaîtrait des heures durant derrière la porte fermée à clé ; que je n'aurais pas le droit, ce soir-là, d'occuper ma place dans le lit, à côté de ma mère. Expulsé, renié, exilé. Je ne connaissais pas le sens exact de ces mots, mais j'en ressentais en moi l'effet catastrophique. Par contre, je connaissais d'avance le rituel : on me préparerait un lit à côté de celui de ma nourrice haïtienne et je lui demanderais :

« Que font papa et maman, Senta ? Ils restent enfermés dans la chambre pendant des heures.

— Ne t'inquiète pas, Niño, ils se racontent des histoires. Veux-tu que je t'en raconte une ? »

Les histoires de Senta...

De sombres tableaux où il était toujours question de morts vivants, de zombies, d'arbres magiques qui faisaient résonner au loin « la voix de notre île d'Haïti, ancrée au cœur de la Caraïbe. Haïti où, la nuit tombée, on se croirait en pleine Afrique. Pas comme ici.

— Tu n'aimes pas Cuba, Senta ?

— Ce que je n'aime pas, c'est que cette terre est trop chaude. »

Caliente. Elle me l'avait bien expliqué, quand elle disait *caliente*, Senta ne parlait pas de la chaleur du climat. Cela voulait dire, dans son langage imagé, « une terre où la violence politique a pris racine ».

Car c'est à Bayamo, dans la région d'Oriente, que Carlos Manuel de Céspedes proclama le « Cri de Yara », marquant le début d'une guerre d'indépendance qui devait durer dix ans, de 1868 à 1878 ; à Oriente également que José Martí débarqua en 1895 pour participer à une guerre qui dura, cette fois-ci, trois longues années ; à Santiago de Cuba qu'eut lieu, en 1953, l'attaque de la Moncada ; ce sont aussi les plages d'Oriente que choisira Fidel Castro pour débarquer avec ses troupes et lutter contre le dictateur Batista.

Oriente, tierra caliente...

La « tête du caïman », avec ses plages et ses baies paradisiaques, ses fleuves, ses montagnes, ses jungles denses où les Cubains se sont battus contre les Espagnols de longues années durant.

Chaque enfant cubain sait par cœur la phrase de l'amiral Christophe Colomb : « La plus belle terre que des yeux humains aient jamais contemplée. »

Colomb ne fit que passer. Imagina-t-il un seul instant qu'il venait de découvrir et de nommer sur la mappemonde une des îles les plus *calientes* de cette région de la planète ?

Certes ma naissance coïncida avec un tremblement de terre. Mais trois ans plus tard, Cuba « trembla » d'une autre manière. Nous sommes en 1933. La dictature du général Gerardo Machado est de plus en plus contestée. Ouvriers et paysans supportent mal les abus et les humiliations. Les campagnes ont beaucoup souffert de la guerre d'indépendance et la misère s'est généralisée. Le pays entier se plaint de la brutalité de la répression exercée par la police et par l'armée. Les politiciens complotent et les étudiants sont aux avant-postes dans la lutte contre le général-dictateur. A Santiago de Cuba, grèves et manifestations se succèdent.

Des années plus tard, ma mère racontera l'histoire à ses amies.

« Nous étions à la fenêtre du rez-de-chaussée qui donnait sur l'avenue Victoriano Garzón. Je voulais montrer à mon fils la manifestation des jeunes étudiants qui marchaient en scandant " Machado, assassin ! Mort au tyran ! ". Vous savez qu'à Cuba, tout peut finir en musique. Ainsi entendit-on le slogan du jour se transformer progressivement en un chant mélodieux. Mi-rumba, mi-conga. Ma-cha-do, un, deux, trois ! Tyran, un, deux, trois !... La marche prit des allures de danse et le cortège entra dans la cadence comme un seul corps. Les jeunes dans ce pays aiment tellement s'amuser ! On manifeste, oui, mais on est plein d'énergie, de joie de vivre. Mon fils ouvrait grand les yeux, fasciné, comme au spectacle. Notre maison se trouvait dans une avenue calme et ombragée, plus propice aux promenades qu'aux défilés politiques. J'essayais de lui expliquer, le plus simplement du monde, le moment historique qu'il était en train de vivre. " Tu comprends, chéri, ces jeunes gens réclament la démission du général Machado. Ces étudiants sont courageux, Niño ! Montrons-leur que nous sommes avec eux ! " Et nous avons commencé à crier à la fenêtre " Vive la liberté ! " en leur envoyant des signes d'amitié. Les étudiants qui passaient devant notre fenêtre nous saluaient à leur tour, nous envoyaient des baisers... Tout le monde criait, riait. C'était la fête, et puis soudain... L'horreur ! La police à cheval charge contre les manifestants. Comme dans un film. Les policiers frappent avec leurs bâtons, lourds et longs, le dos, la tête des jeunes gens. Un étudiant – quinze ans, pas plus ! – s'approche des grilles en fer forgé de notre fenêtre. La terreur dans ses yeux est insoutenable. Je m'apprête à lui ouvrir la porte quand un policier se met à le frapper de toutes ses forces. Nous voyons, mon fils et moi, le sang recouvrir le visage du jeune garçon. Et nous crions ensemble " Policiers ! Assassins ! ". Par chance, tout à sa sale besogne, le flic n'entend pas nos invectives. Il attrape l'étudiant par le col de sa chemise et le traîne vers un fourgon. »

violence, les cris, le sang qui inonde le visage de l'adolescent terrorisé.

En cette même année 1933, tandis que les étudiants défilaient dans les rues de Santiago pour manifester leur colère contre le dictateur Machado, un garçon de sept ans menait, à en croire ses biographes, une vie de jeune sauvage, débordant d'énergie, nageant dans les rivières, montant à cheval sans monture et chassant à la fronde.

Cet enfant portait le prénom de Fidel.

Par une curieuse coïncidence le père du jeune Fidel était né la même année que mon père, en 1875. A une différence près, c'est que mon père, de famille madrilène, était né par hasard à Santiago de Cuba. Le père de Castro, lui, était originaire de Lancara, un village de la province de Lugo, en Galice. A cette époque, la vie des paysans gallegos était rude. Ils n'avaient qu'un seul espoir, émigrer. Entre 1850 et 1865 les ports de Vigo et de La Coruña assistèrent au départ d'une foule d'émigrants qui embarquaient sur des navires pour aller faire fortune ailleurs. Deux millions de personnes, selon les archives, quittèrent leur terre natale dans l'espoir que le Nouveau Monde leur offrirait une vie meilleure. De New York à Buenos Aires, de la Floride à Panamá, on s'habitua à voir débarquer ces Galiciens, « visages fermés et regards sombres », comme disait une balade de l'époque.

En 1895, Angel Castro s'enrôle dans l'armée espagnole. La deuxième guerre d'indépendance cubaine vient d'éclater. L'Espagne recrute des jeunes soldats pour faire face aux *mambis*, les combattants cubains, enflammés par le message de José Martí. Cette fois-ci la guerre ne dure pas. Elle cessera en 1898. Dès 1889, Angel Castro est de retour chez lui. Mais pour ces combattants espagnols, l'île de Cuba reste la Perle des Antilles, une île dont la douceur de vivre continue d'alimenter leurs rêves. Une fois chez lui, Angel Castro décide de quitter l'armée et de revenir dans ce pays contre lequel il s'est battu. Les Cubains, ses ennemis d'hier, ne se montrent pas rancuniers. Les guerres ont épuisé l'économie cubaine et les terres sont mises en vente. Et comme tant d'autres ex-soldats, Angel Castro va se forger un avenir sur les terres d'Oriente.

Ceux qui possèdent des dollars, la monnaie forte, peuvent se payer le luxe d'acheter la terre. C'est l'Espagne colonialiste qui avait introduit le renard nord-américain dans son poulailler cubain. Les transports étaient difficiles sur l'île étroite et longue. Acheminer de la viande, par exemple, de Camagüey à La Havane, la capitale gourmande, était beaucoup moins rentable que négocier le transport de cette marchandise depuis la ville de Chicago. Après la conquête de l'Ouest, les chemins de fer s'étaient développés en Amérique et la distance en bateau entre le port de Miami et celui de La Havane offrait un passage plus rapide que le transport en charrettes sur les chemins cahoteux de cette île où le soleil cognait. A l'époque de la colonisation déjà, les habitants de Cuba avaient pris l'habitude de manger la viande américaine plutôt que celle de Sancti Spiritus.

Le lion espagnol, la grande nation qui découvrit, conquit et colonisa le Nouveau Monde et ses territoires immenses, n'était plus qu'un empire fatigué. L'Amérique dite latine s'était séparée de la métropole, mais la Couronne espagnole conservait encore quelques-uns de ses joyaux : des îles comme les Philippines, Puerto Rico, Cuba. Pendant la première guerre d'indépendance cubaine, de 1868 à 1878, Chicago continua d'envoyer ses quartiers de bœufs et de veaux à La Havane. Mais à partir de 1895 la situation en Amérique du Nord évolua et l'ambition de grande puissance de ce pays s'affirma de jour en jour. Quand il fut évident que l'Espagne ne pouvait plus soutenir l'effort de guerre, les Américains du Nord comprirent que le moment d'agir était venu. Ne leur manquait qu'un bon prétexte pour passer à l'attaque. L'explosion du *Maine*, un bateau de la flotte américaine, dans le port de La Havane ne pouvait tomber mieux. Accident ? Sabotage ? Un mystère que personne jusqu'à ce jour n'a jamais élucidé. Deux cent soixante marins y trouvèrent la mort. William Randolph Hearst, le magnat de la presse qui inspira si génialement Orson Welles pour son *Citizen Kane*, utilisa la tribune de ses journaux pour insuffler dans l'opinion publique l'idée que la guerre était inévitable.

« WAR ! » titra le journal *World* de Joseph Pulitzer.

« WAR ! » reprirent en chœur tous les journaux de Hearst.

Et en 1898 Washington déclara la guerre à l'Espagne. José Martí, l'Apôtre, était tombé sur le champ de bataille en 1895, un mois après son débarquement à Cuba. Les combattants de la *manigua* se trouvaient orphelins du seul homme qui aurait pu, peut-être, éviter ce qui devait arriver quelques années plus tard.

« Je connais le monstre, avait dit Martí. J'ai vécu dans ses entrailles. »

Le poète usait d'une métaphore pour rappeler que, vu l'appétit vorace de la jeune nation américaine, il fallait se méfier d'elle si l'on voulait sauvegarder l'intégrité d'un Cuba libéré, un jour, de la colonisation espagnole.

L'armée du Nord mit le pied en terre cubaine. Merveille de la technique moderne, un film des actualités de l'époque nous montre le débarquement de Theodore, alias « Teddy », Roosevelt à Cuba. Sabre en main, revolver à la ceinture, il avance à la tête de ses *Rough Raiders*.

On y voit les *marines* s'emparer de la colline de San Juan, dans la province d'Oriente, non loin du champ de bataille où José Martí était tombé trois ans auparavant. Teddy et ses boys montent en haut de la colline et y plantent le drapeau américain. La guerre entre les Etats-Unis et l'Espagne prend fin. Washington et Madrid commencent à négocier.

Et les Cubains, là-dedans ? Absents des discussions.

L'armée des Etats-Unis, quelques généraux en tête, défile dans les rues de Santiago de Cuba et déploie son drapeau au balcon de l'ex-gouverneur espagnol. Tout semble indiquer que la guerre a été gagnée par les *marines*, et non pas par les combattants cubains.

La légende veut que le général Calixto García ait pleuré en voyant le drapeau yankee flotter.

L'île de Cuba devint territoire occupé jusqu'en 1902, date de la proclamation officielle de l'indépendance.

Pour comprendre la situation et les pressions qu'exerça le gouvernement de Washington il suffit de consulter les livres d'histoire, dont *Le Centenaire de la République cubaine* (Ediciones Universal, Miami, 2000), conçu par William Navarrete et Javier de Castro. Cuba n'obtint son indépendance qu'à deux conditions : que la base de Guantánamo soit « allouée » au commandement nord-américain et que les Cubains acceptent le plan d'amendement du sénateur républicain Orville Platt. Que prévoyait ce plan ? Il donnait aux Etats-Unis le droit de débarquer leurs troupes à tout moment s'ils considéraient que les intérêts de la grande nation étaient en danger.

Par ailleurs, Puerto Rico et les Philippines devenaient des « protectorats » nord-américains.

Voilà dans quelle situation Angel Castro trouve l'île à son retour. Il constate que les « Yankees » sont aussi entreprenants et durs à la tâche que les Gallegos, bien que beaucoup plus riches. La quasi-totalité des meilleures terres de la province d'Oriente est passée entre les mains de citoyens nord-américains.

Angel Castro se met alors à travailler pour eux, *los Americanos*. En bon ex-soldat qu'il est, Castro père sait se faire obéir par ses ouvriers : des Cubains, blancs et noirs, des Haïtiens, des Jamaïcains, des Chinois... Discipliné et efficace, le Galicien travaille pour l'avenir.

Le temps passe... Le contremaître a fait des économies. Il quitte ses patrons, achète des terres et s'installe à son compte. En quelques années sa ferme, Manacas, s'étend sur plus de dix mille hectares, bénéficiant d'une situation géographique idéale, aux pieds de la sierra Maestra.

Devenu propriétaire d'une entreprise prospère, le moment est venu de fonder une famille. Angel Castro épouse María Luisa Argota, jeune institutrice cubaine. Le couple a deux enfants. Une fille, Lidia, et un garçon, Pedro Emilio. L'hacienda se développe. Angel dirige d'une main ferme une petite armée de plus de cent travailleurs. Son épouse s'occupe de la maison, mais la vie à la campagne est rude et la famille a besoin d'aide.

Lina Ruz entre en scène.

Una cubana guapa.

Belle, il semblerait qu'elle l'ait été. Et jeune surtout. Elle n'a pas plus de quatorze ans quand elle entre au service des Castro. Lina vient de Pinar del Río, à l'autre bout de l'île, la zone occidentale aussi *caliente* que celle d'Oriente. Angel Castro n'échappera pas à la tradition qui consiste à entretenir l'épouse à la maison et des maîtresses loin du foyer principal. Sauf que cette fois-ci, Lina Ruz, celle qui deviendra sa maîtresse, se trouve déjà dans la maison.

Arrive le jour où María Luisa Argota, l'épouse officielle, quitte Manacas. Après un divorce long et difficile, elle gardera, semble-t-il, de bonnes relations avec le père de ses enfants.

Lina Ruz ne tarde pas à donner une nouvelle progéniture à son ex-patron. Trois filles et trois garçons naîtront de leur union : Emma, Juanita, Angelita, Ramón, Fidel et Raúl.

Lina est une maîtresse femme. Elle monte à cheval, un revolver à la ceinture, le fusil à portée de main. La légende veut que, bien des années plus tard, quand son fils Fidel institua la réforme agraire et céda à l'Etat les terres familiales de Manacas pour donner l'exemple aux propriétaires terriens, Lina Ruz, sa mère, reçut les *compañeros* une Winchester à l'épaule et prête à dégainer.

1933. L'année que choisit mon père pour déplacer sa famille de Santiago à la capitale. A Cuba la situation économique et politique va de mal en pis. Le général Machado a répondu aux attaques de l'opposition, aux grèves, manifestations et attentats avec une violence sans pareille qui lui vaudra le surnom de « la Hyène ». L'humour du peuple cubain se teinte de nuances noires.

« Le désespoir, d'un bout à l'autre de l'île », dit ma mère. Et elle sait de quoi elle parle : traverser l'île en voiture de Santiago à La Havane est une excellente manière d'avoir une vision panoramique de la situation que vit le pays.

2

Une île toute en longueur

Ma mère était incapable de raconter un film, un livre ou un épisode du célèbre feuilleton radiophonique *Le droit de naître* sans collaborer au travail des auteurs. Ce qui provoquait des discussions interminables, quand ses évocations s'éloignaient un peu trop de la vérité.

« Tu inventes ! Pourquoi ne racontes-tu pas ce qui s'est vraiment passé ? » lui renvoyaient à la figure ses auditrices quand elle arrangeait une partie de l'intrigue pour mieux leur plaire. Ma mère prenait alors un air offensé.

« Je brode pour donner de la vie au récit, quoi de plus naturel ? Mais l'essentiel y est, je vous assure ! »

J'avais six ou sept ans et j'aimais faire raconter à ma mère notre voyage de Santiago à La Havane. Je ne gardais, pour ma part, que des souvenirs vagues ou des images floues de cet interminable périple. Comme à chaque fois elle ajoutait de nouvelles anecdotes, je n'ai retenu que les moments de son récit qui m'ont le plus frappé.

« Tu dois savoir... », disait-elle pour démarrer. Ma mère commençait invariablement l'histoire par cette formule, qui était pour elle l'équivalent de « Il était une fois... ».

« Tu dois savoir, mon fils, que Cuba a toujours eu une longueur d'avance sur la métropole espagnole. Regarde ! Le train, par exemple... nous avons eu le train dans l'île bien avant l'Espagne. Au début, il ne parcourait qu'une courte distance, quelques kilomètres entre Bejucal et La Havane. Cette première tranche de construction de voies ferrées, qui débuta en 1837, obéissait à des impératifs économiques. La grande préoccupation était de trouver le moyen de transporter la canne à sucre le plus vite possible. Le succès de l'entreprise fut tel qu'il permit d'inaugurer une nouvelle ligne entre Bejucal et Güines. Hélas ! Les guerres d'indépendance mirent un terme à ce premier élan. Les travaux interrompus reprirent à la proclamation de la république. En 1932, Cuba pouvait se vanter de posséder plus de quinze mille kilomètres de voies ferrées. Tu me demandes pourquoi nous n'avons pas pris le train pour aller de Santiago à la capitale ? Une idée de ton père. Je me plaignais de ne pas bien connaître Cuba. J'étais venue avec lui directement d'Andalousie. " Nous prendrons la voiture, dit-il. Nous pourrons nous arrêter où nous voulons et quitter l'autoroute pour visiter les petits villages. " L'autoroute. Une entreprise lancée par Gerardo Machado, le dictateur assassin, en 1926. Un an à peine que les travaux étaient terminés. L'autoroute était donc neuve. Une entreprise qui, dit-on, fit la fortune de Machado et des siens. Ton père décida donc de prendre notre grosse Chevrolet. Ainsi avons-nous roulé à notre rythme de croisière, nous arrêtant dans les villes de Camagüey, Santa Clara, Matanzas... empruntant des petites routes pour acheter des fruits et des légumes directement aux paysans. Les paysans ! Les guerres avaient bouleversé la campagne cubaine, certes, mais, après trente ans de république, je ne m'attendais pas à voir une misère aussi généralisée ! L'écart entre riches propriétaires terriens et paysannerie pauvre était gigantesque. Nous avons visité quelques *bohíos*. Sais-tu ce que c'est qu'un *bohío*, mon fils ? Une masure en bois, avec un sol en terre battue et un toit en feuilles de palmier. Les enfants allaient nu-pieds et les femmes, bien que jeunes, étaient épuisées par la dureté de la vie... Nous avons pleuré, toi et moi, devant l'étendue du désespoir. Ton père a voulu nous expliquer la situation à sa manière. " La grande misère du paysan vient de la mauvaise gestion de généraux devenus présidents, Gómez, Menocal, Machado le dictateur ", disait-il. Seul le président Zayas trouvait grâce à ses yeux. Il avait contribué à aider les populations pauvres en leur apportant un minimum d'instruction. Je veux bien le croire, puisque ton père a été ministre de l'Education sous le gouvernement de Zayas, il en sait quelque chose. Avant d'éduquer le peuple, encore faudrait-il le nourrir, ai-je pensé ! Mais je n'ai rien dit pour ne pas le blesser. »

Je sais que ma mère avait été frappée par la misère dont elle avait été témoin au cours de ce voyage. En arrivant à La Havane, elle se plongea dans des livres sur l'histoire politique et économique de notre pays. Grâce à ses lectures, elle finit par se faire une opinion très personnelle de ce qu'elle appelait « les maux de notre pauvre peuple cubain ».

Au premier rang de ces maux se trouvaient la corruption du gouvernement et l'invasion d'hommes d'affaires venus des Etats-Unis, qui dévalisaient à leur tour les richesses du pays. Au second rang, « la bêtise énorme et nocive de la monoculture ».

« La canne à sucre ! Voilà le grand malheur de ce pays ! Toute l'économie dépend du prix de la canne à sucre sur le marché. Que ce prix flambe, comme il est arrivé pendant la Première Guerre mondiale, et c'est la valse des millions ! Qu'il chute et c'est l'horreur ! Quand je pense que notre île regorge de richesse naturelles ! Cette monoculture, tu veux mon avis ? Elle nous est imposée par les Yankees pour maintenir en situation de dépendance notre malheureux pays ! »

Profitant du fait que mon ex-nourrice haïtienne, Senta, vit à La Havane, ma mère décide de se lancer à la découverte de la capitale. Elle veut montrer son talent d'organisatrice de promenades.

« La Vieille Havane, on la fera à pied ; nous irons à Guanabacoa en empruntant les petits bateaux qui font la navette dans la baie ou par l'autobus qui fait le tour. Pour aller à Santo Suárez ou El Cerro, le tramway me semble plus indiqué... »

Sandales aux pieds, un grand chapeau de paille sur la tête, nous partons dès les premières heures du jour à la découverte de la Pieuvre. Ma mère pleure d'émotion quand elle découvre que beaucoup des bâtiments du vieux quartier, les rues étroites, les maisons aux portes et fenêtres peintes en bleu lui rappellent certains quartiers andalous de son enfance.

« Pourquoi ton père ne nous a-t-il pas installés ici ? Comme j'aimerais avoir une fenêtre qui donne sur la plaza de Armas ! Cette ville est magnifique, mon fils, tu n'a pas l'air de l'apprécier ? »

Non, il n'aime pas cette Havane qui se donne des airs de grande capitale. Sans le savoir, il se sent déjà exilé. Jamais il n'oubliera la maison de Santiago, le jardin sur l'avenue, le patio avec ses arbres fruitiers, ses essences rares et odoriférantes ; quand il se cachait derrière les arbustes dans les recoins les plus biscornus de la maison et que Senta faisait mine de le chercher, leur jeu préféré.

« Où es-tu, Niño ? Je parie qu'un corbeau t'a pris dans son bec pour t'emporter jusqu'en Haïti ! Aïe ! Ne me dis pas que tu t'es transformé en zombie ! »

C'était leur petit rituel. Senta adoptait la démarche des zombies et il se plaisait à l'imiter pendant que la métisse poussait des cris de terreur en invoquant ses *orishas* protecteurs.

« Sauve-moi, papa Dembé, sauve-moi de ce zombie néfaste qui me poursuit ! »

Pas de jardin ni de patio à La Havane, mais un appartement avec balcon au troisième étage donnant sur la rue San Lázaro.

Senta vient habiter avec la petite famille, mais elle est de plus en plus impliquée dans une association de *santeros* de Guanabacoa. Son prestige est grand parmi les croyants. Initiée au vaudou dans son pays d'origine, la jeune femme se gagne vite la dévotion de ceux qu'elle côtoie. Mais pour l'enfant déplacé contre son gré à la capitale, trop de choses ont changé. Les événements se sont enchaînés sans qu'il ait eu le temps de s'en rendre compte. A commencer par sa nourrice qui « découche ». Un mot que sa mère a tout le temps à la bouche.

« Ce soir, Senta découche. »

Il vérifie alors que le lit de la Haïtienne n'est pas défait. Inutile de la chercher ou de l'appeler, elle reste introuvable. En revanche son père, le visiteur d'autrefois, couche de plus en plus souvent à la maison. Jusqu'au jour où sa mère déclare fièrement :

« Papa s'installe chez nous, mon chéri. »

Façon de parler. Le père n'arrive jamais avant minuit passé, quand l'enfant dort. Pris dans le tourbillon de ses activités, il se lève à l'aube et part avant que son fils se soit réveillé. Résultat, le père et le fils ne se croisent que rarement. Au point que le jeune garçon en arrive à douter de la réalité de sa présence et insiste pour dormir à côté de sa mère.

« Ton père dort avec moi tous les soirs. Il arrive tard et se lève tôt parce que son travail au journal et ses occupations l'exigent. »

Sa mère rajeunit tous les jours, pourtant elle se couche tard et se lève aux aurores pour se coiffer, se maquiller tout en fredonnant des chansons andalouses.

Un jour, le petit garçon entend sa mère confier à une amie :

« Prude, j'ai réussi à ce que mon homme soit ici chaque soir. »

Prude est le diminutif de Prudencia, un prénom qui va très bien à l'amie en question. La jeune femme d'une vingtaine d'années n'a rien d'une belle Cubaine. Avec elle les poncifs sur la beauté légendaire des métisses ne tiennent pas la route. Prudencia, qui pratique la course, la natation et le cyclisme, a un corps musclé. Son visage fermé ne sourit que rarement.

« Je sais, Prude n'est pas jolie, mais... quel talent ! Mon mari, le docteur, ce qui est rare chez lui, aime discuter politique avec elle. »

La mère fait des confidences à Senta, de passage à la maison, et l'enfant écoute en essayant d'assimiler ces changements qui le perturbent. Il a compris que si sa nourrice bien-aimée s'éloignait, cette jeune femme laide et intelligente viendrait partager sa chambre avec lui.

« Deux lits. Pour que tu ne te sentes pas seul. Tu aimes bien Prude, n'est-ce pas, chéri ? »

Sa mère a l'habitude de faire les questions et les réponses. Non. Il n'aime pas Prudencia. Il aime Senta qui l'a laissé tomber, Senta qui fait le lien entre Santiago de Cuba, sa terre perdue, et lui.

Que sait-il de Prudencia ? Qu'elle est issue d'une famille pauvre et fait des études à l'université de La Havane. En droit civil et pédagogie. La jeune femme passe auprès de ses amis pour une grosse tête. En échange du gîte et du couvert, il est prévu que Prudencia servira d'institutrice à l'enfant, en attendant de voir comment va évoluer la situation politique à Cuba. En cette année 1933, on ne le savait pas encore, mais le pays vivait les dernières heures de la dictature du général Machado.

Jusque-là le paysage politique cubain était dominé par deux grands partis : le libéral et le conservateur. Tradition latino-américaine inspirée en droite ligne des Etats-Unis. A Cuba, les libéraux étaient considérés comme des démocrates et les conservateurs comme les défenseurs d'un système autoritaire. Dans la pratique, les différences entre les deux partis étaient minimes. Pour compliquer les choses, le parti conservateur, le parti libéral, et un troisième parti plus modeste, le parti populaire, commirent l'erreur de coopérer avec Machado. Ces accords provoquèrent la colère de tous ceux qui souffraient de la dictature et s'y opposaient.

En 1925, le parti communiste cubain fut organisé par un personnage singulier qui s'appelait Julio Antonio Mella. Jeune étudiant, athlète doué d'une grande beauté plastique, homme à femmes et redoutable orateur, Mella devint la bête noire de la police politique de Machado, et fut contraint de s'exiler au Mexique. Il y sera assassiné en pleine rue, au bras de l'actrice et photographe Tina Modotti, sa maîtresse. Les opinions divergent sur l'origine de ce crime. Mella s'est-il fait descendre par des hommes de Machado ou par des agents soviétiques ? La forte personnalité de Julio Antonio Mella fit qu'il ne se pliait pas de bonne grâce aux consignes de Moscou dictées par la Troisième Internationale. Cette ingérence de l'Union soviétique devait poser de graves problèmes au jeune parti communiste pendant la lutte contre Machado. Moscou refusait alors tout accord avec les libéraux, la social-démocratie, la gauche indépendante. « L'immobilisme » du Parti le marginalisa.

L'université de La Havane était le fer de lance de la lutte contre Machado. En 1930, la mort de l'étudiant Rafael Trejo provoqua une crise de conscience qui donna naissance au Directorio Estudiantil Universitario, une organisation aux idées généreuses mais sans réel programme politique. Très vite, une nouvelle branche se détacha de cette première organisation : l'aile gauche du

Directorio, qui présentait un programme politique cohérent et avouait sans complexe ses tendances « marxistes indépendantes ». Entre le parti communiste cubain et l'aile gauche du Directoire commença une guerre larvée qui devait se prolonger.

En dehors de ces mouvements qui animaient les discussions sur la place publique, un nouveau groupe apparut, l'ABC. Sa force venait du mystère qui l'entourait. Que signifiaient ces trois lettres ? Qui en étaient les dirigeants ? Quel était, surtout, son programme ? Les *abecedarios* étaient-ils à gauche ? A droite ? Cette organisation fit l'objet de toutes sortes de supputations : on la disait violente, on la disait fasciste, on la disait...

L'ABC avait réussi un coup de publicité génial. Sur une île où les secrets ne tiennent pas longtemps, l'énigme qu'entretenait ce groupe se transforma en force politique. En 1932, assuré de sa popularité, l'ABC décida de publier un « Manifeste à la nation ».

A la stupeur générale, les Cubains découvrirent que derrière ce sigle se cachait Joaquín Martínez Saens, accompagné d'éminents professeurs, Jorge Manach et Francisco Ichaso, entre autres. Ces hommes respectables faisaient partie de la haute bourgeoise cubaine. A leurs côtés on trouvait des étudiants appartenant eux aussi à la crème de la société. Le manifeste de l'ABC réveilla l'espoir. Il fut admiré pour son analyse sérieuse de la situation et sa recherche d'une solution démocratique.

La situation sociale, politique et économique de Cuba était alors fragile. On redoutait le chaos. Beaucoup de regards se tournaient vers le nord. Qu'attendaient les Etats-Unis pour intervenir avant que le sang ne coule à flots dans les rues de La Havane ? L'amendement Platt était toujours en vigueur et les *marines* pouvaient traverser la baie de Guantánamo au moindre signal d'alerte. L'assassinat du président du Sénat cubain, Clemente Vázquez Bello, offrait une occasion à Washington d'entrer à Cuba.

Mais à la surprise générale, *los Americanos* ne bougèrent pas. Les temps avaient changé. Franklin Delano Roosevelt, préoccupé par l'instauration de son New Deal, tenait à respecter les directives de la nouvelle politique latino-américaine, qui portait le doux nom de « politique de bon voisinage ». C'est donc en tant que « bon voisin » que Roosevelt envoya en mission à La Havane un diplomate réputé, Sumner Welles.

Au cours de l'année 1933, le tango entre La Havane et Washington commença à exaspérer tout le monde. Machado essayait de gagner du temps ; Sumner Welles n'osait prendre aucune décision concrète. L'opposition, divisée, ne supportait plus d'être frustrée.

1933. Une grève sauvage du syndicat des conducteurs d'autobus gagna du terrain et s'étendit à d'autres secteurs ouvriers. Dès les premiers jours d'avril, la grève générale paralysa le pays. Machado proposa un accord aux syndicats afin d'assurer le retour au travail. Quelques dirigeants ouvriers acceptèrent, sans beaucoup d'espoir d'arriver à une négociation. Soudain l'ABC, fidèle à son goût pour les coups de théâtre, annonça sur les ondes d'une station de radio amie que « le dictateur Machado venait de s'enfuir », exhortant le peuple à fêter la liberté retrouvée en se rendant au palais présidentiel.

Les gens commencèrent à se masser devant celui-ci avec l'intention de forcer les portes. La police répondit en tirant sur la foule. Vingt morts et de nombreux blessés restèrent sur le pavé. Qui avait donné l'ordre de tirer ? Un officier à bout de nerfs ? Le Président lui-même ? Cette fois, Washington devait agir. Sumner Welles suggéra au général Gerardo Machado de prendre « des vacances prolongées ». Le dictateur, sa famille et ses amis les plus proches quittèrent le pays en catastrophe.

Carlos Manuel de Céspedes, fils du Père de la Patrie, le patriote qui avait lancé la lutte contre l'Espagne en 1868, fut nommé président provisoire. Ex-ambassadeur de Cuba aux Etats-Unis, Carlos Manuel de Céspedes avait la confiance de Washington et l'appui de l'ABC. Le nouveau président fit un appel à la réconciliation nationale, plaidant pour la paix et la fraternité retrouvée.

« Cuba est en fête ! » titra un journal de l'époque.

Ce qui démarra comme une fête dégénéra en orgie de violence. La dictature avait été féroce. On ne comptait plus le nombre de victimes. Pour beaucoup, l'heure de la vengeance avait sonné. La foule en colère se mit à piller et à saccager les maisons des amis du dictateur, à lyncher les policiers connus pour leur brutalité. Le chaos tant annoncé menaçait de s'installer pour de bon.

Le gouvernement provisoire se contentait de gérer les affaires quotidiennes sans tenir compte des critiques, de plus en plus acerbes, de l'opposition de gauche.

Le Directorio Estudiantil décida de présenter son programme en réclamant d'urgence des réformes sociales indispensables. Carlos Manuel de Céspedes promit de faire des propositions pour sortir de l'impasse. Trop tard.

A la surprise générale, le 26 août 1933, la presse annonça la formation de la « junte des huit ». Un groupe de huit sergents venait de constituer une union militaire dans le campement de Columbia, aux portes de la capitale, pour « faire revenir un climat de paix ». Les sergents demandèrent l'appui de l'ABC, l'institution politique la plus prestigieuse du pays. Mais les professeurs et les intellectuels qui dirigeaient l'ABC commirent l'erreur de refuser tout accord avec les militaires.

« Nous n'avons rien à faire avec l'armée ! »

Plus pragmatique, l'aile gauche du Directorio Estudiantil tendit la main aux sergents. Et l'on vit sur le campement militaire de Columbia étudiants et soldats se donner l'accolade : la révolte venait de se transformer en révolution.

Le 4 septembre, la junte des huit renonça à ses fonctions et céda la place à un gouvernement révolutionnaire dirigé par cinq membres. Civils et militaires constituèrent une pentarchie. Le président élu par les étudiants et les soldats se nommait Ramón Grau San Martín. Professeur et médecin renommé, issu d'une famille illustre, Grau, comme tout le monde l'appelait, était un homme à l'intelligence et au charme remarquables. Grand orateur, il savait manier l'humour. En très peu de temps il devint l'idole d'une partie de la population. Un caricaturiste de l'époque dessina la silhouette longue et maigre du politicien avec une auréole sur la tête.

« Le peuple attend des miracles ! » pouvait-on lire.

Si le docteur Grau attirait sur lui toute la lumière, son très jeune ministre de l'Intérieur, l'avocat Antonio Guiteras Holmes, agissait dans l'ombre sans perdre de temps. C'est ainsi que, le 10 septembre, le nouveau gouvernement décréta l'abrogation de l'amendement Platt. Les troupes américaines de la base de Guantánamo n'avaient plus le droit désormais de disposer du territoire cubain.

« Cuba enfin libre ! »

Ce titre d'un journal fut scandé par une foule en délire devant le palais de la présidence.

C'est Guiteras en personne qui imposa la journée de huit heures demandée depuis des années par les syndicats ouvriers. Pour rendre les honneurs aux étudiants morts pendant la lutte contre Machado, l'université de La Havane fut déclarée « autonome ». La loi interdisait dorénavant l'entrée de la police ou de l'armée sur la colline où se trouvaient les bâtiments universitaires. Une autre loi obtint l'appui massif du peuple : toute entreprise appartenant à des étrangers devrait employer un minimum de cinquante pour cent d'ouvriers natifs du pays. Les lois et les décrets s'enchaînaient et la détermination du gouvernement révolutionnaire ne cessait de modifier, à marche forcée, les structures du pays.

Si tous les espoirs étaient permis, on constata très vite aussi les faiblesses du gouvernement. Avec les nouvelles lois Grau et Guiteras se faisaient des ennemis puissants. Washington observait avec inquiétude ce « gouvernement farfelu », comme l'avait baptisé Sumner Welles dans un article publié par Hearst. Le gouvernement de Grau était aussi mis en cause par les communistes et l'extrême gauche du Directorio Estudiantil qui demandaient des réformes plus radicales.

L'alliance entre civils et militaires commençait à battre de l'aile. Un sergent charismatique et ambitieux, Fulgencio Batista, suivait la situation politique depuis son campement de Columbia. L'Homme *(El Hombre)*, surnom que ses admirateurs lui donnèrent plus tard, observait, notait, attendait le moment propice pour passer à l'action.

Pour protester contre un gouvernement qui n'avait pas été élu par le peuple, un groupe d'officiers de l'Académie militaire (qui n'avaient pas bougé pendant la longue dictature de Machado) fit preuve d'un élan de patriotisme à retardement. Le groupe s'installa dans le magnifique hôtel Nacional, situé face à la mer, et lança un appel à la rébellion contre ce « gouvernement de profs et de sergents ».

C'était ce que Batista attendait. Le 2 octobre 1933, à la tête d'une unité de soldats, l'Homme attaqua le Nacional. La bataille fut courte. On compta quatorze morts parmi les officiers, un peu moins chez les soldats. Le sergent Batista ne perdit pas de temps. Il se nomma « colonel » et fit monter en grade ses compagnons. Un homme fort venait de faire son apparition sur le terrain politique cubain. On entendra parler de lui dans les années à venir.

La situation du gouvernement de Grau San Martín était complexe. Le Président pouvait compter sur l'appui du peuple mais son isolement dans la classe politique était total. Les partis traditionnels (libéral, conservateur...) étaient dans l'opposition ; les communistes et l'extrême gauche se montraient de plus en plus critiques. L'ABC, dont les professeurs et les intellectuels continuaient à jouir d'un grand prestige, refusait toute alliance avec le docteur Grau et, surtout, avec son ministre Guiteras. En désaccord avec la position trop radicale du gouvernement révolutionnaire, l'ABC se fourvoya dans une tentative de coup d'Etat qui avait été soutenue personnellement par Sumner Welles. La préoccupation de Washington s'était déjà manifestée en plusieurs occasions.

Deux avions tirèrent sur le palais de la présidence. La radio de l'opposition déclara que la rébellion avait gagné toute l'île. Ce qui était faux. A quatre heures du matin, le calme était revenu. L'ABC avait signé sa mort politique.

Le gouvernement de Grau se croyant plus solide que jamais annonça d'autres changements à venir. La rumeur de vote d'une réforme agraire radicale sema la panique chez les très puissants propriétaires terriens.

Le 24 novembre 1933, Washington remplaça son émissaire Sumner Welles, considéré comme trop modéré, par Jefferson Caffery. Dans son discours d'adieu, avant de quitter Cuba, l'ex-ambassadeur Sumner Welles regrettait les difficiles relations entre Cuba et les Etats-Unis. Le 10 janvier, le nouvel ambassadeur prononça un discours arrogant laissant clairement entrevoir les nouvelles dispositions du département d'Etat. Il accusait le gouvernement du docteur Grau San Martín d'être inefficace et de bercer le peuple de promesses utopiques.

Batista avait déjà formé une junte militaire et civile, faisant sortir de l'ombre un patriote qui avait lutté contre l'armée espagnole, Carlos Mendieta, un honnête homme d'après ceux qui le connaissaient, mais incapable de tenir tête à celui qui le manipulait, Batista.

Mendieta fut nommé « président provisoire ». Pour éviter une guerre civile et comprenant que la partie était perdue, Grau convoqua le peuple cubain devant le palais de la présidence. Le 15 janvier 1934, il prononça un discours très digne où il rappela ses efforts pour améliorer le sort des pauvres. Il dit adieu à ses amis et prit l'avion pour le Mexique. Mendieta devint officiellement président, et Batista l'homme fort du pays. L'ordre était revenu.

Cuba entrait dans une période stable, à l'instant même où la folie commençait à s'emparer de la vieille Europe. Au Portugal, une théocratie sinistre faisait plonger le pays dans le Moyen Age. En Italie, il Duce Benito Mussolini paradait. Staline faisait pâlir la réputation de « moine fou » d'Ivan le Terrible. Et Hitler allait bientôt réaliser ses rêves d'hégémonie. Le général Francisco Franco, bottes bien mises et fouet à la main, se tenait prêt, à son tour, à rejoindre le club très sélect des dictateurs européens.

3

Havana by day

Une révolution avortée avait ébranlé l'île pendant quelques mois. L'état d'ébullition que traversait le pays se ressentit à la maison. A la plus grande joie de ma mère, mon père décida de s'installer chez nous.

L'appartement de La Havane, avec ses trois chambres et son balcon donnant sur la rue, était une incitation à l'abandon du foyer.

Dès que mon père quittait la maison, ma mère préparait l'excursion de la journée. Nous marchions, nous prenions des autobus (les fameuses *guaguas*) ou le tramway. Nous découvrions avec surprise l'étendue de la ville et ses quartiers aux noms pittoresques : La Sierra, Los Cedros, Santo Suárez, Marianao, ses plages populaires. Nos préférences devaient nous conduire vers la Vieille Ville et le centre avec les rues Galiano, Neptuno et San Rafael où l'on trouvait les magasins les plus chics. J'aimais le quartier chinois où je me sentais dépaysé, avec ses odeurs et son mode de vie particuliers.

Nos longues promenades finissaient souvent dans un de ces nouveaux cinémas qui avaient, luxe suprême, l'air conditionné. Le froid glacial de la salle nous obligeait à porter des lainages.

C'était l'époque dorée d'Hollywood avec ses comédies flamboyantes et ses mélos, les polars de la Warner Bros, des séries qui pouvaient durer six mois. C'était aussi le moment de grâce de la jeune industrie latino-américaine et du cinéma espagnol. Des artistes populaires à Cuba, comme les Mexicains Tito Guizar et Jorge Negrete, les Argentins Hugo del Carril et Libertad Lamarque, l'Espagnole Imperio Argentina dont ma mère était une admiratrice forcenée au point de revoir son film *Morena Clara* au moins une dizaine de fois. Des années plus tard le succès de Cantinflas, le grand comique mexicain, devait soulever des émeutes dans la capitale...

De ces premières années à La Havane mes seuls souvenirs sont les interminables promenades que ma mère appelait « nos balades culturelles ». Guide en main, nous visitions chaque monument, chaque rue de la Vieille Havane. Sauf si la pluie nous en empêchait, nos pas nous conduisaient jusqu'à l'avenue du Malecón. Assis face à la mer, nous regardions les vagues se défaire contre les récifs.

« Contempler la mer, c'est le plus beau spectacle de la terre, mon fils. A n'importe quelle heure du jour et de la nuit, la mer nous réserve des surprises. Ma plus grande joie, quand j'étais jeune, c'était de courir sur les plages de Málaga et de rester là, à regarder l'horizon en rêvant de ce qui se trouvait au-delà de cette ligne lointaine. Et me voici à présent, assise de l'autre côté du globe. Je me sens comme Alice qui a traversé le miroir. »

Ma mère lisait et j'admirais ce don qu'elle avait de pouvoir entrer dans la peau des personnages, d'imiter les voix, de faire un récit « sonorisé » de ses lectures comme s'il s'agissait d'un feuilleton radiophonique.

« Tap... Tap... Tap... Des pas lourds montent l'escalier en bois. Criccccc... La porte grince. " Qui est là ? " demande la femme d'une petite voix. Et c'est là que... Splash ! »

C'est le plaisir que ma mère avait à partager ses lectures qui m'a incité à tenter de déchiffrer les textes dans les bulles des bandes dessinées nord-américaines. Le dimanche, les journaux cubains publiaient des pages de *Dick Tracy, Annie, l'orpheline, Terry et les Pirates, Tarzan*... Ma mère a toujours juré que j'avais commencé à lire à l'âge de quatre ans. Ce qui, bien entendu, est faux.

A six ans, j'ai été convoqué à une réunion de famille pour décider dans quelle école primaire il fallait m'inscrire. Je devais, en principe, entrer à l'école. Mais laquelle ? Chaque membre du groupe avait un avis différent. La « famille » était composée de ma mère, de Senta et de Prudencia, qui avait repris ses études de droit et pédagogie après la lutte contre Machado. Mon père, lui, se bornait à donner des directives que ma mère nous transmettait par une formule immuable, « Le docteur m'a dit... ».

Ceux qui connaissent l'histoire de Cuba savent que l'île, même à l'époque de la colonisation, possédait un système scolaire de qualité. Cuba, la « Perle des Antilles », était la possession bien-aimée des Espagnols, toutes classes sociales confondues.

Après avoir exterminé les Indiens en moins d'un quart de siècle en les faisant travailler sans relâche à la recherche d'un or qui n'existait pas, les colonisateurs se sont rendu compte que l'or de Cuba se trouvait ailleurs. L'agriculture et ses produits vedettes, la canne à sucre, le tabac, le café, les bois précieux, constituaient sa véritable richesse. Les Indiens une fois éliminés, il fallut trouver de la main-d'œuvre ailleurs. Le frère Bartolomé de las Casas, en essayant de sauver une poignée d'aborigènes qui avaient échappé au massacre, suggéra que l'Afrique pourrait fournir la force de travail nécessaire. A l'époque c'était une opinion répandue que les Noirs étaient plus résistants que les Indiens cubains. Habitués à la chaleur torride, ils se nourrissaient de produits locaux tels qu'ignames, fruits, patates douces et, accessoirement, de la viande de porc, car il fallait aussi veiller à ce qu'ils soient assez robustes pour faire face aux travaux pénibles qui les attendaient...

L'*encomienda* imposée par la métropole permit aux premiers colons arrivés sur place de bénéficier de terres, de certains avantages commerciaux et d'une main-d'œuvre indienne ou africaine. Bartolomé de las Casas possédait lui-même « ses terres et ses Noirs ».

C'est ainsi que certaines grandes villes, Santiago, Camagüey, La Havane, se développèrent rapidement; des villes de moindre importance mais qui bénéficiaient d'un environnement naturel plus au goût des Espagnols, comme Trinidad, Cienfuegos et Bayamo, rayonnèrent grâce à leur dynamisme culturel et commercial. Il ne suffisait plus de construire casernes, hôpitaux et églises. La création d'écoles devenait indispensable pour éduquer les fils de colons nés à Cuba, un enseignement religieux, comme il se doit, fondé sur une expérience pédagogique éprouvée.

Les familles riches envoyaient leurs héritiers se former dans les universités de Madrid ou de Salamanque, mais les créoles, qui ne disposaient pas des mêmes moyens financiers, savaient qu'il y avait dans l'île d'excellents professeurs. Ainsi, le père Varela, José Antonio Sace et don José de la Luz y Caballero eurent une influence immense au cours du XIXe siècle. Ces trois maîtres sont considérés comme les « accoucheurs » de la conscience nationale cubaine. José Martí les cita souvent dans ses écrits et ses discours politiques.

Mon père affirmait que, « après le gouvernement du docteur Zayas et l'arrivée de Machado au pouvoir, le niveau de l'école publique était tombé bien bas ». Ce n'était pas du tout l'avis de la jeune étudiante en droit et pédagogie qui habitait à la maison, Mlle Prudence, comme ma mère l'appelait, et qui était un peu l'équivalent français d'une « jeune fille au pair ».

« Cet enfant a besoin de fréquenter des gosses de son âge », déclara-t-elle.

Prudencia avait un franc-parler marxiste-léniniste et ne mâchait pas ses mots. Bien qu'elle admirât Mlle Prudence, un seul phare éclairait la vie de ma mère : son homme. Que « le docteur » dise ceci ou cela, il fallait l'accepter, même s'il se trompait.

L'éventualité d'une inscription dans une école privée fut mise sur le tapis. Ecoles religieuses, écoles militaires de style « américain » où l'on pouvait suivre un enseignement en anglais et en espagnol, mais aussi écoles laïques toutes catégories, c'est-à-dire chères et moins chères... Il y avait l'embarras du choix. Ma mère opposa un veto catégorique aux curés ; Prudencia ne supportait pas l'idée qu'on m'envoie chez les Yankees ; Senta, qui vivait maintenant à Guanabacoa, proposa de me prendre à sa charge pour que je puisse aller à l'école communale avec les petits Noirs de son quartier.

« C'est là que se trouve le vrai Cuba », dit-elle.

Tout de blanc vêtue, le crâne rasé et un turban blanc sur la tête, Senta nous impressionnait avec son air de majesté.

« Je ne veux pas aller à l'école ! Dans aucune école ! »

Un cri du cœur. J'avais pris, par mimétisme, l'attitude de ma nourrice : droit comme un I, les yeux fixant ceux de mes interlocuteurs, adoptant la voix grave de la Haïtienne, me raconta ma mère des années plus tard. J'avais réussi à m'imposer. Même Mlle Prudence, la pédagogue, dut se rendre à l'évidence et accepter ma décision.

« Si le temps me manque, je ferai venir des collègues de la faculté de pédagogie pour me remplacer. Elles seront ravies. Nos professeurs nous poussent à enseigner le plus tôt possible au lieu de rester le nez collé à nos livres. Que le paquet finisse son école primaire, et nous aurons le temps de décider dans quel lycée l'inscrire ! »

J'adorais la manière qu'avait Prudencia de se moquer des soins dont ma mère m'entourait. Je n'était plus « El Niño », ni « trésor », ni « chéri », j'étais « le paquet », et cette version terre à terre de ma personnalité me convenait tout à fait. J'ai imaginé, instinctivement, que Prudencia voulait dire par là que l'enfant gâté que j'étais devait apprendre à voir la réalité en face. Conseil avisé, en vérité, car j'avais déjà compris que ce qu'on nomme la réalité était loin d'être rose.

Car j'avais devant moi quelqu'un qui niait la réalité de toutes ses forces, ma mère. Elle savait que Prudencia et ses amies universitaires étaient toutes membres du parti communiste cubain rebaptisé parti socialiste populaire. Or mon père était membre du vieux parti libéral et ma mère affirmait que « les libéraux détestent les communistes ». C'est pourquoi elle se donnait toutes les peines du monde pour faire croire au docteur que Prudencia n'était pas communiste.

« Prude est un peu trop à gauche, sans doute. Elle admire feu Antonio Guiteras. Cela n'en fait pas pour autant une communiste convaincue... »

Précautions absurdes, car mon père connaissait les opinions politiques de Prudencia et il les respectait.

« C'est une des femmes les plus intelligentes que je connaisse. Elle a le cerveau d'un homme. Devant une communiste aussi honnête qu'elle, je m'incline. »

Cette phrase sema la confusion au sein de la famille. Ma mère commença à craindre que mon père n'eût le béguin pour mon institutrice. A la fin de la discussion je l'observai, le visage en flammes et les yeux étincelants, tenant tête à une Prudencia glaciale, qui déclara d'une voix grave et posée :

« Voyons, Soledad... Comment est-ce possible ? Vous n'avez pas encore compris ? J'ai du respect et de l'amitié pour le docteur. C'est tout. Je n'aime pas les hommes. Si je tombais amoureuse de quelqu'un dans cette maison ce serait de vous, Sarah-Soledad. Mais ne vous inquiétez pas ! J'ai une femme dans ma vie. »

Le regard de ma mère se figea, la couleur disparut de son visage, elle ouvrit la bouche et ânonna dans un souffle :

« Toi, Prudencia... Une *tortillera* ? »

« Faiseuses d'omelettes », c'est le surnom que les

Cubains donnaient aux lesbiennes. Pour ma mère ce fut aussi une condamnation sans appel. Elle s'efforça désormais de maintenir Prudencia à distance mais cessa de s'inquiéter des longues conversations que la jeune étudiante entretenait avec le docteur.

« Tout va bien. Prudencia n'aime pas les hommes et le docteur n'aime pas les femmes laides, Prude et lui sont juste de bons amis... »

Je me considérais comme un enfant heureux et privilégié : je n'allais pas à l'école, des institutrices charmantes s'occupaient de mon éducation. Les horaires flexibles me permettaient d'accompagner ma mère en balade ou de passer une fin de semaine avec Senta à Guanabacoa. Seul Blanc parmi une horde de gosses noirs, j'apprenais, sans le savoir, une leçon fondamentale dans la vie : ne voyant aucune différence entre ces enfants et moi-même, la notion de racisme a été extirpée de moi dès ces jeunes années. J'admirais ces garçons habiles de leurs mains, capables de construire des pièges contre les rats qui envahissaient les vieilles maisons en bois ou de faire des frondes solides avec lesquelles chasser les éperviers en plein vol. Quant aux petites filles noires ou couleur caramel, à six ou sept ans elles en connaissaient un brin sur les relations physiques entre mâles et femelles. Elles furent mes instructrices dévouées.

En 1933, Angel Castro et Lina Ruz décidèrent que leurs enfants devaient suivre un enseignement rigoureux, surtout leur fils Fidel, celui dont le caractère hardi et insolent les préoccupait.

Ils envoyèrent l'enfant faire ses classes primaires à Santiago de Cuba dans l'école religieuse de Dolores, une école « dure mais d'un très haut niveau ». Fidel habitait chez un Espagnol, ami de son père. L'homme, qui se sentait investi d'une mission éducative, était rigide et autoritaire. L'enfant insolent, sauvage et rebelle. Ses relations avec l'Espagnol et sa femme se détériorèrent. En sixième, Fidel eut un premier affrontement avec le couple. D'autres discussions s'ensuivirent. Le ton monta. Fidel eut gain de cause. Ses parents le placèrent au collège de La Salle, tenu par les frères maristes et considéré comme une des meilleurs écoles de l'époque... C'est à La Salle que le jeune Fidel, interne cette fois, s'initia à tous les sports : natation, base-ball, football, course à pied... Il y faisait aussi les longues excursions dans la campagne au cours desquelles les élèves s'habituaient à apprivoiser montagnes et forêts. Fidel, ambitieux et plein d'audace, décida d'escalader non pas la montagne du Cobre, mais la plus haute de toutes les montagnes, le pic Turquino.

« C'est là que je suis devenu un vrai sportif », dira Fidel à Carlos Franqui dans les entrevues enregistrées par l'ex-directeur du journal *Revolución*.

Le futur révolutionnaire termina ses études primaires dans cette école pour les élites avant de passer à l'étape suivante, celle des études secondaires à la *Escuela de Belén*.

4

Une Espagne en flammes

Quand j'étais enfant, j'entendais souvent les hommes d'origine espagnole, dont mon père, prononcer la phrase suivante :

« Allez ! On s'envoie une Espagne en flammes ! »

Il s'agissait d'un cocktail à base de brandy et de cidre, boisson très populaire à Cuba. Je fus donc surpris quand, un jour, ma mère se mit à hurler dans toute la maison, les larmes aux yeux et sa chevelure de jais en bataille :

« L'Espagne est en flammes ! *España en llamas !* »

Un instant, j'ai cru que ma mère avait bu plusieurs verres d'alcool. Mais une fois son calme retrouvé elle se lança dans une longue explication dont je ne retins que les points essentiels :

— le généralissime Francisco Franco avait envahi l'Andalousie, la terre sacrée de ses ancêtres, avec « une horde de Maures sauvages » ;

— les bons républicains étaient fusillés, leurs maisons volées et brûlées, leurs femmes violées ;

— l'Eglise catholique soutenait Franco. On allait voir les tribunaux de l'Inquisition fonctionner à nouveau et les Juifs seraient encore une fois brûlés et persécutés !

Ma mère accompagnait le nom maudit de Franco d'une longue série d'injures et de tournures ordurières. Quand je découvris qu'elle usait du même vocabulaire que les enfants noirs de Guanabacoa que je fréquentais, je restai bouche bée.

La guerre civile espagnole divisa le peuple cubain et les journaux. *El Diario de la Marina* prit parti contre les « rouges » et appuya le général félon. *Pueblo*, où mon père travaillait, défendit bec et ongles la République en danger, ce qui eut des conséquences pratiques sur notre vie quotidienne. Mon père installa une sorte de succursale du journal chez nous : trois postes de radio pour écouter les nouvelles en ondes longues et courtes; plusieurs machines à écrire et une Ronéo, des piles de journaux et de revues; des centaines de feuilles blanches, des crayons et des stylos à disposition de tout le monde. Deux nouvelles lignes de téléphone furent aussi installées.

Du matin au soir, c'était un défilé de journalistes ou d'amis de mon père qui envahissaient notre maison et que ma mère se faisait un devoir de nourrir, heureuse de cette « famille agrandie », comme elle disait. Elle s'entoura, devant ce surplus de travail, de plusieurs voisines « républicaines de cœur ». Les plats chargés de nourriture circulaient d'un étage à l'autre, d'un immeuble à l'autre : paellas, ollas podridas, fabadas, congri afro-cubain... Elle décidait des menus en fonction de la quantité de bouches à nourrir.

« Et du café, surtout. Ces pauvres garçons ne font plus la différence entre le jour et la nuit. Ce *cabrón* de Franco va les tuer, tous ces hommes au cœur d'or! »

Ma mère se découvrait des qualités de patronne d'auberge tandis que je découvrais, à mon tour, la diversité des accents et les expressions typiques de chaque région espagnole. Mon père s'exprimait en castillan de Madrid, ma mère avait toujours son « parler » andalou, le catalan et le galicien étaient aussi de la partie. Un poète catholique, communiste et nationaliste basque débarqua un jour chez nous, en provenance directe de Donostia, comme il appelait sa ville de naissance de Saint-Sébastien. Mon père et ses amis l'admiraient pour son courage.

« Les franquistes ont mis la tête de don Pepe à prix », disait-on de lui.

C'était le meilleur des passeports pour obtenir tous les privilèges à la maison : le bureau de mon père s'il en avait besoin, la meilleure bouteille de vin, et l'attention de tous dès qu'il ouvrait la bouche.

Quand il apprit que je n'étais pas baptisé, le poète se signa et invoqua le saint nom de la Vierge. Profitant de son ascendant sur les autres du seul fait que sa tête avait été mise à prix par Franco, il obtint de mes parents la permission de devenir mon parrain en bonne et due forme. Mon baptême marqua une pause bienvenue pour toute l'équipe. Et puisqu'il était devenu mon parrain, j'osai enfin poser à don Pepe la question qui me taraudait :

« Est-tu espagnol, parrain ? »

Il me fixa de ses yeux noirs.

« Malgré moi, filleul. Espagnol malgré moi. »

Ce groupe d'hommes courageux se battait pour défendre un pays dont certains, comme don Pepe, étaient citoyens malgré eux. Déboussolé par tous ces accents et devant l'énigmatique réponse de mon parrain, je perdais la boussole.

A sept ans l'enfant que j'étais, se sentant plus « mûr », essaya d'expliquer à Prudencia la confusion dans laquelle il vivait depuis les changements qui s'étaient produits à la maison. « Perdre le nord », il avait entendu la phrase dans un feuilleton à la radio et, sans bien la comprendre, il l'avait adoptée.

« Je perds le nord, Prude, avec tous ces gens chez nous. »

Il pouvait tout dire à son institutrice, il le savait, car elle était la seule à l'écouter sans jamais se moquer de lui, la seule à le traiter en adulte. Prudencia, qui avait un visage comme un masque immobile, à la Buster Keaton, lui offrit son plus beau sourire, celui qu'elle réservait à ses vrais amis.

« Tu perds le nord et le sud aussi. Comme nous tous ici ! »

La veille, il avait trouvé son parrain réfugié sur le balcon, tournant le dos à ses amis et complices.

« Parrain... Tu pleures ?

— Ces fils de pute ont tué Lorca, un des plus grands poètes de ce siècle. »

Et parce que Federico García Lorca avait été assassiné, ma mère, doña Soledad, prit le deuil et tous les hommes qui visitaient la maison portèrent des cravates noires, en hommage au poète disparu.

Les larmes et le deuil pour Lorca, les larmes et le deuil pour Guernica. Tout de noir vêtu, un béret basque sur son crâne dégarni, don Pepe invita toute l'équipe à dîner à la Maison Basque, un des meilleurs restaurants de la ville, pour rendre hommage au poète disparu. Après le dîner, des comédiens et des comédiennes interprétèrent des poèmes et des scènes des pièces de García Lorca. Mais le moment le plus inoubliable, ce fut lorsque don Pepe récita successivement en basque et en espagnol « L'arbre de Gernika », chanson reprise en chœur par les enfants et adultes basques présents à la soirée.

Quelques mois plus tard, une nuit, je fus réveillé en sursaut par des cris.

« *No pasarán!* »

Non, ça n'était pas un cauchemar. Mes parents, leurs amis et les voisins hurlaient d'une même voix.

« *No pasarán!* »

« Ils ne passeront pas ! »

Ma mère pleurait dans les bras de mon père, les journalistes occupaient les trois lignes de téléphone, tous les postes de radio parlaient en même temps, les visages étaient défaits, les vêtements en désordre...

« La fin du monde, mon enfant ! » s'écria ma mère, me serrant contre elle de toutes ses forces.

« Madrid est tombée aux mains de Franco. »

« La bête noire a gagné ! »

Et, à nouveau, ce cri de désespoir collectif :

« *NO PASARAN!* »

Jours de deuil.

Le père, dandy à l'élégance sobre et d'une propreté maniaque (« trois douches par jour », telle était sa devise), oubliait maintenant de se raser et prit l'habitude de porter des lunettes noires pour mieux dissimuler ses yeux rougis par l'insomnie.

La mère tournait en rond, comme elle disait.

« Maintenant ton père et ses amis parlent de créer une unité de combattants et de partir en Espagne pour lutter contre Franco. Tu l'imagines, lui ? Troquer ses souliers sur mesure contre des bottes épaisses et jouer au bandolero dans la sierra Madre ? »

Déconcerté, l'enfant ouvrit grand les yeux. C'est vrai, il avait du mal à imaginer son père dans la peau d'un cow-boy de films américains.

De cette époque, il garde le souvenir d'un profond désœuvrement. Prudencia et ses camarades du parti, elles aussi, ne s'occupaient que de ce qui se passait en Espagne.

« L'Union soviétique est le seul pays qui puisse aider vraiment la République espagnole », insistait-elle. Mais pour son élève, cette phrase ne signifiait pas grand-chose. Il préféra lui poser la question qui le concernait vraiment :

« Tu n'es plus jamais là, tu cours tout le temps, Prude. Que fais-tu ?

— Je milite.

— Es-tu devenue soldat ?

— Mais non ! Militer, ça n'a rien à voir avec l'armée. Disons plutôt que nous sommes une armée civile qui combat le franquisme. »

Pour mieux expliquer son point de vue et connaissant la passion de son élève pour les bandes dessinées, Prudencia prit une grande feuille de papier. Elle représenta un groupe de militants par des banderoles où l'on pouvait lire : « Mort à Franco ! », « Vive la République ! ». Face aux étudiants militants, des soldats armés.

« Tu vois la différence ?

— Oui. Ici, toi et tes amies, les bons. Et là, en face, les policiers, les méchants. »

C'était un langage qu'il pouvait comprendre, ce manichéisme simple des bandes dessinées et des films d'Hollywood dont il était nourri.

Il appréciait beaucoup ces échanges avec son institutrice car elle prenait le temps de répondre à ses questions, tenait ses promesses, respectait les horaires de cours ou de promenades.

La précision et le sens de la discipline de Prudencia aidaient l'enfant à se forger des repères pour mieux affronter le monde chaotique de sa mère, qui ne regardait jamais sa montre.

« Ces machines inventées par le Diable ne servent qu'à vous rapprocher de la vieillesse et de la mort. »

Elle s'en était fait une philosophie, moyennant quoi elle était toujours en retard, ce que son fils trouvait intolérable, surtout lorsqu'il s'agissait d'aller au cinéma.

Après la chute de Madrid, la vie quotidienne se compliqua encore. Le père et ses amis travaillaient à l'organisation d'une armée clandestine en Espagne. La mère se levait à l'aube pour préparer les plats du jour pour « ces pauvres hommes qui pensent trop ». L'institutrice était absorbée par ses activités militantes. Quant à Senta, qui l'avait nourrie à son sein généreux, elle était devenue la mère de ses filleules en religion. Vêtues de blanc de la tête aux pieds, sourires béats et regards éteints, les futures *santeras* faisaient barrage autour de sa nourrice.

Heureusement l'enfant avait un peu grandi, il pouvait maintenant se rendre tout seul au cinéma du quartier dont le propriétaire était un ami de son père. L'ouvreuse et la caissière, deux mulâtresses obèses et placides, étaient devenues ses anges gardiens. Il arrivait pour la séance de l'après-midi, son cartable d'écolier bourré de sandwichs, de tablettes de chocolat et avec une thermos de Coca-Cola. A peine entrait-il dans la pénombre de la salle que la réalité s'estompait : le rêve pouvait commencer. Deux films, des bandes-annonces, de la publicité... Et *La Marche du temps*, le résumé des actualités de la semaine. Parfois, le dimanche, quand elle ne militait pas, Prudencia accompagnait son élève au cinéma. Elle profitait de *La Marche du temps* pour lui asséner quelques leçons de politique.

« Tu vois, ce monsieur au beau sourire c'est Franklin Delano Roosevelt. Non. Il n'est ni bon ni méchant. C'est le président des Etats-Unis, un pays capitaliste. Quoique des forces de gauche commencent à s'y développer. Qui sait ? Peut-être y aura-t-il un jour un président communiste aux Etats-Unis ? Ah, là, c'est Franco ! Le Diable en personne. Si l'enfer existe, il finira dans une grande marmite remplie d'huile bouillante. Mussolini ? Regarde-le, un clown sinistre, un minus. Une autre marmite pour lui. Ce type, là, c'est Hitler ! Lui... ! Alors, lui, il mérite de tomber entre les mains des Peaux-Rouges, qu'on le scalpe, qu'on le brûle. Même le Diable ne voudrait pas de lui en enfer ! Et voilà Staline, le petit père du peuple de l'Union soviétique. Staline, l'homme d'acier. Il en faudrait d'autres comme lui, des hommes et des femmes de cette trempe, pour changer le monde ! »

Le temps a passé, « l'eau du fleuve remonte à sa source », comme dit le proverbe espagnol. Mon père retrouva, à son tour, le chemin de la raison. Son rêve de rassembler depuis Cuba des brigades internationales pour lutter contre les franquistes fut archivé dans un coin de sa mémoire. Pour signifier aux spectateurs le temps qui passe, les films de l'époque usaient d'une convention visuelle : on faisait tomber une à une les pages d'un calendrier. Pour prendre date des événements les plus importants du moment, ma mère, elle, avait choisi de collectionner les gros titres des journaux qu'elle collait sur un grand cahier.

HITLER EN ALLEMAGNE !
ANTONIO GUITERAS ASSASSINÉ À LA HAVANE !
JEUX OLYMPIQUES À BERLIN !
GUERRE CIVILE EN ESPAGNE !
MADRID TOMBE !
LE FRONT POPULAIRE EN FRANCE !
LAREDO BRU ÉLU PRÉSIDENT À CUBA !

Ce cahier, c'était mon livre d'histoire contemporaine. Selon l'intérêt que je portais aux titres, je demandais des explications aux adultes qui m'entouraient. A la maison, la politique nationale et internationale était mon pain quotidien. Ainsi, je suivais l'actualité à travers les nouvelles sélectionnées par ma mère. Un jour elle m'annonça, les larmes aux yeux, que nous ne pourrions plus voir les films de l'actrice et chanteuse espagnole Imperio Argentina.

« Mais pourquoi, maman ?

— Elle est devenue l'amie de Franco. J'admire l'artiste mais je méprise la personne. »

Elle cacha au fond d'un tiroir tous les disques d'Imperio et commença à s'intéresser à une nouvelle chanteuse argentine, Libertad Lamarque.

« Ce prénom, Liberté, suffit à me la rendre sympathique. »

A la maison le tango remplaça les *seguidillas* et les voix de Gardel et de Libertad enterrèrent celle d'Imperio. Une façon très concrète d'exprimer les convictions politiques de la famille. Plus tard, pendant la Seconde Guerre mondiale, les voix de Maurice Chevalier, Jean Sablon et Tino Rossi occupèrent une place d'honneur dans la discothèque de mes parents par le simple fait qu'ils étaient français. Et ma mère rendit un culte à Marlène Dietrich, l'Allemande qui avait oser défier Hitler.

Les journalistes amis de mon père continuèrent à fréquenter assidûment la maison. Cependant ils étaient moins nombreux et, surtout, moins sur les nerfs. Les parties de poker remplaçaient souvent les discussions sur l'actualité. De temps en temps, ils improvisaient une soirée musicale. Un piano droit de marque trônait dans le salon. Ma mère, qui avait reçu une éducation musicale, jouait, quand l'envie lui en venait, le répertoire habituel qui allait de Bach à Chopin et Schubert. Elle jouait de plus en plus rarement depuis que nous étions à La Havane, mais le piano restait toujours accordé.

Un musicien espagnol qui vivait à Cuba, Joaquín Nin, aimait s'asseoir au piano après le dîner. Souvent les journalistes blaguaient à propos de Nin, qui avait installé un gymnase sur le toit de sa maison, portait de longs cheveux blancs et s'habillait en costume trois pièces, cravate et bottines, sans craindre le climat cubain. Il avait aussi la réputation d'être un homme à femmes, ayant un faible pour les très jeunes filles de la haute bourgeoisie qui fréquentaient ses cours, beaucoup plus chers que ceux de Juan Orbon, un autre grand pianiste espagnol qui enseignait à La Havane.

Mon père, lui, passait pour un excellent guitariste. Une superbe guitare espagnole occupait la place d'honneur à côté de sa table de travail. Je ne l'avais jamais entendu jouer et j'en étais arrivé à la conclusion que l'instrument était là dans un but purement décoratif. Un soir, après un dîner auquel j'avais été « invité », un autre Espagnol, visage énergique et cheveux de neige, sortit, à la demande générale, la guitare qu'il portait dans son étui. L'homme se mit à jouer et ses auditeurs tombèrent en extase. J'étais fasciné par la dextérité de ses doigts, les allées et venues de ses mains sur les cordes de l'instrument et les sons d'une indiscutable beauté qu'il arrivait à produire. Puis l'artiste demanda à mon père de jouer en duo avec lui. Il fallut que tout le monde insiste pour que mon père se décide à prendre sa guitare et accompagner son ami. Après quelques morceaux joués ensemble, Andrés Segovia rappela à l'assistance que le docteur avait été son élève à Madrid. Il voulait vérifier que ses leçons n'avaient pas été oubliées.

Sombre pour toute l'Europe, cette année 1939, l'année de mes neuf ans. Le cléricalisme répressif de Salazar poursuivait ses ravages au Portugal, Franco affirmait son pouvoir en Espagne, Mussolini et Hitler ne cachaient plus leur ambition de se partager une partie du monde, Munich se transformait en mascarade.

De l'autre côté de la planète, Cuba vivait, par contraste, une époque de tranquillité et de médiocrité. Batista, l'homme fort du régime, tirait les ficelles d'un président-marionnette, attendant le moment adéquat pour quitter l'uniforme et se faire élire président à son tour.

Les menaces de guerre et la situation confuse en Europe étaient suivies de près par mon père et ses amis. A nouveau la maison s'emplit de fumées et de voix qui discutaient des nuits entières. Du fond de mon lit, j'entendais résonner les accents de toutes les régions d'Espagne.

« Si Hitler commettait l'erreur de déclarer la guerre, ce serait la fin pour lui. N'oublions pas la France et la ligne Maginot. Jamais les chars nazis ne pourront la franchir. »

Mon père parlait haut et fort. Son admiration pour la France et sa passion pour la démocratie l'aveuglaient. Mon père qui haïssait autant Hitler que Staline avait une sympathie personnelle pour Léon Trotski.

« Je ne partage pas les opinions politiques de Trotski mais je trouve que c'était un homme courageux et intelligent. »

Ce respect pour Trotski et cette haine pour les dictateurs de Berlin et de Moscou provoquèrent bien des remous au sein de la famille.

Un jour ma mère m'annonça, les larmes aux yeux, que mon parrain don Pepe et mon institutrice Prudencia ne mettraient plus les pieds à la maison.

Elle essaya de m'expliquer le motif de cette interdiction aussi soudaine que définitive.

« Tu étais au cinéma. Ton père et ses amis ont eu une discussion violente avec Prude et don Pepe. Staline a signé un pacte avec Hitler. D'après ton père, les communistes amis de Moscou approuvent ce pacte infâme.

— Comment ? Prude et mon parrain sont mes professeurs ! Je ne veux pas aller à l'école ! Tu le sais bien ! »

Elle le savait, bien sûr, et elle avait déjà pensé à un moyen détourné de faire face à la situation.

« Comme dans un film policier... Tu continueras à voir Prude et ton parrain en cachette, mais il ne faut absolument pas que ton père le sache ! »

Un film ! Une vie clandestine ! Rien ne pouvait me plaire davantage !

Mon parrain habitait un petit appartement dans le

quartier du Vedado et c'est chez lui que Prudencia venait me donner des cours. Avec elle j'avais appris à lire dans les bandes dessinées. Don Pepe quant à lui, qui détestait tout ce qui était américain, m'initia aux romans d'aventures d'Emilio Salgari et de Victor Hugo, d'Alexandre Dumas et de Jules Verne. Il fit de moi un lecteur passionné.

Bien sûr, Prudencia (qui avait commencé à écrire des articles politiques dans le journal du Parti) et mon parrain essayèrent de m'expliquer pourquoi ils avaient eu une discussion si violente avec mon père et ses amis journalistes.

Prudencia était persuadée que Staline prenait son temps pour mieux se préparer au cas où Hitler changerait d'opinion sur l'URSS.

« Je suis contre le pacte, mais je fais confiance à Staline », se plaisait à dire don Pepe dont les analyses étaient un peu plus élaborées.

Je comprenais de moins en moins le comportement des adultes qui m'entouraient. Les difficultés de la vie me poussèrent à rechercher la pénombre d'une salle de cinéma. Je préférais de beaucoup à toutes ces complications les films d'Hollywood où tout finissait par un baiser et une *happy end*, chose rare dans la vie réelle.

Où était la réalité, où était la fiction ? Je n'aurais su le dire. En cette lugubre année 1939 ma mère eut, durant quelques semaines, une attitude que je trouvai étrange. Un matin elle me réveilla, les larmes aux yeux, ce qui lui arrivait de plus en plus fréquemment.

« Vite ! Lève-toi ! Allons voir le bateau où les pauvres Juifs sont enfermés ! » me dit-elle.

Il ne reste dans ma mémoire que des souvenirs confus, un film flou où les images se superposent.

Ma mère insistait pour que je l'accompagne à chacune de ses visites à ce bateau. Ce qui avait commencé pour moi comme une promenade agréable, car j'aimais le port et son ambiance, finit par devenir une véritable corvée.

Nous vîmes, ancré dans la baie au loin, un paquebot entouré d'un essaim de petits bateaux des douanes. Sur le pont, un groupe compact de personnes, hommes, femmes et enfants. Sur les quais, les amis ou parents de ceux qui étaient immobilisés au large. La foule amassée parlait en espagnol et aussi dans d'autres langues que je ne connaissais pas.

« C'est de l'allemand et du yiddish, mon fils. Ils viennent porter secours à ceux qui sont bloqués sur ce bateau auquel le gouvernement cubain interdit d'accoster. C'est un crime ! Ces pauvres gens viennent d'Allemagne, ils fuient les persécutions nazies et Cuba refuse de les aider. On les traite comme des pestiférés. »

Ce souvenir enfoui dans ma mémoire resurgit récemment au cours de la lecture d'un livre, *Les Juifs de Cuba*. Son auteur, Richard Pava, y rappelle les circonstances dramatiques de cette histoire honteuse.

Deux bateaux chargés de Juifs, dont le *Saint Louis*, avaient quitté la Hollande et le port de Hambourg à destination de Cuba. Les troupes de Hitler venaient d'envahir la Pologne. Des familles juives qui avaient fui sur ces bateaux devaient transiter par La Havane en attendant la régularisation des papiers qui leur permettraient d'entrer aux Etats-Unis. Ce voyage qui leur coûtait cher était leur dernière chance. Cuba n'était pour eux qu'une étape sur le chemin de l'Amérique et ces passagers n'imaginaient pas que leur débarquement à Cuba pouvait poser problème. Ici commence l'aspect insupportable de l'affaire. Le président cubain de l'époque, Laredo Bru, conseillé par un de ses ministres, leur proposa un marchandage odieux. En contrepartie de l'octroi de visas, il demanda des sommes exorbitantes. Sous-entendu : puisque c'étaient des Juifs allemands, ils étaient forcément riches. Or la plupart des fugitifs avaient donné tout ce qu'ils avaient pour la traversée en bateau. *El Diario de la Marina*, qui s'était déjà distingué par ses positions en faveur de Franco au cours de la guerre civile espagnole, publia une série d'articles pour dissimuler l'antisémitisme de cette décision sous le masque du patriotisme cubain. On répétait volontiers que ces Européens profitaient d'une histoire de visa touristique pour s'installer dans un pays qui n'était pas touché par la crise économique. Les associations juives américaines envoyèrent un avocat célèbre pour essayer d'infléchir la position de gouvernement de Laredo Bru. La situation s'envenima. Les Cubains ne cédèrent pas et le département d'Etat américain ne fit rien non plus pour régler la question. Les jours et les semaines passèrent. Le bateau immobilisé avec ses malheureux passagers finit par devenir l'attraction du moment. Si, au début, les groupes qui attendaient sur les quais des journées entières étaient des amis et personnes de la famille, bientôt, « aller voir le bateau des Juifs » devint une sortie pour certains habitants de La Havane. Se rendaient-ils compte de la tragédie qui se déroulait sous leurs yeux ? Des gens amassés sur les quais, d'autres gens entassés sur le pont d'un bateau qui se regardaient à distance, jusqu'au jour où le *Saint Louis* fut contraint de rebrousser chemin malgré les efforts des organisations hébraïques et du Front national antifasciste (dont la secrétaire était Mme Edith García Buchaca) pour empêcher que le bateau ne retourne en Allemagne. Il n'est pas difficile d'imaginer le sort que les nazis réservèrent aux passagers.

Je n'ai pas oublié les scènes que ce bateau, mouillant au large dans le port de La Havane, a provoquées entre mes parents. Ma mère accusait mon père et ses amis journalistes de ne rien faire pour dénoncer le comportement indigne du président Laredo Bru.

Mon père : Tu as lu mon article pour demander qu'on leur accorde des visas ?

Ma mère : Les articles ne servent plus à rien ! Il faut faire quelque chose, agir vite ! Je ne sais pas, moi. Réunir des bateaux à moteur, prendre les armes, aider ces pauvres gens.

Mon père : Je fais ce que je peux. Prendre les armes ! Tu délires ! Je ne suis pas juif, moi !

Ma mère : Moi, oui !

J'étais habitué aux excentricités de la famille dans laquelle j'étais né, pourtant, cet affrontement entre mes parents dépassait les bizarreries dont j'avais été jusque-là témoin. Ce dialogue sema le trouble en moi pendant plusieurs jours, puis l'accélération dramatique des événements dans le monde entra de plein fouet dans nos vies. Avec tous les autres, je suivais les nouvelles à la radio et à travers les actualités cinématographiques.

5

1940, ou la dolce vita havanaise

L'année 1940 vit s'affronter deux protagonistes de la lutte contre le dictateur Machado : l'ex-sergent Fulgencio Batista et le docteur Ramón Grau San Martín. Le médecin, de retour de son bref exil, réunit autour de lui une partie de ceux qui l'avaient accompagné quelques années auparavant : des universitaires, des représentants des professions libérales, des étudiants et des militants de la gauche non communiste. L'aspirant à la présidence pouvait aussi compter sur un atout capital : il avait le soutien du peuple. Pour la grande majorité, Grau était celui qui défendait les droits des pauvres.

Face à ce favori naturel, Batista mit en marche une machine à ramasser des votes à travers ses « sergents politiques ». Chaque parti avait ses « sergents ». C'étaient, en réalité, des experts en relations publiques. Baptisés les *manengues*, mot intraduisible, ces hommes avaient pour mission de convaincre les indécis à voter pour le candidat qu'ils représentaient. Quelques-uns, orateurs et démagogues de talent, devenaient parfois candidats à la Chambre des députés. Néanmoins la véritable force des *manengues* venait des fonds mis à leur disposition. Plus il y avait d'argent, plus leur force de persuasion était grande. Le jour des élections, le « sergent », tout de blanc vêtu, « encadrait » ceux qui avaient reçu des pesos et leur famille.

« A Cuba, même les morts votent », disait-on.

Cette tradition latino-américaine venait, peut-être, de l'Espagne. Au temps de Philippe III et de son favori le duc de Lerma, déjà, le gouvernement « achetait » les votes dans *las Cortes*, les assemblées régionales, qui pouvaient leur être défavorables.

Batista était riche de tout l'argent qu'il avait ponctionné à l'Etat. Il pouvait aussi compter sur le soutien des forces armées et d'une police parallèle qui s'inspirait des « Chemises Noires » de Mussolini. Les opposants étaient battus à mort ou on les achevait en leur faisant avaler de l'huile de ricin. Face à cette force de frappe, au sens propre comme au figuré, les chances du docteur Grau étaient minimes. Et en 1940, Batista fut élu pour quatre ans président de la République.

En 1941, l'attaque japonaise de Pearl Harbor marqua l'entrée en guerre des Etats-Unis. Cuba, la petite île voisine du géant, voulut se montrer solidaire de l'Oncle Sam en déclarant à son tour la guerre à l'axe du mal : Berlin, Tokyo et Rome. Par ailleurs, l'invasion de l'URSS par les troupes nazies changea la donne politique à Cuba. L'URSS et les USA luttaient désormais contre un ennemi commun.

Le président Batista, récemment converti aux valeurs de la démocratie, offrit quelques ministères au parti communiste cubain, plus connu sous le nom de parti socialiste populaire, et fit approuver la Constitution de

1940, considérée par les juristes comme un parfait exemple de constitution libérale. Bien des années plus tard Fidel Castro, dirigeant révolutionnaire, promit du haut des montagnes de la sierra Maestra de rétablir la Constitution de 1940 que Batista avait foulée aux pieds en 1952. L'histoire s'amuse parfois de ce genre d'anecdotes ironiques. La constitution signée par Batista, piétinée par Batista, relancée par le guérillero Castro et jetée aux oubliettes par le Líder Máximo !

Preuve que la roue tourne...

Batista avait fait un cadeau empoisonné aux communistes en leur offrant quelques ministères, qui furent de courte durée. Ce « flirt » avec le général-président allait peser sur la réputation du Parti pendant longtemps.

Le gouvernement de Batista, entre 1940 et 1944, connut une relative période de calme, de démocratie à l'américaine, et une certaine prospérité. Le docteur Grau était passé dans l'opposition, il en avait l'habitude. Une question intéressait les politologues de l'époque, Batista allait-il ou non se représenter pour un deuxième mandat ?

L'année 1942. Deux événements me révélèrent, si besoin était, le comportement surréaliste de mes parents.

Le premier événement, c'est que je devais m'inscrire au lycée. Pour se présenter à l'examen d'entrée il fallait avoir treize ans, or je n'avais que douze ans et neuf mois. Cet écart de trois mois risquait de me faire rater mon inscription. J'avais travaillé un an dans une école privée, l'académie Bravo, pour me préparer à l'examen d'entrée au lycée. Le directeur de l'école assurait que je pouvais passer haut la main.

Comme de coutume, toute la famille se réunit pour étudier le problème. Grâce à la nouvelle situation internationale et nationale, et puisque l'URSS et les Etats-Unis étaient des alliés, mon parrain basque et Prudencia étaient à nouveau bienvenus chez nous.

Mon père et mon parrain pensaient qu'il valait mieux me préparer pour l'année à venir. Les femmes, ma mère et Prudencia, répétaient ce qu'avait dit le directeur de l'académie Bravo, « le faire attendre serait un crime ». Prudencia avait eu son diplôme en pédagogie et en droit civil. Ce nouveau statut lui conférait une autorité supplémentaire. C'est elle qui suggéra à mon père, en tant qu'ex-ministre de l'Education, d'écrire une lettre au fonctionnaire en place afin qu'il m'accorde une dérogation.

« Qu'est-ce que c'est que trois mois ? En plus, le directeur de l'académie peut témoigner. »

Silence laconique de mon père. Il tirait sur son havane et regardait le ciel, car la réunion se tenait sur le balcon. Faisait-il semblant de n'avoir pas entendu ? S'ennuyait-il avec cette discussion si terre à terre ? Pensait-il à autre chose ? Ce n'est qu'après un long silence qu'il se décida à parler.

« Jamais je ne demanderai quoi que ce soit à un ministre de l'ex-sergent Batista. Je sais que vous, les communistes, vous avez pactisé avec lui. Je préfère, pour ma part, régler cette question autrement. »

Je m'étais donc résigné à repousser d'un an mon inscription au lycée quand mon père annonça que tout était arrangé. Quand je voulus en savoir plus, à qui le miracle était dû, je me heurtai à un mur. Tous s'entouraient de mystère. Je m'entêtai, voulus connaître le fin mot de l'histoire. Rougissante, bégayante, ce qui n'était pas dans sa nature, ma mère finit par me raconter ce que j'ai considéré comme un vaudeville tropical.

A ma naissance mon père avait oublié de m'inscrire au registre d'état civil. Ce qui arrivait fréquemment dans nos îles, au dire de mes amis haïtiens et portoricains.

« Ce n'est pas qu'il n'a pas voulu te reconnaître, m'expliqua ma mère. Mais il était si occupé... Et moi, je n'avais aucune expérience dans ce genre de choses... Je ne savais pas comment faire. »

Cette question d'« oubli » ne me dérangeait pas trop, mais c'est en lisant l'extrait de naissance que j'ai piqué une crise de colère. Né à Santiago, ma ville bien-aimée, l'extrait me faisait naître à La Havane, un 19 mars au lieu d'un 19 juin, et le comble c'était qu'ils m'avaient collé trois ans de plus, au lieu des trois mois qui me manquaient pour l'inscription au lycée.

« Comment papa a-t-il pu commettre ces erreurs ?

— Il était débordé de travail... C'est son chauffeur qui a dû s'en occuper. Cet Antonio, tu sais, il est brave mais un peu... »

Elle fit tourner un doigt sur sa tempe.

« Enfin ! La question est réglée. Maintenant tu vas pouvoir t'inscrire. »

A moi de résoudre l'imbroglio : à douze ans, j'étais en avance pour entrer au lycée, mais avec ma nouvelle date de naissance, je serais considéré comme ayant trois ans de retard.

Je finis par confier mes angoisses à mon parrain qui me tranquillisa en quelques phrases.

« La date de naissance n'apparaîtra qu'au moment de l'inscription. Après tu n'auras qu'à te comporter comme un garçon de ton âge. Tu ne vas pas dire que tu as seize ans parce c'est écrit sur un papier, non ? »

Le deuxième événement que j'évoquais plus haut avait un goût doux-amer.

Je devais fêter mes treize ans deux jours après quand ma mère décida d'organiser une sortie. Le programme ne pouvait être plus alléchant : *Le Magicien d'Oz* avec Judy Garland, plus une reprise de *Capitaine Blood* avec Errol Flynn, sans compter les dessins animés, les actualités cubaines et *La Marche du temps*, le résumé des nouvelles internationales de la semaine. Après cette orgie de cinéma, il était prévu que nous irions dîner tous les deux au restaurant de la Maison Basque en l'honneur de mon parrain.

« Comme tu vas avoir treize ans dans deux jours, nous allons nous offrir un peu de vin. »

Nous avons descendu, en trinquant à chaque verre, une bouteille de rioja, et une coupe de Bénédictine « pour faire passer le tout ».

J'avais treize ans, j'avais donc le droit de porter une veste et une cravate malgré la chaleur. En essayant de me conduire avec aplomb, j'offris mon bras à ma mère pour sortir du restaurant, une manière discrète de cacher notre démarche chancelante...

« Si nous allions au Malecón ! L'air de la mer va nous faire du bien à tous les deux ! »

Pendant le dîner, j'avais remarqué l'inquiétude de ma mère. Etait-elle angoissée à cause du voyage de mon père ? Du jour au lendemain le docteur annonçait de son air toujours calme qu'il devait s'absenter pour des raisons de travail. Ces absences pouvaient durer deux jours ou trois semaines, ce qui provoquait des drames entre mes géniteurs.

Assis sur le mur, nous regardions les vagues se briser avec violence contre les rochers à nos pieds. Je restais silencieux, persuadé que ma mère avait quelque chose d'important à me confier. Quand elle se mit à parler, le bruit des vagues et le ton trop intime de sa voix me firent perdre le début de ce qui m'apparaissait plutôt comme un conte lointain.

« A l'époque des Rois Catholiques Isabelle et Fernand, les Juifs espagnols furent obligés de se convertir ou de s'exiler. Les nombreuses familles qui choisirent de se convertir furent appelées " marranes ". Des porcs. Parce que les Espagnols se méfiaient d'eux. Ce qui est injuste. Beaucoup de ces convertis devinrent des catholiques fervents. D'autres, ne pouvant oublier leur vraie religion, continuèrent à la pratiquer en secret. Quand ils étaient surpris, l'Inquisition les torturait atrocement. »

Ma mère m'expliqua aussi que, même dans les familles qui s'étaient adaptées à leur nouvelle religion, il y avait souvent une personne qui s'efforçait de sauvegarder les vieilles croyances afin de les transmettre aux plus jeunes.

« Ce fut le cas de ma grand-mère. Tous les soirs elle me lisait un passage de ce qu'elle appelait la Torah, l'Ancien Testament. Elle s'arrangeait aussi pour me faire respecter, dans la clandestinité, les fêtes de la tradition juive. J'adorais ce mystère, ces mensonges, ils renforçaient mes liens avec elle. Mais je grandissais. Dès l'âge de quinze ans, ma famille commença à parler d'un mariage avec un de mes cousins, un señorito andalou, richissime et plus catholique que le pape. »

Farouchement hostiles à ce mariage arrangé, la vieille femme et sa petite fille commencèrent, à mesure que passaient les mois, à rêver de « solutions extrêmes ». Elles envisageaient de fuir, de rejoindre la partie de la famille qui s'était exilée en Turquie pour ne pas se convertir. Quand un beau jour...

« Un beau jour un de mes frères invita à la maison un célèbre avocat qui venait de Cuba. L'invité jouait de la guitare et, comme je me débrouillais pas mal à la mandoline, mon frère proposa que nous jouions en duo. Le visiteur, d'une exquise gentillesse, était déjà venu plusieurs fois à la maison. La famille s'est-elle rendu compte de ce qui se passait ? Je ne sais pas. Ce que je sais c'est que nous avons eu un vrai coup de foudre l'un pour l'autre. Grand-mère s'est faite ma complice. Elle se chargeait des mots que le docteur m'envoyait et des réponses que je lui faisais parvenir. C'est aussi grand-mère qui m'a prévenue du danger. Ma famille interdisait dorénavant les visites du Cubain, comme ils appelaient avec mépris le docteur. Pis encore : la date de mariage avec mon cousin était avancée. “ Pourquoi ne veulent-ils pas d'un monsieur si éminent, que j'aime et qui m'aime ? me plaignais-je à ma grand-mère. – Il a presque trente ans de plus que toi, ma chérie, et il est marié. ” Je faillis m'évanouir en entendant sa réponse. Marié ! Pourquoi me l'avait-il caché ? Il fallait que je sache ! Une femme de chambre que j'avais soudoyée se chargea de transmettre le courrier clandestin entre le docteur et moi. Ma grand-mère s'était finalement rangée du côté du reste de la famille. Que pouvais-je faire ? Le docteur promettait de tout arranger. J'étais folle d'amour. J'ai accepté de partir avec lui et nous nous sommes enfuis de notre ferme de Málaga sur un cheval blanc ! »

Ma mère avait haussé le ton pour que je l'entende malgré le bruit assourdissant des vagues s'écrasant sur les rochers. Le docteur et ma mère adolescente sur un cheval blanc... C'était la plus belle des aventures tournées en Technicolor, ce nouveau procédé qui faisait fureur à Hollywood depuis les succès de *Autant en emporte le vent* et des comédies musicales avec Betty Grable et Carmen Miranda.

« A treize ans, enchaîna ma mère, la tradition juive veut qu'un garçon devienne un homme. Pour célébrer ce passage à la vie adulte, on fait une cérémonie à la synagogue et... »

Elle n'a pas pu continuer, sa parole s'est étranglée d'émotion.

Nous étions toujours assis sur le mur du Malecón. Les vagues, de plus en plus insolentes, mouillaient nos pieds. Une forte brise marine soufflait et nous tremblions, serrés l'un contre l'autre. Un instant, juste un instant, j'eus l'impression que nous étions abandonnés de tous, avec la mer pour seul refuge. La mer.

Parmi les cadeaux que je reçus pour mon anniversaire, ma mère me donna un livre qui parlait de l'Inquisition, des vexations et des tortures auxquelles on soumettait les Juifs soupçonnés de pratiquer en secret la religion interdite.

En 1620 on pratiquait encore des tortures comme

celle qui consiste à lier les poignets du prisonnier et à le suspendre avec des poids très lourds attachés aux pieds ; le Saint-Office recommandait de « monter le coupable très lentement pour mieux le faire souffrir ».

La torture par l'eau était encore plus horrible : on plaçait un appareil qui obligeait la personne à garder la bouche grande ouverte, on enfonçait un linge mouillé dans sa gorge et on versait lentement de l'eau sur le linge jusqu'à provoquer l'asphyxie.

« Tu comprends maintenant, m'expliqua ma mère, pourquoi je hais tellement les curés. »

De l'autre côté de l'île, le jeune Fidel Castro, qui avait brillamment terminé ses études primaires dans une école religieuse, quittait sa ville natale pour devenir interne au collège de Belén. Cet ancien centre d'enseignement était considéré comme un des meilleurs sinon comme le meilleur collège du pays. Carlos Franqui, dans son entrevue enregistrée avec le Líder Máximo, met en relief le réalisme pédagogique des pères jésuites. Ils avaient en charge la future élite politique, culturelle et économique de Cuba. Ces adolescents de treize à dix-sept ans recevaient également une solide formation physique. L'école privilégiait les excursions en montagne, les activités en tout genre, natation, course à pied, base-ball, qui « ne laissaient pas aux élèves le temps de souffler ». Une manière comme une autre de calmer le réveil hormonal et les urgences sexuelles des garçons à l'âge de la puberté. Non seulement le jeune Fidel était un passionné de sport mais il était aussi très doué. Il avait de véritables dons d'athlète. Ecoutons Georgie Anne Geyer dans son *Guerrilla Prince*, qui raconte une entrevue avec le père Armando Llorente, ex-professeur de Castro, exilé depuis à Miami. Après avoir dessiné un portrait psychologique de son élève sur le thème de « il était inépuisable, parfois violent, et surtout entêté comme un Galicien », le père Llorente a l'honnêteté (avec une certaine affection, indique Geyer) de vanter les qualités de Fidel.

« Il avait une mémoire photographique. Un jour je lui ai demandé : Fidel, que dit le livre de sociologie page cinquante-trois ? Et, sans la moindre hésitation, il a été capable de répéter le contenu de la page mot pour mot. »

Le père Llorente raconte aussi une anecdote qui souligne le courage et l'audace du jeune homme. Pendant une de leurs fameuses excursions, ils arrivent au bord d'un fleuve. Le fleuve est large et le courant trop fort. Fidel, réputé meilleur nageur du groupe, reçoit l'ordre de traverser le premier. Une corde à la bouche, l'élève se lance à l'eau et atteint l'autre rive où il attache la corde à un arbre pour que ses camarades puissent faire la traversée sans prendre de risques. Le père Llorente passe le premier pour donner l'exemple, comme il se doit, mais à mi-parcours la corde lui échappe des mains. Il tombe dans le fleuve, entraîné par le courant. Sans hésiter un instant, l'élève Fidel se jette à l'eau pour porter secours à son maître. Une fois qu'il l'a ramené sur la terre ferme, Fidel Castro est très ému.

« Mon père, c'est un miracle. Prions ensemble et remercions la Vierge », dit-il.

La petite île de la Caraïbe a toujours été l'enfant préférée de la métropole. Franco et Angel Castro, le père de Fidel, étaient tous deux Galiciens. *La fuerza del terruño.* La région, dans la Péninsule, pèse souvent beaucoup plus que la nation. Sans parler de cette tradition qui veut que les enfants de bonne famille fassent leurs études dans des institutions religieuses...

Je viens de relire mon livre préféré de Cervantès, *Le Dialogue des chiens.* Les personnages rappellent – Cervantès connaissait bien la question – cette fierté légendaire de l'hidalgo espagnol. Comme Don Quichotte, il pouvait être pauvre, mais si quelqu'un l'offensait, l'hidalgo se transformait en fauve. La Castille et la cour de Madrid se prenaient pour le nombril du monde. L'insolence des nobles était insupportable. Entre-temps, les couches laborieuses essayaient, autant que possible, de faire progresser le nom et l'avenir de leur lignée. C'est pourquoi les riches marchands envoyaient leurs enfants faire des études dans les meilleures écoles. Le chien Bragance de Cervantès raconte à son ami, le chien Scipion, comment il est entré au service d'un marchand sévillan qui se saigne pour envoyer son fils chez les jésuites. Scipion rappelle à Bragance que ces choses-là n'arrivent pas seulement chez les Sévillans mais dans toutes les régions d'Espagne, la Galice, la Catalogne, l'Aragon...

Les familles, offensées par la puissance de la noblesse castillane, confiaient leurs enfants aux jésuites qui passaient pour être d'excellents pédagogues.

Rien d'étonnant, donc, à ce qu'Angel Castro dépense une petite fortune pour faire inscrire ses deux fils, Fidel et Raúl, dans un collège de jésuites. Fidel, qui a cinq ans de plus que son frère, deviendra son mentor à son entrée au collège de Belén.

Pendant ce temps, les années 40 poursuivaient leur drôle de chemin...

Le président Fulgencio Batista surprit tout le monde en annonçant publiquement qu'il ne se représenterait pas en 1944. Il nomma son dauphin, un politicien sans envergure ni charisme. Batista se retirait pour un temps de la vie politique cubaine afin de préparer un long voyage avec sa famille. Ce qui était important c'est qu'il promettait des élections libres. Cette nouvelle fut reçue avec beaucoup de suspicion. De son côté Grau San Martín annonça qu'il aspirait, lui, à la présidence de la République. Sans jamais perdre l'ironie qui le caractérisait, Grau amusa ses amis en leur confiant ses intimes convictions.

« Je resterai peut-être dans l'histoire de ce pays comme le candidat le plus acharné jamais élu. » Mais cette fois-ci il se trompait. On dit qu'il fut le premier surpris de son triomphe.

« Le docteur Ramón Grau San Martín élu président à une majorité écrasante ! » titra la presse.

Le peuple cubain, d'un bout à l'autre de l'île, s'élança dans les rues pour fêter le politicien qui portait le nom prédestiné de « Saint Martin ». Et pour remercier Batista qui avait tenu parole, ce même peuple en liesse escorta l'ex-président et sa famille jusqu'au port de La Havane. Un paquebot de luxe emporterait l'ex-président, sa famille, ses amis et leurs domestiques pour un grand voyage autour du monde.

Des voix se levaient parfois pour rappeler que, si Batista et les siens pouvaient se payer ce tour du monde, c'était parce que, depuis 1934, l'Homme avait dilapidé le trésor de la République. Il avait aussi fait alliance avec certains membres de la pègre internationale qui avaient pour noms « Lucky » Luciano et Santos Traficante Jr. Discrets, efficaces, ces types fréquentaient La Havane depuis la fin des années 30. Ils observaient, nouaient des amitiés, ouvraient quelques boîtes de nuit, s'impliquaient dans les courses de chevaux et de chiens, sans oublier les combats de coqs, un sinistre jeu très populaire à Cuba depuis la période coloniale. Après la Deuxième Guerre mondiale, les *boys* commencèrent à développer leurs affaires à Cuba. Hôtels de luxe et restaurants, salles de jeu et cabarets. L'arrivée à La Havane de George Raft, nommé gérant d'un de ces hôtels, fit verser beaucoup d'encre. Un journal humoristique de l'époque titrait :

LE LIEUTENANT DE SCARFACE S'INSTALLE À CUBA.

Raft, lieutenant d'Al Capone dans un film célèbre, était dans la vie privée l'ami de « Lucky » Luciano.

Le gouvernement du docteur Grau débuta dans une atmosphère d'euphorie générale. Un homme honnête venait d'être élu président. Personne ne put jamais accuser Grau d'avoir volé un centime à l'Etat. Sa fortune personnelle, son côté aristocratique, sa philosophie de la vie l'éloignaient de ce vice qui était – hélas ! –

commun à la plupart des présidents de la jeune République. Grau ne volait pas, mais il laissait voler, il laissait faire. Il acceptait avec cynisme et bonne humeur d'être accusé de népotisme.

« Et alors ? Qu'y a-t-il d'indigne à s'occuper de sa propre famille ? L'humanité entière le fait. Tout commence, depuis la préhistoire, par le noyau familial. »

Si cette phrase n'est pas authentique, elle correspond au personnage.

La rumeur publique assurait que le docteur Grau était l'amant de sa belle-sœur, la señora Paulina, qui était veuve. Ce couple faisait rire tout le monde. Les mauvaises langues les appelaient *La Gorda y el Flaco*. La grosse et le maigre, en souvenir du célèbre tandem d'Hollywood Stan Laurel et Oliver Hardy. Le docteur ne perdit jamais sa silhouette longue et svelte, Paulina, elle, aurait pu jouer, en travesti, le rôle de Sancho Pança.

Si le président Grau a maintenu sa popularité au long de son mandat, toute la rancœur d'un peuple qui se sentait floué se reporta sur la belle-sœur. Le jour de l'inauguration d'une fontaine au style baroque flamboyant, l'humour populaire trouva immédiatement un nom à cette œuvre hideuse et volumineuse, il la baptisa « le bidet de Paulina ».

Le docteur Grau quitta la présidence en 1948, laissant la place à son fils spirituel, l'avocat Carlos Prío Socarrás. En fait, Grau avait un autre fils spirituel, l'avocat Eduardo Chibás, dit « Eddy ». Personnalité remarquable, petit et très myope, c'était un orateur exceptionnel. Chibás quitta le parti authentique fondé par Grau pour créer le parti authentique orthodoxe, qui finit par s'appeler le parti orthodoxe. Il devint le critique le plus féroce de Grau et, plus tard, du président Prío Socarrás. Chibás avait, une fois par semaine, une tribune radiophonique à huit heures du soir sur la station de radio la plus écoutée du pays. D'une voix vibrante, qui montait dans les aigus à la limite de l'hystérie, il galvanisait son public. A cette époque, quand on voulait parler de quelqu'un de rigoureux et probe, on disait : « honnête comme Eddy Chibás ». Les diatribes de l'avocat devinrent plus populaires que les feuilletons du moment : à huit heures, tout Cuba se branchait sur la station CMQ pour écouter « ce qu'Eddy va nous dire ». La liberté d'expression qui régnait alors permettait à l'opposition de se manifester sans la moindre pression. Il y avait bien sûr des problèmes de tous ordres comme dans n'importe quel autre pays. Le chômage était endémique et les différences entre riches et pauvres aussi choquantes que dans le reste de l'Amérique latine. Ceux qui souffraient le plus étaient les paysans des régions défavorisées. Ne possédant qu'un *bohío* (petite cabane traditionnelle qui venait des Indiens) et un bout de terrain pour nourrir leur famille, la majorité des paysans vivaient dans des conditions très difficiles.

La capitale, par contre, qui avait aussi son lot de marginaux et de miséreux, ne cessait de se développer et s'embellir. Si d'un côté on construisait de plus en plus d'hôtels, de restaurants et de salles de jeu, l'appétit culturel de la ville grandissait avec le temps. La décennie des années 40 favorisa la création d'innombrables petites salles de théâtre ; l'orchestre philharmonique, sous la direction d'Eric Kleiber, comptait parmi les meilleurs ensembles musicaux de l'époque. De nouveaux cinémas ultrachics, avec grand écran et air conditionné, attirèrent les foules. Des librairies spécialisées, avec des livres en français et en anglais, ouvrirent dans la zone proche de l'université.

En consultant les journaux et revues de l'époque, le lecteur serait étonné de constater à quel point la vie nocturne dans la capitale était intense. Il y en avait pour tous les goûts : le touriste obsédé de sexe pouvait parcourir bordels et bars louches comme dans d'autres villes portuaires du monde. Les joueurs disposaient de quantité de salles privées, les nouveaux paradis du jeu inaugurés par les *boys from Las Vegas* fleurissaient partout. Les amoureux de la culture avaient le choix entre des spectacles de théâtre et de danse et des concerts de qualité... Ceux qui voulaient sortir en famille ou en groupe s'asseyaient des heures entières aux nombreuses terrasses de la place du Capitole où se déroulait un rituel exquis. On y mangeait, on s'amusait à regarder les passants, au son des orchestres populaires.

Pour l'adolescent que j'étais, s'asseoir en compagnie de quelques amis à la terrasse d'un de ces établissements et écouter le groupe Anacaona, composé de femmes, était une sorte d'étape initiatique avant d'affronter la folie de la vie nocturne. Les trois années de trop qui figuraient sur mes papiers d'identité me permettaient de fréquenter, avant l'âge autorisé, cette *Havana by night* que Guillermo Cabrera Infante devait décrire, des années plus tard, dans des romans ironiques et somptueux. On quittait la convivialité bon enfant des terrasses pour les bars louches du port ou les boîtes populaires de la plage de Marianao, équivalent tropical du Harlem de New York. Nous fréquentions surtout l'Eva's Bar où les « filles de la maison » parlaient une sorte de gréco-cubain avec les marins, et ces boîtes de la plage faisaient de nous des initiés : c'est là qu'on pouvait découvrir un groupe musical ou un artiste noir exceptionnel. Cela faisait partie de notre éducation et de notre entrée dans l'âge adulte.

6

Le vivier politique et culturel de l'université de La Havane

L'idée de construire l'université de La Havane sur une colline apparaissait comme une solution de bon sens dans une ville aussi étouffante. Fondé en 1728 par des prêtres dominicains, ce centre d'études fut sécularisé en 1842. Les salles de classe de chaque bâtiment comportaient de grandes fenêtres afin que l'air puisse circuler. En effet, comment donner un cours ou se concentrer quand la chaleur est torride ? Plus tard, avec l'arrivée de la climatisation à l'américaine, les fenêtres furent fermées et les appareils encastrés dans les murs se mirent à ronronner...

Si l'implantation de l'université sur une hauteur s'était imposée d'évidence, la construction d'un immense escalier, haut et large, donnant sur la rue L., était une idée carrément géniale. Pour les étudiants en première année de faculté, monter le grand escalier de pierre, l'Escalinata, relevait du rite de passage : combien d'autres étudiants avant eux avaient monté ces marches impressionnantes ? Une fois atteint le palier, la coutume voulait qu'on se fasse photographier devant la statue d'Alma Mater, une représentation de la Connaissance et de la Sagesse, aussi incontournable que pour l'étranger visitant Paris la photo devant l'Arc de Triomphe ou la tour Eiffel.

Le cœur de l'université se trouvait place Cadenas, rebaptisée après la révolution place Ignacio Agramonte. Cet espace se voulait un hommage à la Grèce antique, avec forum et colonnes doriques, frises en feuilles d'acanthe, et ses marches conduisant aux différentes plates-formes où seraient présentés, au cours des années 40 et 50, autant de spectacles de qualité : de Calderón à Shakespeare ; d'Euripide à Schiller. C'est également dans ce cadre prestigieux que l'actrice Violeta Casal donna une interprétation de *Médée* considérée par la critique internationale de l'époque comme une des meilleures de l'histoire du théâtre cubain. Participer en tant que spectateur à ces représentations magiques, sous le ciel étoilé, respirant l'air embaumé du parfum des jasmins, était un véritable privilège. La place Cadenas était entourée de jardins où les étudiants pouvaient se reposer dans la journée, s'asseoir pour lire et réviser leurs cours ou, le soir venu, se donner de brûlants rendez-vous amoureux.

L'université occupait une vaste superficie qui comprenait les différentes facultés et bâtiments administratifs. Si l'Escalinata était la voie royale, on descendait la colline de l'autre côté du campus par une rue en pente plus fréquemment utilisée par les autos, motos et bicyclettes.

Au bout de quelques semaines, le néophyte apprenait que, si grimper l'escalier était bon pour sa santé et son ego, le descendre, surtout à la tombée du jour, répondait aux règles d'une chorégraphie subtile. On le descendait en groupe, s'arrêtant pour traîner et discuter à côté d'Alma Mater, accueillant les nouveaux venus la cigarette aux lèvres et bien conscient que ceux qui circulaient en bus ou en voiture sur la rue L. en bas vous regardaient comme au spectacle. Sans oublier les locataires des maisons alentour qui prenaient le frais à leurs balcons et enviaient ces jeunes étudiants qui étaient sans doute en train de vivre les plus belles années de leur vie.

J'ai fréquenté l'université entre 1948 et 1951. Pour faire plaisir à mes parents et à Prudencia, je m'étais inscrit en faculté de droit, tout en sachant que je n'y ferais pas de vieux os. Par contre, je suivais avec sérieux et pour mon unique plaisir les cours de philosophie et lettres, tout en participant à l'école de théâtre universitaire.

Je découvris très vite que le niveau de mes professeurs, que ce soit en droit ou en philosophie, était excellent. Je me trouvais face à des hommes et des femmes qui semblaient avoir une vocation authentique pour les matières qu'ils enseignaient et qui étaient fiers d'appartenir à cette université de La Havane, alors considérée comme une des meilleures de toute l'Amérique latine.

Voilà pour la bonne nouvelle.

Le côté négatif de l'université à cette époque venait de la rue. La politique, avec ce qu'elle comportait de violence, d'intrigues, d'intimidations et de chantages, menaçait de faire un jour de la colline un petit Chicago du temps de la prohibition.

La très puissante Fédération des étudiants universitaires, la FEU, faisait la pluie et le beau temps et pouvait faire basculer l'opinion publique en lançant ses *muchachos* dans la rue. Devenir président de la FEU était le moyen le plus sûr de se préparer un avenir politique, d'embrasser la carrière de parlementaire, de sénateur, et pourquoi pas de devenir ministre. Tous les rêves étaient permis. Entre-temps, un président peu regardant sur les questions éthiques ou trop gourmand pouvait bénéficier d'une série d'avantages précieux, ces célèbres « bouteilles », comme le peuple les appelait, à savoir emplois fictifs et autres salaires juteux que le gouvernement en place accordait volontiers en échange de services rendus. Le président de la FEU et ses lieutenants avaient également le droit de porter une arme. Ils considéraient que leurs vies pouvaient être menacées. Ce qui n'était pas faux.

Enseigner les humanités à un élève portant un pistolet à la ceinture mettait parfois le professeur en situation délicate. Les activités extra-universitaires étaient très prenantes et l'étudiant « politique » n'avait guère le temps d'apprendre ses cours. Pourtant, il était communément admis que personne ne pouvait prétendre à la présidence de la FEU s'il n'avait réussi ses examens de fin d'année.

A l'époque où je commençai mes études à l'université, le président de la Fédération était un certain Manuel, dit « Manolo », Castro. Photogénique, beau parleur, il était populaire dans le milieu universitaire et bien accueilli dans les rédactions des journaux. Son avenir politique semblait tout tracé. Il était aussi très redouté. Un des premiers conseils que je reçus fut celui-ci, donné par un ami en montant l'escalier d'Alma Mater :

« Ne te mets jamais à dos Manolito Castro. »

Ce gentil diminutif de Manolito n'enlevait rien à la menace que le simple fait de prononcer son nom – dont la sonorité frappait comme un fouet, Cas-tro ! – provoquait.

C'est à ce Castro-là qu'un autre Castro vint porter la contradiction en briguant à son tour la place si convoitée de président de la FEU. Cet autre Castro qui s'appelait Fidel.

A l'image du pays, tous les partis politiques comptaient des membres à l'université de La Havane. A la fin des années 40 et au début des années 50, l'organisation politique la plus influente était le parti orthodoxe d'Eduardo Chibás, considéré par bon nombre de professeurs et d'étudiants comme le « parti de la dignité ». Fidel Castro était lui aussi membre du parti de Chibás et militait dans les rangs de la jeunesse universitaire.

La deuxième force politique sur la Colline était le parti socialiste populaire, appelé par beaucoup d'étudiants le « parti de la schizophrénie ». On connaissait ses membres actifs, qui ne cachaient pas leur idéologie marxiste. Ce parti entretenait aussi, dans l'ombre, une petite armée de membres clandestins. Les militants qui appartenaient à cette dernière catégorie avaient pour tâche d'infiltrer les rangs de toutes les associations d'étudiants, sans jamais avouer leur appartenance aux cellules communistes.

Les catholiques, troisième force en présence, faisaient bande à part, acceptant des alliances au moment des élections universitaires tantôt avec les orthodoxes, tantôt avec la gauche proche des communistes. Ces divers groupes politiques, avec des programmes et des idéaux souvent opposés, s'accordaient sur un principe : il fallait nettoyer les rangs des types trop violents, comme l'encombrant Manolo Castro et ses acolytes, qui avaient tendance à transformer l'université en une jungle sans foi ni loi.

Je débarquais dans cette jungle en toute naïveté. J'avais dix-sept ans – vingt ans sur le papier – et la tête d'un garçon de quinze ans, ce qui provoquait parfois des situations cocasses avec les filles de dix-huit ans, mes aînées du point de vue biologique et mes cadettes sur nos papiers d'identité respectifs.

Je faisais tout mon possible pour apprendre et m'adapter au mode de vie de mes camarades, à leurs jeux et leurs rituels. Nous nous retrouvions tous au café Le Vicky, avenue Infanta, pour parler de l'actualité et refaire le monde. C'était le point névralgique des rencontres, l'endroit où les étudiants en droit et médecine retrouvaient ceux de la faculté de pédagogie et du collège de philosophie.

Faisons un saut en arrière. Imaginons que le jeune homme prend des notes, qu'il enregistre les conversations en vue d'écrire le scénario d'un film qui aurait pour titre « Demain, la Révolution ».

J'ai sous la main et à portée de vue une exceptionnelle brochette d'acteurs qui seront amenés à jouer des rôles importants dans l'avenir, ce qu'un producteur appellerait aujourd'hui « un casting d'enfer » !

Montons les marches de l'Escalinata, faisons une halte sur le palier dans les bras d'Alma Mater, et poursuivons jusqu'à la place Cadenas. Entrons dans la faculté de droit et suivons quelques cours pendant lesquels le narrateur de cette histoire s'ennuie à mourir et ne fait que bâiller. Accompagnons-le ensuite jusqu'au collège de philosophie et voyons le jeune homme s'animer soudain. Le voilà entouré d'une écrasante majorité de filles. Un gynécée de jeunes déesses dont il apprécie l'intelligence, la culture et la sensibilité. Délicieux camaïeux de peaux, de cheveux et d'yeux. Fausses blondes style Ginger Rogers et Betty Grable ; blondes authentiques ; métisses de Noirs et de Blancs, de Jaunes et de Noirs. L'Afrique et l'Asie pour le meilleur. Juives d'origine polonaise, Libanaises dont la famille vit à La Havane depuis plusieurs générations, Syriennes au regard envoûtant...

Le Narrateur se plaît en leur compagnie. Elles apprécient celui qui, tout en prenant des poses de jeune mâle averti, sait leur parler de Rilke et de Lorca, admire Debussy et Satie, envoie des bouquets de fleurs pour les anniversaires, et, tout plein de modestie, leur dédicace un recueil de poèmes que son père lui a fait publier à compte d'auteur.

C'est ce succès du Narrateur auprès de ses compagnes de classe qui attire l'attention d'un certain Alfredo Guevara, venu chasser des bulletins de vote pour les prochaines élections universitaires.

C'est l'heure de la distribution des rôles.

Petit, malingre, pommettes aiguës, les yeux légèrement bridés, le Chasseur est plein d'énergie et doué d'une intelligence remarquable. Plus âgé que le Narrateur et arrivant en fin d'études, Alfredito, comme on l'appelle alors, milite dans la mouvance de gauche. On le dit communiste sans que personne puisse le prouver.

Un jour Guevara s'approche du Narrateur et lui propose un marché.

« Les élections en philosophie approchent. Veux-tu te présenter comme sous-délégué ? »

C'est l'occasion pour le Narrateur de découvrir comment ça fonctionne : on vote pour un délégué et un sous-délégué de faculté par classe. Ceux-ci élisent à leur tour le président de la faculté. A la suite de quoi l'ensemble des présidents élira le président de la FEU, le poste le plus convoité.

Conquis par le charisme de Guevara, le Narrateur accepte, un peu par curiosité et beaucoup par vanité, persuadé que les sous-délégués ne font que de la figuration et que cela ne l'engage à rien. De plus, la déléguée qu'il a pour mission de seconder est une des plus brillantes élèves de cette première année de faculté. Catholique militante, sous son apparence de nonne laïque vibre une pasionaria qui prend fait et cause pour la défense de l'opprimé. On murmure aussi qu'elle est platoniquement amoureuse de Guevara. Celui-ci, trop occupé à ses études et absorbé par son engagement politique, n'a de flirt avec personne. En acceptant de jouer le jeu de ces élections, le Narrateur ne se rend pas compte qu'il vient de mettre un doigt dans l'engrenage de la politique à l'université, et de la politique tout court.

Bien des années plus tard il retrouvera le même Alfredo Guevara dans le rôle du directeur général de l'institut de cinéma cubain, l'ICAIC (Instituto Cubano de Arte et Industria Cinematográficos).

Mais retournons à l'université. Si Alfredo Guevara s'occupe des relations entre la culture et la politique, Lionel Soto, lui, membre officiel du parti socialiste populaire, a pour mission de réunir les « compagnons de route » du Parti, de les organiser et de les diriger dans des actions sur le terrain. C'est ainsi qu'un jour la presse annonce la visite à La Havane d'un poète franquiste, visite considérée par la gauche comme un affront à la mémoire de García Lorca.

Or, si le Narrateur partage le collège de philosophie avec ses camarades Alfredo Guevara et Lionel Soto, à la faculté de droit il fréquente Tomás Gutiérrez Alea, alias Titon, et participe à la création d'un journal universitaire dont le directeur est Raúl Castro ; le rédacteur en chef, Alfredo Guevara ; et le critique de cinéma, « Titon » Gutiérrez Alea. On lui a donné la rubrique de théâtre. Tout ce petit monde décide de manifester contre l'arrivée du poète franquiste. Une riposte spectaculaire est prévue. Chacun doit se présenter dans la salle où se déroule la cérémonie bien sapé, avec des œufs pourris plein les poches. Le groupe s'installe aux endroits stratégiques. On compte de nombreux curés en soutane dans le public. Discours, applaudissements... La consigne est simple : quand le poète de service montera sur scène pour faire son discours, il sera accueilli par une pluie d'œufs pourris. Ensuite, il faudra battre en retraite le plus vite possible. Ceux qui sont en première ligne, tout près de la scène, seront les plus exposés, car, redoutant les manifestations antifranquistes, des policiers en civil sont discrètement disséminés dans la salle.

Le jour en question, le poète s'approche du micro. Les œufs pourris volent. C'est le branle-bas, la cohue, l'hystérie. Titon et le Narrateur parviennent à s'enfuir en dévalant les marches de l'escalier qui mène à la sortie.

Ils sont interceptés par un policier armé et deux curés. Le policier hurle comme dans un film :

« Halte ! »

Il tire un coup de feu en l'air pour les effrayer. C'est alors que les deux curés s'écrient :

« Tirez ! Tirez sur cette racaille ! Ces sont des rouges ! Tuez-les ! »

L'Inquisition pure et dure refait son apparition sous le doux soleil de la Caraïbe.

Quelques jours plus tard, Lionel Soto demande à Gutiérrez Alea et au Narrateur d'adhérer aux jeunesses communistes. Rendez-vous discret est pris dans un coin du jardin, sur la colline de l'université. Titon explique à Soto pourquoi il préfère garder son indépendance tout en maintenant et accordant son soutien au Parti. Le Narrateur brode une excuse sur le thème « Je suis trop indiscipliné pour adhérer à un parti, quel qu'il soit. Les seules cartes que je sois prêt à accepter sont les cartes du gymnase, du club nautique, de... ».

Il a tenu parole, n'a jamais adhéré à aucun parti.

Plus tard, aux premières heures de la Révolution, il retrouvera Lionel Soto, devenu membre du comité central du parti communiste. « Titon » Gutiérrez Alea, lui, endossera le rôle du meilleur réalisateur cubain, avec à son palmarès un bouquet de films superbes : *La Mort d'un bureaucrate*, *Mémoires du sous-développement*, *Fraise et chocolat* et *Guantanamera*, sa dernière œuvre.

Une autre personnalité de l'université jouera un rôle culturel important sous la Révolution : Vicentina Antuñez. On la surnommait affectueusement *La Maestra*. Professeur éminente de langue et de littérature latines, membre du parti orthodoxe, elle était aimée et admirée pour son intelligence et sa générosité. Des années plus tard, le Narrateur collaborera avec celle qui était devenue présidente du Conseil de la culture du gouvernement révolutionnaire.

Le moment est maintenant venu de présenter le personnage principal de cette distribution virtuelle. L'homme n'est encore qu'un étudiant très populaire de la faculté de droit.

D'allure sportive, doué pour prendre la parole en public, toujours en mouvement, il est en permanence entouré d'une cour de garçons et de filles, véritables groupies qui n'hésitent pas à annoncer dans l'amphi à la fin d'un cours :

« Vous êtes conviés ce soir à un hommage à José Martí, venez, Fidel va parler ! »

Et tous ceux du collège de philosophie, les amis d'Alfredo Guevara et du petit frère Raúl, se rendent à l'amphi pour écouter le « grand frère ». Les biographes du *Comandante* indiquent que le premier discours public de Fidel Castro date du 27 novembre 1946. L'étudiant en droit Castro, alors âgé de vingt ans, réunit un groupe de camarades dans le cimetière de Colón de La Havane, devant le monument aux étudiants martyrs, fusillés par les Espagnols un 27 novembre 1871 pour avoir prétendument profané (l'accusation se révélera fausse) la tombe d'un colonel de l'armée coloniale. Ex-premier prix de rhétorique au collège de Belén, Fidel Castro pouvait parler une demi-heure ou une heure d'affilée sans lire ses notes. Plus tard, aux premières heures de la Révolution, il surprendra son pays – et le monde entier – en faisant des discours-fleuves de plusieurs heures devant une foule subjuguée.

Que savions-nous, à l'époque de la Colline, de cet élève si doué ? Il y avait les on-dit, il y avait les rumeurs. Le plus flamboyant épisode attribué à Fidel Castro est sans doute l'expédition contre le général Trujillo, le dictateur de Saint-Domingue... Entre 1944 et 1948, sous le gouvernement de Grau San Martín, un groupe de Dominicains et de Cubains décidèrent de se rendre à Saint-Domingue pour renverser le dictateur. Mal organisés, infiltrés par des agents du gouvernement, ces révolutionnaires en herbe avaient peu de chances d'arriver à leurs fins. Agacé par leur projet, le président Grau ordonna qu'on intercepte leur bateau qui se trouvait à proximité de Cayo Confites, une petite île sur la côte cubaine. Fidel Castro se trouvait à bord. Pour éviter d'être capturé et mis en prison – c'était une expédition clandestine –, il se jeta à la mer et traversa à la nage la baie de Nipes infestée de requins. Exploit héroïque contesté par quelques biographes mais qui fait cependant partie de la légende officielle.

Plus étrange fut la participation du futur Commandant en chef dans l'épisode colombien du « Bogotazo ».

Les faits sont les suivants : le 29 mars 1948, Fidel Castro, étudiant en droit âgé de vingt-deux ans, se rend à Bogotá en compagnie d'Alfredo Guevara, de Rafael del Pino et du président de la FEU Enrique Ovares, alors étudiant à l'Ecole d'architecture et très respecté pour son courage dans la lutte contre le gangstérisme et la guerre des clans à l'université. Ils se rendent, en tant que délégués cubains, au congrès latino-américain de la Jeunesse anti-impérialiste. Diverses sources d'information indiquent que ce congrès anti-USA est subventionné sous le manteau par le dictateur argentin Juan Domingo Perón.

La Colombie vit une situation difficile : l'élection présidentielle approche, et, si le candidat le plus populaire est l'homme de gauche Jorge Eliécer Gaitán, tout laisse à penser que la droite colombienne fera le nécessaire pour empêcher Gaitán d'être élu.

Castro et del Pino rencontrent Gaitán, le candidat de gauche qu'ils admirent. Ils quittent l'homme politique en espérant le retrouver à une autre occasion. Mais le jour même, le candidat à la présidence est assassiné par un tueur à gages. La mort de Gaitán réveille la colère du peuple. Pendant deux jours, c'est le chaos. Il semblerait que Fidel Castro ait participé aux manifestations, se mêlant à la foule, entrant dans un commissariat, prenant un fusil, entraînant un groupe à l'assaut du palais présidentiel. Quand le calme revient et que la sagesse reprend ses droits, les Cubains reprennent un avion pour Cuba.

Un an plus tard, Castro fait parler de lui d'une manière toute différente. Nous sommes en mars 1949, un groupe de *marines* américains se promène dans les rues de La Havane. Ils sont ivres morts. Un des types a le mauvais goût d'escalader le piédestal de la statue de José Martí et... de pisser sur l'Apôtre sous les applaudissements de ses copains. C'est un scandale national. Un journal titre en première page :

UN MARINO YANKEE MEA SOBRE MARTÍ
(UN MARIN YANKEE PISSE SUR MARTÍ)

Fidel Castro découvre alors son talent inné pour la publicité : il organise une manifestation qui descend en grande pompe l'Escalinata avec des couronnes de fleurs. Le Narrateur y participe, bien sûr. Les étudiants auxquels s'est joint le peuple de La Havane marchent jusqu'à la statue de Martí. Debout toute la nuit aux pieds de l'Apôtre et entouré de ses camarades, Fidel Castro préside la « veillée d'honneur ». Quelques tempéraments exaltés jetteront des pierres contre les vitres de l'ambassade des Etats-Unis toute proche. Pour la première fois, la presse cubaine et nord-américaine publie une photo de l'étudiant Fidel Castro, incontestable héros du jour. Le lendemain l'ambassadeur, poussé par Washington, dépose des fleurs au pied du monument profané, exprimant publiquement les excuses de son pays.

Par cette action spectaculaire, le frère aîné de Raúl devenait une personnalité publique, un homme politique au destin tout tracé. Le bruit courait que la présidence de la FEU n'intéressait plus Fidel. Ovares, l'architecte, s'en sortait très bien. Par contre, la voie pour un siège au Parlement, et pourquoi pas au Sénat, était ouverte. De l'autre côté du détroit de la Floride, Joseph Kennedy rêvait d'une carrière politique ambitieuse pour son fils John, celui-là même qui amènerait à la Maison-Blanche la dynastie des Kennedy.

Tout n'est pas pour autant rose dans la vie du jeune Fidel Castro. Le 22 février 1948, Manolo Castro, son rival et ennemi à l'université, est assassiné dans une rue de La Havane. Et cette fois un journal se demande :

QUI A TUÉ MANOLO CASTRO ?

Le bruit court dans les rédactions de *Prensa Libre* et *Hoy*, des journaux de l'époque, que Fidel Castro aurait participé ou orchestré l'élimination de son homonyme. Selon Carlos Franqui, pourtant critique virulent de Fidel, « un juge considéré comme rigoureux et juste a innocenté Fidel Castro ». Aucune preuve jusqu'à présent. Ce qui n'empêche pas quelques membres honorables de la communauté cubaine en exil de « jurer sur le tombeau de leur mère » que Fidel Castro a tué Manolo Castro. La passion politique suscite, on le sait, des haines éternelles.

7

À l'école du parti socialiste (communiste) populaire et de l'association Notre Temps

Le PSP, comme tous les partis politiques depuis que le monde existe, avait ses vedettes, ses rôles de composition et ses deuxièmes couteaux. C'était un parti soucieux de hiérarchie et qui savait mettre en avant son élite culturelle. Autant dire que cette élite avait de quoi en imposer. La présidence du parti revenait au docteur Juan Marinello, marié à une dame appelée Josefa, qu'on surnommait Pepilla, comme le veut une vieille tradition espagnole. Tous deux étaient issus de la bourgeoisie cubaine. Marinello se prenait pour José Martí. Dans ses discours il plagiait le style de l'Apôtre. Pepilla était une bonne musicienne et dirigeait un orchestre choral de grande qualité. Le couple était un peu l'équivalent cubain d'Elsa Triolet et Louis Aragon. Ils étaient devenus marxistes (je cite Marinello) par « ouverture d'esprit ».

Il y avait aussi le docteur Carlos Rafael Rodríguez et son épouse Edith García Buchaca, un autre couple issu de la bonne société cubaine. Si les Marinello avaient la réputation d'être très ennuyeux dans la vie privée, les

Rodríguez-García Buchaca étaient appréciés pour leur talent et leur culture. Ils possédaient en outre une vertu indispensable pour faire de vous une personne aimée à Cuba, ils étaient *simpáticos*. Charme et sympathie...

Mais la vraie star du Parti était, sans conteste, Nicolás Guillén. Métis, il avait une tête qui rappelait celle de Beethoven, une voix sonore et grave, un sourire aux dents blanches étincelantes. C'était aussi un homme à femmes et toutes l'adoraient. Aujourd'hui l'œuvre du poète fait partie du patrimoine culturel de la Caraïbe. Son poème *Sóngoro Cosongo* ouvrit les portes de la présence noire dans la maison des lettres blanches. Guillén comprit, mieux que personne, que le métissage était la plus grande richesse de l'île. Le poète était respecté et célèbre, l'homme sympathique mais vaniteux et politiquement opportuniste. Son ode à la gloire de Staline « Que Chango te protège, capitaine ! » a été, est et restera dure à avaler, même par ses plus fervents admirateurs.

Critique de théâtre et de cinéma à *Hoy*, le journal du Parti, poète, essayiste et avocate, Mirta Aguirre était un personnage singulier. Elle assumait avec élégance et conviction sa sexualité. Lesbienne et communiste, elle était respectée pour son professionnalisme. Aguirre venait, elle aussi, d'une famille bourgeoise. Quand je lui demandai un jour d'où lui venait son militantisme marxiste, elle m'a répondu : « Je me bats pour plus de justice sociale, la seule cause que j'estime digne de ce nom. » J'avais rencontré sa sœur cadette, Yolanda, à la faculté de philosophie et j'étais devenu un ami de la famille. Mon respect, mon admiration pour Mirta Aguirre restent intacts encore aujourd'hui.

Compagnon de route, l'écrivain Alejo Carpentier faisait aussi partie de ce groupe d'intellectuels qui conférait aux communistes cubains aura et prestige.

Mais le parti socialiste populaire de l'époque avait aussi sa face sombre. Blas Roca, son secrétaire général, par exemple. Avec ses yeux bridés, ses hautes pommettes et sa moustache fournie, le métis aurait pu passer pour un Géorgien, car Blas était en quelque sorte le sosie de son idole Staline. Son nom de Roca (le rocher) était un nom d'emprunt, comme celui de Staline (l'acier). Pour Blas Roca, la parole de Joseph Staline était parole divine.

Directeur de *Hoy*, Aníbal Escalante venait, lui, d'une famille d'origine modeste, communiste de père en fils. Escalante fera beaucoup parler de lui au début de la Révolution.

Lázaro Peña, avec sa Confédération des travailleurs cubains, la CTC, considérée comme la cheville ouvrière du Parti, était aussi un membre avec lequel il fallait compter dans ces années 1948-1951. La guerre froide pesait sur les relations internationales et à Washington le comité McCarthy-Nixon lançait l'horrible « chasse aux sorcières », qui fit les dégâts que l'on sait à Hollywood. Chapitre ténébreux s'il en est, qui s'écrivit à coups de dénonciations et de vengeances sordides mais se traduisit aussi par les comportements héroïques de certains. Des réalisateurs et des scénaristes furent obligés de s'exiler. Des acteurs remarquables comme John Garfield furent poussés à la déchéance et au suicide pour avoir eu des liens avec le parti communiste américain.

Prío Socarrás, le président cubain de l'époque, quoique démocrate et libéral sur le plan politique, subissait malgré tout les pressions de Washington. On laissait entendre que le journal *Hoy* serait fermé et le parti socialiste populaire interdit.

Pendant ce temps, avec beaucoup de discrétion, Carlos Rafael Rodríguez et Edith García Buchaca se réunissaient avec de jeunes étudiants, communistes ou non, pour « étudier des sujets que l'université de La Havane n'osait pas aborder ». Rodríguez faisait un cours d'économie marxiste, García Buchaca se concentrait sur les philosophes présocratiques et, bien sûr, Engels et Marx. Carlos Rafael, qui avait un sens de l'humour tout à fait cubain, jonglait avec les théories les plus arides. Il passait sans transition d'une citation de Karl Marx à une blague de Groucho.

Ce groupe de jeunes très hétérogène s'embarquerait bientôt dans une aventure noble et respectable, la création d'une association culturelle indépendante, à savoir sans aucune subvention du gouvernement ni aucune aide privée, sans liens avec aucun parti politique. L'art pour l'art. Les participants devaient laisser leurs convictions politiques au vestiaire. Beau rêve que la réalité se chargerait de mettre à mal.

La vie culturelle de La Havane, dans ces années 40 et juste avant le coup d'Etat militaire de Batista en 1952, était, on peut le dire sans exagération, éblouissante. Il suffit de plonger dans les archives des revues et journaux de l'époque pour s'en rendre compte. L'orchestre philharmonique dirigé par Erich Kleiber avait une programmation non-conformiste qui allait de Bach à Hindemith, de Mozart aux compositeurs cubains. Igor

Stravinski, souvent invité à La Havane, y dirigeait ses propres œuvres. Le Théâtre Auditorium accueillait les solistes les plus illustres, de Claudio Arrau à Arthur Rubinstein, de Heifetz à Isaac Stern.

L'American Ballet Theater était programmé chaque année dans la capitale et des danseuses étoiles comme Nora Kaye, Rosella Hightower, la Cubaine Alicia Alonso, le danseur et chorégraphe Jerome Robbins, Michael Kidd, Agnes De Mille s'y produisaient régulièrement.

Le Patronat du théâtre, une organisation privée, avait ouvert un concours destiné aux jeunes auteurs dramatiques. Les derniers succès de Londres, Paris et New York étaient présentés à La Havane peu de temps après leur création. La légende dit que Marlon Brando assista incognito à une représentation de *Un tramway nommé Désir* et qu'il apprécia beaucoup le spectacle.

Le Conservatoire de La Havane, dirigé pendant des années par Rubia Barcia, un Espagnol émigré, formait les nouvelles générations de metteurs en scène et d'acteurs. La radio se distinguait par des adaptations de grands textes de la littérature, de *Madame Bovary* aux romans de Stefan Zweig. Il y avait aussi les feuilletons radiophoniques d'auteurs cubains qui connaissaient un succès sans pareil. Le plus populaire, *El derecho de nacer*, « Le droit de naître », un mélodrame qui dura un temps record, eut l'honneur d'être repris dans le monde entier. Les vedettes de la radio et, plus tard, de la télévision n'hésitaient pas à revoir leurs tarifs pour jouer sur la scène. Une série de petites salles ouvrirent leurs portes dans ces années-là. Les directeurs et animateurs de salles qui avaient une programmation exigeante tiraient le diable par la queue, certes, mais El Sotano, Prometeo, Las Mascaras, et plus tard le Teatro Estudio présentaient des spectacles d'une exceptionnelle qualité. Andrés Castro, un metteur en scène qui avait été l'élève de Piscator, et sa femme Antonia Rey, une comédienne excellente, après avoir monté des spectacles à La Havane réussirent à les faire tourner dans toute l'île. Vicente Revuelta, comédien et metteur en scène à l'immense talent, initia son groupe à la méthode de Stanislavski. François Morin, que l'on avait surnommé Saint François à cause de la dévotion qu'il portait à son art, créa un prix et une maison d'édition destinée à publier les nouveaux auteurs cubains. Et les auteurs dramatiques commençaient à faire connaître leurs œuvres : Carlos Felipe, Virgilio Piñera, Anton Arrufat, Abelardo Estorino débutèrent à cette époque, tout comme José Triana dont la pièce *La Nuit des assassins*, mise en scène et interprétée par Vicente Revuelta, eut plus tard l'honneur d'être invitée au théâtre de l'Odéon par Jean-Louis Barrault.

La capitale vibrait et les jeunes générations étaient impatientes d'entrer dans la danse, de participer au tourbillon général. C'est alors qu'est née l'idée d'ouvrir une sorte de « maison de la culture » en plein cœur de La Havane. Peintres, acteurs, écrivains, danseurs, metteurs en scène et chorégraphes, tous répondirent à l'appel. Quelques-uns étaient déjà de grands professionnels, comme Ramiro Guerra, ex-élève de Martha Graham, qui avait dansé avec le Ballet de Monte-Carlo. Oubliant les différences d'âge, d'expérience et de métier, tout le monde mit la main à la pâte. Chacun cotisa pour assurer la location d'une vieille demeure du XVIIe siècle qui tombait en ruine, ce qui expliquait son loyer modéré. L'avantage, c'est qu'elle avait de vastes salons, des chambres dotées de plinthes colorées, des portes et fenêtres en arcades. Il y avait assez de place pour installer deux salles de spectacle, et les chambres étaient assez grandes pour servir de bureaux et de salles de répétition.

Des équipes se mirent au travail pour faire renaître le phénix de ses cendres. La crème de la jeune culture cubaine se retrouvait des journées et souvent des nuits entières pour donner corps à leur rêve commun. Et un beau jour, Nuestro Tiempo ouvrit ses portes. Concerts et conférences, représentations théâtrales et séances de cinéma, danse et expositions de peinture se succédèrent alors dans une sorte de frénésie tropicale. Il n'y avait pas de scène proprement dite, on plaçait et on déplaçait cloisons et plates-formes qui pouvaient aussi bien servir de parquet pour une soirée dansante.

Personne n'était payé. Certains mettaient la main au porte-monnaie pour régler la facture d'électricité juste avant une représentation qui aurait risqué de se dérouler dans le noir. Mais si le dynamisme du groupe était immense, la réponse du public tarda à venir. Nuestro Tiempo se voulait à l'avant-garde de tous les arts. Quand on est jeune, écrivit un jour Orson Welles, il faut avoir des ambitions colossales. Les salles à demi pleines ou presque vides ne décourageaient pas la passion de ces jeunes artistes. Pourtant, à chaque fin de mois, quand arrivait l'heure des comptes, la même question se posait : les activités pourraient-elles continuer ou serait-on obligé de mettre la clé sous le paillasson ? C'est ici que les communistes firent leur entrée, comme on sort un joker de son jeu pour sauver la mise et qu'on abat ses cartes.

En fait, le groupe d'amis de l'université de La Havane et de la petite école du PSP faisait partie des fondateurs de Nuestro Tiempo. Les artistes, sauf exception, sont généralement de très mauvais gestionnaires. Il faut dire aussi que Nuestro Tiempo avait un aspect ludique qui faisait tout son charme : on y travaillait pour le plaisir, pas pour se remplir les poches. Mais la crise se profilait à l'horizon. Quelqu'un devait s'occuper du cahier des charges. Un homme aimable, un technicien de radio aimé de tous, Sergio Nicols, proposa ses services. Il était expert-comptable et membre dévoué du PSP. Il prit ses nouvelles responsabilités dans la maison, se faisant seconder par Luis Más Martin, un des dirigeants des jeunesses communistes. Le tandem ne se contenta pas de gérer les avoirs et les dépenses, il comptabilisa les membres du PSP qui participaient à l'aventure de Notre Temps, les compagnons de route sur lesquels le Parti pouvait compter. Il fit aussi la liste de ceux qu'il considérait comme des ennemis. Et une lutte sournoise commença à empoisonner l'atmosphère, jusque-là bon enfant, de l'association.

Observer cette guerre interne était comme suivre l'écriture d'un roman ou la préparation d'un film. La bête noire du Parti était Carlos Franqui. Journaliste et écrivain, Franqui venait d'une famille de la campagne, très proche des communistes. Il s'était séparé du Parti et mettait en garde le groupe de Notre Temps sur les dangers de la présence d'apparatchiks du Parti au sein de l'association culturelle. Personne n'y prêta attention. Más et Nicols étaient tous deux très *simpáticos*, vertu suprême chez les Cubains. Très serviables aussi. Le premier avait ses entrées dans un gymnase et nous poussait à pratiquer le sport. Nicols donna des cours pour apprendre aux acteurs qui voulaient faire de la radio à utiliser un micro.

L'intérêt que le Parti portait à l'association Nuestro Tiempo était d'ordre pragmatique : s'il arrivait que les communistes soient un jour obligés de rentrer dans la clandestinité, comme la situation politique l'annonçait, l'association culturelle serait une formidable vitrine légale où les « taupes » pourraient continuer à travailler.

Ces sombres perspectives, ces luttes de pouvoir internes n'empêchaient pas la maison de continuer à vivre à sa drôle de façon. Si Más et Nicols se tenaient à l'écart, les autres, sans distinction de convictions politiques ou culturelles, se mélangeaient dans une sorte de farandole pleine d'entrain, créant une émulation permanente. Les mordus de cinéma, « Titon » Gutiérrez Alea, Guillermo Cabrera Infante, le meilleur critique de l'époque, à la culture encyclopédique et au sens de l'humour ravageur, Nestor Almendros, un jeune Catalan arrivé depuis peu à Cuba, et tant d'autres, pouvaient se rendre au fin fond de La Havane pour aller voir un vieux film « qu'il fallait absolument voir » ; les admirateurs d'Alicia Alonso (elle avait quitté l'American Ballet Theater pour créer sa propre compagnie à Cuba) ne perdaient pas une seule présentation de la danseuse ; les gens de théâtre suivaient des répétitions et assistaient à tous les spectacles qui avaient lieu dans la capitale.

Après minuit, Caïn (pseudonyme sous lequel Cabrera Infante signait ses articles) prenait les choses en main. C'était lui qui savait *who's who after midnight*. Des bars du port aux boîtes de la plage de Marianao, il y avait toujours un endroit nouveau ou quelqu'un à découvrir. Nous faisions la cour à Freddy, une Noire à la voix d'or, tout comme au début de la Révolution nous irions nous prosterner devant la Lupe, la seule chanteuse qui pouvait se mesurer à Billie Holiday.

Après le travail intensif à l'association, les nuits de La Havane, chef-d'œuvre en soi difficile à décrire, nous ouvraient les bras. Nous avions aussi le Malecón, cette avenue qui longe la mer sur plusieurs kilomètres. Une heure, deux heures de marche pour aller du port à Miramar, de l'autre côté du fleuve Almendares. Après les émotions artistiques, la boisson et l'excitation d'une soirée toujours pleine d'imprévus, une longue marche le long du Malecón, bercé par la musique des vagues qui se brisaient sur les rochers, était la meilleure manière de retrouver ses esprits. Nous pouvions aussi couper la route, traverser le Malecón à la hauteur du Vedado. C'était ma promenade préférée. Des rues désertes bordées de jardins. L'arôme envoûtant des roses, jasmins et *mariposas*, ces magnifiques fleurs dont le nom signifie papillon car elles durent comme cet insecte le temps d'un soupir, mais dont le parfum vous suivait jusqu'au petit matin. Le Vedado était le quartier de l'ancienne bourgeoisie de la capitale. Derrière les grilles des jardins sommeillaient des demeures aux styles les plus variés : colonial, baroque, rococo, cottage, néo-classique, imitation Palladio ou gothique tropical... Chaque propriétaire assumait son goût et son mauvais goût. Le soir, dit le proverbe, tous les chats sont gris. En marchant sur les trottoirs vides il arrivait que les fenêtres d'une maison, tous feux allumés, découpent sur le fond noir de la nuit le cadre heureux d'une fête d'anniversaire ; ou d'autres demeures, plongées dans la pénombre à l'abri de sombres jardins, parvenaient parfois la musique d'un piano lointain. Beaucoup de jeunes filles de la bonne société prenaient des leçons de piano et les *Nocturnes* de Chopin accompagnaient souvent mon parcours de promeneur solitaire.

Je n'étais jamais plus retourné à Santiago. Les souvenirs d'enfance étaient rangés dans un tiroir de ma mémoire. La capitale avait inoculé son poison en moi. J'étais accro à la ville, à son rythme, à ses habitudes honnêtes, ses folies indécentes et ses écarts. Nous étions à la moitié du siècle et tout semblait possible. Il suffisait de tendre la main.

8

Le temps de la réflexion

Malgré mes trois ans de plus sur ces maudits papiers, je viens d'avoir vingt et un ans. La jeunesse me file entre les doigts et je me dis qu'il est temps de faire le bilan de ma vie personnelle.

Je suis assis sur le mur du Malecón, face à la mer et dos à la ville. Il est minuit passé et je tiens à la main une version d'*Andromaque* de Racine car, depuis un an, je me suis mis en tête d'apprendre le français. Les trois questions du monologue d'Hermione symbolisent les trois questions auxquelles je m'efforce de répondre en toute sincérité.

Où suis-je ? Qu'ai-je fait ? Que dois-je faire encore ?

Commençons par la première.

J'habite sur une île que les étrangers nous envient. Une île à laquelle on s'adapte facilement. L'ancienne colonie espagnole adorait sa « Perle des Antilles ». Il a fallu deux guerres pour lui faire lâcher prise. Et ils sont revenus, les Espagnols, comme mon père, le père de Fidel Castro et tant d'autres. Si quelques-uns ont fait fortune, tous ont fait des petits Cubains. Les esclaves noirs ont été intégrés de force. Après que notre île eut conquis son indépendance, ils s'y sont trouvés bien. Cuba a toujours su accueillir les immigrés venus de tous les horizons : Chinois, Jamaïcains, Haïtiens, Juifs d'Europe centrale, Levantins... Les Américains du Nord s'y sont installés pour faire de l'argent ou sont venus en groupe, fascinés par le folklore havanais.

1951. Nous entamions la seconde moitié du siècle et les choses n'allaient pas si mal pour la population cubaine. Il y avait, comme d'habitude, le pour et le contre.

Le pour, c'est que la vie n'était pas chère. Les transports ne coûtaient presque rien. Les loyers se maintenaient à un niveau raisonnable. Et puis il y avait les fruits tropicaux, merveilles des merveilles ! Mangues, papayes, bananes, ananas, mameyes à profusion... on pouvait obtenir un kilo de fruits pour quelques centavos. La viande était plus chère, car les Cubains tournent le dos à la mer. Un bon bifteck, ça valait son prix. Et si la langouste était un plat chic qu'on ne mangeait que dans les restaurants de luxe, le poisson, surtout en province, était nourriture quotidienne et familiale. Près du Capitole, à La Havane, il y avait des kiosques qui vendaient pour presque rien des fruits de mers et des huîtres délicieuses. Pour les petites bourses, il y avait aussi les *fondas*, ces gargotes qui étaient la cantine des étudiants désargentés, des retraités et des ouvriers.

Le contre, c'est que le chômage était devenu endémique et que, malgré le coût peu élevé de la vie, une bonne partie de la population avait du mal à joindre les deux bouts. La classe moyenne, à savoir la grande majorité de la population, devait faire face à un équilibre économique précaire pour gérer ses dépenses quotidiennes et préparer l'avenir de ses enfants. Au-dessus d'elle il y avait les riches et les très, très riches.

Un touriste pressé qui voulait se rendre compte de l'état de la société cubaine n'avait qu'à suivre son guide et se promener dans Habana Vieja et Centro Habana où appartements cossus et maisons confortables cohabitaient avec les *solares*, ces belles demeures du XVIIe siècle découpées en morceaux et transformées en dortoirs surpeuplés. Dans les chambres qui s'organisaient autour d'un patio commun, *el solar*, s'entassaient parfois plusieurs familles.

Le touriste en question pouvait pousser la curiosité jusqu'au Vedado, l'ancien quartier chic du début du siècle qui gardait tout son charme, avec ses maisons aux styles éclectiques bordant des avenues ombragées, ses grands jardins, ses grilles ouvragées. Vedado voulait dire « chasse gardée ». Une fois traversé le fleuve Almendares qui marquait une sorte de frontière, on arrivait à Miramar, autrement dit « regarde la mer » là, tout près. Dans ces années 40-50, c'était le quartier préféré des riches étrangers et des familles de la vieille aristocratie créole cubaine. Des nouveaux riches aussi. A Miramar le luxe était ostentatoire, de somptueuses et élégantes villas déployaient leurs piscines, jardins d'hiver, courts de tennis et garages pour plusieurs voitures... ce même quartier de Miramar qui devait subir plusieurs transformations après la Révolution. Mais nous y reviendrons...

Et les pauvres, me direz-vous ? Certains touristes courageux s'aventuraient parfois jusqu'à Llega y Pon. Littéralement « arrive et pose-toi là ». Une zone de baraquements construits à la va-vite qui ceinturait la capitale, une accumulation de cabanes faites de planches de bois pourries, toits en zinc et branches de cocotier, cartons... Pas d'électricité, bien sûr, ni d'eau courante. S'entassaient là les paysans pauvres venus tenter leur chance à la capitale, des chômeurs de toutes les couleurs, blancs, jaunes, noirs...

La Havane, ville cosmopolite, ville balnéaire, ville culturelle, ville plaisir. Il y en avait pour tous les goûts. Pour toutes les bourses. Pour tous les vices aussi. Ville idéale pour ceux qui n'avaient d'autre souci que celui de vivre. Comme l'avait dit Maïakovski dans un bref poème :

Il faut vivre,
Vivre,
Rien que
Vivre !

Et, pourtant cette ville où la vie s'écoulait, chaleureuse et festive, avait une obsession bien à elle, la politique. Je sais de quoi je parle. Je suis né dans une famille d'origine espagnole, j'ai grandi entouré d'émigrés et d'exilés, j'ai hérité des passions, des amours et des haines de mes aînés.

A trois ans, je criais : Mort à Machado !

A sept ans : Mort à Franco !

A dix ans : Mort à Hitler !

Des mots d'ordre que je répétais à la plus grande joie des adultes, qui ne mesuraient pas à quel point le venin de cette formule inoculée dès l'enfance pouvait être lourd à porter.

Les ennemis avaient changé. La haine, elle, demeurait et Thanatos pointait son nez à chaque coin de rue.

J'avais connu, enfant, la nostalgie des uns, le mal de vivre des autres. Ces Espagnols qui m'entouraient, mes parents compris, s'ils aimaient Cuba, n'oubliaient jamais d'où ils venaient. La plaza Mayor de Madrid était pour mon père le berceau de la civilisation universelle. Le vieux quartier juif de Séville où ma grand-mère avait vu le jour était pour ma mère synonyme de paradis. Et mon parrain basque pouvait passer des heures à me décrire la baie de la Concha et les vieilles rues de Saint-Sébastien.

Cette île de Cuba où ils avaient trouvé refuge et une vie honorable n'était pas la leur, leurs origines étaient ailleurs. Pouvaient-ils comprendre ce qu'était l'essence même de l'« être cubain » ? Je n'en suis pas certain.

J'avais cru naïvement qu'en quittant le noyau familial pour entrer au lycée je serais au moins libéré de l'obsession de la politique. Mais le lycée, je m'en aperçus vite, n'était que l'antichambre, une caricature de ce qui m'attendait à l'université. Il y avait deux catégories d'élèves au lycée : ceux qui se fichaient pas mal de la politique et ceux qui donnaient tout leur temps et mettaient toute leur énergie à devenir délégués de classe ou représentants des lycéens, en attendant l'étape suivante de l'université. J'eus la sagesse de ne fréquenter que ceux et celles qui s'intéressaient à l'art et à l'actualité en dehors de toute préoccupation politique. Car tous ces jeunes étaient, eux aussi, nostalgiques de quelque chose, nostalgiques des régions de la campagne cubaine d'où ils venaient : Matanzas, Pinar del Río, Camagüey, Oriente. L'université changea la donne. Là-haut sur la Colline, nous étions au cœur de la réalité que vivait le pays et, tôt ou tard, chacun serait entraîné dans la farandole collective.

Assis sur le mur du Malecón, je fais la distribution d'un film dont les personnages ont deux couleurs : ceux qui ont la politique dans le sang et ceux qui rêvent de devenir artistes, disons, des créateurs.

Les « politiques » seront classés dans le camp des méchants, avides de pouvoir. A une différence près. C'est que devant le mot « sang », Dracula perd sa froideur aristocratique, son regard s'enflamme et ses incisives s'allongent, alors que devant le mot « pouvoir » mon vampire politicien, au lieu de se ruer sur le cou de sa victime pour la vider de son sang, hypnotise la foule qu'il convoite par des discours sans fin. Voyez où je veux en venir. Pour écrire mon scénario, il suffit de m'inspirer de la réalité. Et de me remémorer aussi la fameuse *Lettre VII* dans laquelle Platon confesse l'échec de ses projets politiques et en arrive à la conclusion qu' « *Il est impossible de réaliser l'union de la philosophie et du pouvoir* ».

Cruelle et violente année 1951 ! La Havane venait de vivre une tragédie en direct sur les ondes de la CMQ. Eduardo Chibás, dit « Eddy », président et fondateur du parti orthodoxe, était un personnage passionné et idéaliste. Il rêvait de déloger Prío Socarrás du palais de la présidence. Les élections approchaient et, si ces élections se déroulaient dans des conditions honnêtes, tout permettait de penser qu'Eddy serait l'élu du peuple cubain. La stratégie du docteur Chibás était toute simple : tous les dimanches à vingt heures, il dénonçait semaine après semaine les faiblesses du gouvernement de Prío : le chômage, les richesses du pays bradées aux intérêts étrangers (canne à sucre et ressources minières), la présence de plus en plus visible des barons de la drogue et du jeu, des *boys* de Las Vegas, de Chicago et de la Floride... Or voici qu'un soir Eddy attaqua avec toute la virulence dont il était capable le ministre de l'Education, Aureliano Sánchez Arango. Sans doute quelqu'un avait tendu un piège à Chibás et celui-ci, aveuglé par sa passion, s'était-il laissé piéger... ? Le fait est qu'il accusa en direct à la radio Sánchez Arango d'avoir volé des fonds destinés à l'école publique pour se faire construire un somptueux ranch au Guatemala ! Des accusations graves car Sánchez Arango avait la réputation d'être un homme honnête.

Les porte-parole du gouvernement accusèrent à leur tour Chibás de porter atteinte à l'intégrité du ministre et le sommèrent de présenter des preuves. Chibás se fit photographier, lui, le petit bonhomme, tenant à la main une grosse serviette, pleine, assura-t-il, de documents explosifs. Il allait démontrer que Sánchez Arango était un voleur.

La presse interrogea l'ex-président Grau San Martín, mentor de Chibás à une époque et qui était devenu le protecteur de Prío Socarrás.

« Docteur Grau ? Qu'y a-t-il, à votre avis, dans la serviette de Chibás ?

— Que voulez-vous qu'il y ait ? De la merde, mon ami ! »

Le dimanche 15 août, Eduardo R. Chibás commença son émission avec une voix et sur un ton qui n'étaient pas les siens. Il avoua qu'il n'avait pas les preuves promises et que, en homme d'honneur qu'il était, il saurait prendre les mesures nécessaires pour ne pas décevoir ceux qui avaient cru en lui. Il demanda néanmoins à son parti et au peuple cubain d'« éradiquer les voleurs de la voie publique ».

« C'est un cri d'alarme. Mon dernier. Afin de réveiller le sens civique des Cubains », dit-il.

Il y eut un bref silence, puis... Une détonation ! Des bruits, des cris, la consternation ! Une voix hurla dans le micro :

« Eddy Chibás vient de se tirer une balle dans le ventre ! Faites venir une ambulance ! »

José Pardo Llada, un journaliste très populaire, ami et collaborateur de Chibás, était à ses côtés. Il racontera plus tard à Georgie Anne Geyer, la biographe de Fidel Castro, ce moment historique qui ébranla toute une nation.

« Craignant que l'ambulance ne tarde à venir et voyant que Chibás se vidait de son sang, trois de mes amis et moi-même avons descendu le blessé jusqu'à la rue pour le conduire à l'hôpital. A notre grande surprise, nous avons trouvé Fidel Castro devant la porte de la Maison de la radio. »

« J'ai entendu ce qui s'est passé. Faisons vite ! A l'hôpital ! Montez-le dans ma bagnole ! »

Comme devait le dire Pardo Llada à Geyer, avec son sens de l'humour habituel :

« *Fidel se robó el show !* »

« Fidel a volé la vedette à tout le monde ! »

Membre du parti orthodoxe, Fidel Castro n'occupait pas une place particulière dans l'organisation, mais il semblait être un admirateur sincère de Chibás.

A partir de cet instant, Fidel prit les choses en main. Rien de plus terrible, au dire des spécialistes, qu'une balle dans l'estomac. Chibás agonisa pendant onze jours. Toujours au côté du blessé, Fidel Castro écrivit sept textes différents pour chacune des sept stations de radio de la capitale.

« C'était une idée géniale, explique Pardo Llado. Quand il est mort, Fidel a occupé les antennes radio, conviant le peuple cubain à une cérémonie sur la colline de l'université, où la police de Prío n'avait pas le droit de pénétrer, pour veiller la dépouille d'Eddy Chibás. Sur les photos, on peut voir Fidel Castro devant le cercueil d'Eddy. Il y resta, dit-on, tout un jour et toute une nuit. La direction du Parti et les amis du disparu comptaient faire une marche de l'université jusqu'au cimetière de Colón. Vrai ou faux, on rapporte que Fidel aurait dit à Pardo : “ Portons le cercueil sur nos épaules jusqu'au palais de la présidence.

« — Pourquoi ?

« — Pour clamer vengeance, pour que le peuple prenne d'assaut le palais présidentiel, pour que Prío s'enfuie. ” »

Chibás en Jules César, et Castro dans le rôle de Marc Antoine, le peuple menaçant le palais de la présidence, et Prío s'enfuyant comme il allait le faire quelques mois plus tard, quand Batista remettrait son uniforme et s'emparerait du pouvoir...

Ce jour-là, l'histoire cubaine aurait pu prendre un autre tour.

J'admirais Chibás, son courage, son honnêteté, son côté théâtral. Ce suicide était un symbole. Avec sa mort,

Cuba venait de perdre son ange gardien. Plus que jamais la politique allait gangrener nos vies, me suis-je dit. Rester ou ne pas rester à Cuba ? Telle était désormais la question.

Une décision s'imposait.

Que faire ?

Ecrire pour le théâtre. J'avais trouvé un but vers lequel m'orienter. Tout semblait indiquer que c'était le bon moment. Le mouvement du théâtre se développait dans la capitale. Le travail acharné du Conservatoire d'art dramatique commençait à porter ses fruits. Les professeurs, jeunes pour la plupart, partageaient les ambitions et les espoirs de leurs élèves. Le théâtre universitaire, sous la houlette d'un Autrichien qui avait été l'élève de Max Reinhardt, continuait à produire des spectacles de plus en plus exigeants pour les acteurs et le public. Beaucoup d'artistes gagnaient leur vie à la radio et à la télévision, toute jeune encore, qui assurait la promotion de nouvelles vedettes très populaires. On avait construit des studios de cinéma, mais le manque de régularité de la production cinématographique cubaine empêchait qu'une véritable industrie se développe, comme au Mexique ou en Argentine. Par contre, les studios flambant neufs étaient loués à des productions américaines pour le tournage de quelques séquences ou de films entiers. C'est ainsi que Cuba put bénéficier de techniciens de haut niveau (machinistes, cadreurs, ingénieurs du son...) qui, sous la Révolution, travailleront à l'ICAIC, l'Institut du cinéma cubain.

C'était une époque de dynamisme et de ferveur. Les jeunes élèves de théâtre qui voulaient devenir acteurs, auteurs ou metteurs en scène lisaient beaucoup. Les traductions espagnoles des grands textes du répertoire et des théoriciens du théâtre contemporain passaient de main en main : Stanislavski, Gordon Craig, Adolphe Appia, Jacques Copeau, Antonin Artaud... Ce petit monde assistait à toutes les représentations puis se retrouvait pour discuter au café-restaurant El Carmelo, son quartier général. Les potins faisaient partie de la tournée. Qui couchait avec qui était aussi important que de savoir ce que l'on avait pensé d'une œuvre. La vie culturelle havanaise, mondaine et brillante, ressemblait à celle de n'importe quelle autre capitale latino-américaine. Il faut rappeler cependant qu'à cette époque le public n'était pas suffisamment important pour maintenir une pièce à l'affiche pendant plusieurs semaines. Une compagnie de théâtre répétait un mois ou plus pour ne présenter son spectacle qu'une fois ou deux devant le public.

Si, comme mes camarades, je lisais toutes les pièces de théâtre et tous les textes théoriques qui me tombaient sous la main, j'ai vite compris que rien ne pouvait remplacer l'expérience. J'ai donc commencé à accepter des petits rôles, puis je suis devenu assistant et régisseur d'un excellent metteur en scène, Andrés Castro. J'ai aussi créé un théâtre guignol, faisant appel à Nicolás Guillén et Alejo Carpentier pour qu'ils m'écrivent des textes. De jeunes compositeurs dont Harold Gramatges, qui deviendra ambassadeur de Cuba à Paris au début de la Révolution, se chargèrent de la musique. J'ai aussi participé avec Vicente Revuelta à l'un des plus délirants projets de François Morin qui voulait « offrir au plus théâtre de qualité ». En accord avec la municipalité de La Havane, une tente fut dressée en plein milieu du parc central. Trois pièces en un acte étaient au programme : une farce anonyme française du Moyen Âge, *La Demande en mariage*, d'Anton Tchekhov, et *Propriété interdite*, de Tennessee Williams. Les acteurs devaient hurler pour se faire entendre car une foire se tenait non loin du chapiteau. Des amis essayaient de convaincre les passants que la représentation était gratuite, qu'ils allaient rire... en bref ce fut un bide.

De mon côté, j'avais envoyé anonymement une pièce en un acte au concours Prométhée. Le prix consistait à faire publier la pièce et la présenter au théâtre du Conservatoire. J'eus la chance de gagner le prix. Elle fut montée par un de nos meilleurs metteurs en scène, Modesto Centeno, avec Minin Bujones, une actrice exquise, vedette de radio et de théâtre ; dans cette pièce très – ou trop – influencée par Lorca, Vicente Revuelta jouait le rôle du Diable. Ce spectacle fut sélectionné par une chaîne de télévision et, grâce à son succès, la chaîne me passa contrat pour écrire des « comédies » pour le petit écran.

Assis sur le mur du Malecón je lisais mon avenir dans les étoiles. Nuit magnifique de fin d'août, brise délicieuse qui soulageait de la chaleur torride de la journée, symphonie de vagues qui venaient s'échouer sur les rochers à mes pieds et dont les embruns humectaient mes bras nus et mon visage.

Je n'avais pas besoin d'étoiles ni d'une boule de cristal pour savoir ce que je voulais et, surtout, ce que je ne voulais pas faire.

Continuer le théâtre, oui, mais certainement pas dans ce no man's land mi-professionnel, mi-amateur. Faire de la télévision, non. J'avais observé le sort de jeunes écrivains de talent qui s'étaient enchaînés à la radio, livrant jour après jour les chapitres d'une adaptation de roman ou les séquences d'un feuilleton interminable. Beaucoup d'argent vite gagné et on connaît la suite : l'achat d'une maison, d'une voiture puis ils s'installaient dans des habitudes de consommateur qui les faisaient s'éloigner ou renoncer à leurs ambitions de jeunesse. Seul Alejo Carpentier, qui livrait chaque semaine un texte inspiré de l'actualité mondiale, avait échappé à ce triste sort, mais ça n'était pas étonnant. Alejo était déjà « Carpentier », à savoir un écrivain confirmé, respecté pour son talent et son érudition et dont on aimait le fort accent français lorsqu'il parlait espagnol. Ce n'était pas mon cas. Après *Scherzo*, ma première pièce primée, j'avais écrit ce qu'on n'appelait pas encore un *sitcom*. J'avais suivi les conseils et les indications d'un producteur qui m'avait dit :

« *Scherzo*, c'est l'exception à la règle. Ça a fait un succès au théâtre. Un texte poétique, une fois ça va. Mais ce que les téléspectateurs veulent c'est se divertir, rire, regarder le petit écran en faisant autre chose. Si tu écris pour la télévision, dis-toi bien que tu écris pour un public qui a dix ans d'âge mental. »

Il était temps pour moi de faire une pause, d'aller voir ailleurs. Au loin, un paquebot tout illuminé quittait la baie de La Havane. Ce bateau, je le vis comme un signe, un message. Au-dessus, déjà, les étoiles scintillaient et la pleine lune était comme une énorme boule qui montait dans le ciel, une de ces grosses lunes tropicales qu'on avait l'impression de pouvoir toucher de la main en étendant le bras et qu'une écharpe de brume bleu pâle enveloppait d'un voile magique.

J'ai suivi le bateau du regard jusqu'à le voir disparaître complètement entre mer et ciel, absorbé par l'horizon. Il m'indiquait le chemin.

Un ami diplômé de la faculté de théâtre de Yale se proposa pour me parrainer si je voulais obtenir une bourse d'études dans cette prestigieuse université. J'avais eu quelques semaines pour réfléchir. La proposition ne pouvait être plus alléchante. Je parlais anglais, j'adorais le jazz, Billie Holiday, Judy Garland ; j'aimais Faulkner, Scott Fitzgerald et les romans noirs américains. Et j'avais été nourri aux productions cinématographiques hollywoodiennes depuis ma tendre enfance. Mais il y avait un obstacle majeur : l'idée de vivre trois ans aux Etats-Unis, en pleine guerre froide et depuis la chasse aux sorcières déclenchée par McCarthy, m'était insupportable.

Cet automne 1951, c'est aussi le moment qu'avaient choisi mes amis Tomás Gutiérrez Alea et Nestor Almendros pour partir faire des études dans la célèbre école de Cinecittà en Italie. Gutiérrez devait devenir le meilleur réalisateur cubain des décennies suivantes, et Almendros le premier chef opérateur cubain récompensé à Hollywood par un Oscar – pour son travail remarquable dans *Les Moissons du ciel.*

J'avais été tenté de les accompagner, mais l'aventure théâtrale m'intéressait plus que les études de cinéma. Et puis, il y avait Paris.

Paris !

C'est, paraît-il, le premier mot que j'ai entendu quand je suis né. Senta, ma nourrice haïtienne, prétend qu'en m'extirpant des cuisses de ma mère elle m'a dit à l'oreille, en français, s'il vous plaît :

« Bienvenue ! Toi qui viens de Paris ! »

Dans ce coin des Caraïbes, la légende voulait que les nouveau-nés « arrivent de Paris à travers ciel sur le dos d'une cigogne ».

Ma mère, qui n'avait jamais mis les pieds dans la Ville lumière, collectionnait les revues de mode parisiennes et se vantait de n'utiliser pour se maquiller et se parfumer que des produits français.

Les Espagnols qui faisaient partie du cercle intime des amis de mon père détestaient, quant à eux, les Français et continuaient, à leur façon, de guerroyer contre d'imaginaires troupes napoléoniennes. Après s'être enfilé deux xérès et avoir grillé un demi-cigare, le ton changeait, un sourire nostalgique apparaissait sur leur visage repu, et ils étiraient les deux syllabes *Parrrrrrissssss* avec une langoureuse obscénité. A peu près tous avaient vécu à Paris dans leur jeunesse. Quand je m'étonnais un jour de l'étrangeté de ce mépris avoué pour les Français conjugué à leur passion pour la capitale française, mon père déclara sentencieusement :

« Paris, ce n'est pas la France. Cette ville fait partie du patrimoine de l'humanité. »

Louis Jouvet devait figurer, lui aussi, au patrimoine de l'humanité. Mon père l'avait fréquenté lors de son passage à La Havane. J'avais été invité à dîner un soir en compagnie de l'acteur. Je n'avais que treize ans et la forte personnalité de cet homme, son regard incisif me paralysèrent. Etait-il de bonne humeur, ce soir-là, ou eut-il pitié de ma timidité ? Toujours est-il qu'il se montra d'une exquise attention et me mit à l'aise en me questionnant sur mes études, mes auteurs préférés, le théâtre et le cinéma que j'aimais.

« Si un jour vos pas vous mènent à Paris, passez me voir », me dit-il.

A la mort de mon père, j'eus la surprise de constater qu'il m'avait laissé un modeste héritage, avec une recommandation « pour les voyages ».

Paris !

Une seule chose me faisait peur avant de me lancer dans la grande aventure, ma piètre connaissance de la langue française. Je ne suivais des cours que depuis un an. Mon professeur, Mme Eve Fréjaville, était l'ex-épouse d'Alejo Carpentier. Cette femme étonnante se doublait d'un professeur atypique. Elle me faisait apprendre par cœur les verbes français, les subjonctifs surtout.

« Si tu veux impressionner un Français, disait-elle, tu n'as qu'à glisser un imparfait du subjonctif dans la conversation, mine de rien. Tu épateras ton monde. »

Proust était, à ses yeux, le seul grand écrivain français. C'est ainsi que j'entrepris de lire *Un amour de Swann* avec un dictionnaire franco-espagnol sous la main et deux traductions de l'œuvre, l'une en anglais et l'autre en espagnol.

Avant mon départ, Mme Fréjaville me donna quelques lettres d'introduction pour des personnes à Paris que je devais aller voir de sa part. J'eus le vertige en lisant les en-têtes :

Mon cher Jean-Louis (Barrault)

Ma chère Madeleine (Renaud)

Cher Maître...

La lettre qui me tenait le plus à cœur était signée par Alejo Carpentier et elle était destinée à Louis Jouvet.

Le jour de mes adieux, j'ai montré à Eve Fréjaville l'exemplaire d'*Un amour de Swann* en français que j'avais dans la poche. Elle feuilleta le livre d'un air dubitatif avant de me donner un dernier conseil.

« Trouve-toi un dictionnaire avec des cheveux longs, des lèvres douces et fraîches. N'importe quelle langue de la terre, c'est au lit qu'on l'apprend le mieux. »

Ça n'était pas tombé dans l'oreille d'un sourd.

II

9

Un étranger dans la ville

Pour se rendre de La Havane en France, il avait le choix entre prendre l'avion ou le bateau. Il choisit finalement de faire un détour par New York pour pouvoir comparer ensuite les deux villes phares de la vie culturelle dans le monde. Et, qui sait ? si Paris n'était pas la merveille dont on parlait, il pourrait toujours faire amende honorable et postuler pour une bourse de théâtre à Yale. Une solution de rechange non négligeable.

Il prit l'avion pour Miami où il s'attarda une journée. Il se promena le long de Miami Beach puis rentra à son hôtel. Il avait marché presque deux heures sur la plage bordée d'hôtels, de maisons de retraite, de riches villas avec porches et terrasses donnant sur la mer. Le spectacle l'avait terrifié. Tout le long du littoral s'alignaient des centaines de fauteuils à bascule – le fameux rocking-chair tant aimé des Cubains – et dedans, immobiles et repliés telles des chauves-souris, des centaines d'hommes et de femmes ressemblant à des momies. Des êtres humains oubliés par la mort et figés dans le temps. C'était comme un film d'horreur qui défilait en pleine lumière, dévoilant méchamment les rides et les rictus, les lèvres séchées, les crânes dégarnis. Des êtres unisexes, comme disait la publicité pour un jean de l'époque. Impossible de distinguer le vieux de la vieille. L'âge, il le découvrit alors, transformait ces survivants en anges décatis, en robots passifs attendant... Qu'attendaient-ils ? Ces personnes étaient arrivés, par on ne sait quel privilège biologique, à une sorte d'immortalité, au-delà du Bien et du Mal...

Il entra dans le bar de l'hôtel le plus proche. La température était au-dessous de zéro. Il portait une chemise à manches courtes et se mit à trembler de tout son corps, sans doute ce fichu air climatisé, mais aussi parce que la vision de cette société de morts vivants qu'il venait de découvrir l'avait littéralement réfrigéré. Au « Que désirez-vous, monsieur ? » du barman, il répondit mécaniquement, comme Don Ameche dans *Moon over Miami* :

« Un cocktail Alexandre, s'il vous plaît. »

Le bar était presque vide. Un quartette d'octogénaires jouait à la canasta à une table un peu plus loin. Avec le cocktail, le barman lui apporta une grosse veste.

« Couvrez-vous. On devrait dire aux clients de mettre des manteaux s'ils ne veulent pas choper une pneumonie. Regardez ces couples. Vous voyez, comme ils sont emmitouflés ? Dehors, c'est le Sahara, ici on est en Sibérie. »

L'homme parlait l'espagnol avec un accent qui lui rappela celui de son parrain.

« Vous êtes basque ?

— Bai. Oui. »

D'un seul coup la nostalgie lui tomba dessus. Au deuxième Alexandre, le Basque en savait déjà beaucoup sur lui et sur ce parrain qui avait eu les larmes aux yeux en lui donnant la virile accolade cubaine, *el abrazo*, à son départ de l'aéroport. L'homme refusa de lui servir un troisième cocktail.

« C'est par pitié que j'accepte de servir ce poison à mes clients centenaires. Ils n'ont plus rien à perdre. Toi, tu prends le train ce soir. »

Bon sens et fraternité basques.

Il aurait voulu prendre un autobus Miami-New York comme Clark Gable et Claudette Colbert dans le film de Frank Capra. Il se consola en pensant qu'il arriverait dans la mythique gare de Pennsylvanie, immortalisée elle aussi par le cinéma.

Le cinéma...

Il regrettait sa boulimie cinématographique, qui semblait rétrécir le monde au lieu de l'agrandir. Il pensa que ces écrivains du XIXe qui n'avaient pas la mémoire encombrée d'images virtuelles avaient bien de la chance. Chateaubriand découvrant le Moyen-Orient et la Turquie, Stendhal se promenant dans une Italie d'avant Fellini, Paul Morand décrivant La Havane de la fin des années 20.

Il avait vu *Un jour à New York*, de Stanley Donen avec Gene Kelly, plus d'une vingtaine de fois. Le meilleur moment du film, c'est quand Frank Sinatra rêve de parcourir New York en suivant un guide du début du siècle dont son grand-père lui a fait cadeau. La moitié des monuments décrits dans le guide ont disparu, car si New York est bien « la ville qui ne dort jamais », c'est aussi celle qui change le plus. Une ville en perpétuelle reconstruction. Le personnage de Sinatra n'avait qu'une journée pour tout visiter. Il lui restait une semaine avant de prendre le bateau pour la France.

Arriver un 21 septembre était une chance, l'automne lui semblait une saison idéale pour flâner dans la ville. Il se rendit à pied partout, ne prenant le métro que pour aller à Brooklyn et admirer la ville de l'autre côté du pont rendu célèbre par le cinéma. S'était-il assis sur le même banc que celui que choisiraient, des décennies plus tard, Woody Allen et Diane Keaton pour l'affiche de *Manhattan* ? Possible.

Contemplant la vue du haut de l'Empire State Building et levant la tête pour suivre la ligne des gratte-ciel de la Cinquième Avenue s'élançant à l'assaut des nuages, il fit l'expérience du vertige. Il visita un maximum de musées, s'offrit une séance à la cinémathèque du Metropolitan pour visionner un film muet de Greta Garbo, *Le Baiser*.

Fasciné par l'insolence des écureuils qui n'étaient pas sauvages du tout, il se reposa quelques heures dans Central Park, sous les frondaisons jaunes et rouges des grands arbres. Au zoo, il observa avec tristesse les grands fauves aux airs dédaigneux et resta cloué devant la cage d'une hyène tournant sur elle-même de façon lancinante, qui ne s'arrêtait que pour émettre un cri de douleur presque humain.

Il assista à la sortie du dernier film d'Hitchcock, *L'Inconnu du Nord-Express*, gros succès de la saison. Emotions fortes et perfection technique. Et, poursuivant ses déambulations, il tomba en arrêt devant un théâtre qui annonçait les dernières représentations de *Diamond Lil*, une comédie écrite et interprétée par Mae West. Le coup de grâce, l'éblouissement.

Retour en arrière. Souvenirs d'enfance. Petit garçon, il avait été séduit par les deux phénomènes les plus érotiques de l'époque : Shirley Temple, avec ses bouclettes châtain clair et sa jupette qu'elle soulevait en dansant, laissant entrevoir sa culotte blanche. Et dans un genre radicalement opposé, Mae West, avec sa poitrine agressive, sa croupe provocante, son sourire radieux, son cynisme joyeux.

Diamond Lil, qui avait fait scandale en 1928, revenait à Broadway vingt-trois ans après. Il paya le prix fort pour obtenir une place d'orchestre, pas trop loin de la scène. Que restait-il de la beauté exubérante de la star ? La magie du théâtre et les subterfuges du maquillage avaient accompli leur œuvre. La diva n'avait rien changé à son spectacle. Le décor était le même qu'à sa création en 1928. Les costumes avaient été ressortis d'une malle bourrée de naphtaline et la pièce avait d'évidence un côté « rétro ». Et pourtant Mae West réussissait le tour de force de tenir l'audience en haleine, ses hanches roulaient comme autrefois, sa voix canaille lançait des phrases assassines et hilarantes, elle occupait tout l'espace, réduisant les acteurs qui l'entouraient au rôle de simples pantins. C'était précisément ce que le public attendait d'elle, ce portrait de la femme fatale increvable, de l'éternelle pécheresse.

C'était sa dernière soirée à New York. Il partirait le cœur en liesse. La ville qui ne dort jamais ne l'avait pas déçu tandis que, de l'autre côté de l'Atlantique, la Ville lumière lui tendait les bras. Paris et ses beautés qu'il souhaitait de tout son cœur. Comme pour mieux faire durer le plaisir, six jours de voyage en mer l'attendaient.

Il traversa l'océan sur un paquebot de la French Line qui avait bien choisi son nom : *Liberty*.

La Liberté.

Un mot. Un symbole. Son seul but dans la vie : être libre où qu'il se trouve. Il avait recopié sur un petit carnet de notes qui ne le quittait jamais cette phrase d'Emmanuel Kant, tirée de son *Opus posthumum* : « Le concept de liberté dérive de l'impératif catégorique du devoir. »

Les gratte-ciel de Manhattan et les clameurs de la ville diminuent à mesure que le bateau s'éloigne de la côte et traverse la baie d'Hudson. La silhouette de la grande dame arborant à bout de bras son flambeau fait partie de ces clichés émouvants qui, comme la tour Eiffel, ont fait le tour de la planète. Les images d'un film se superposent à la réalité. Charlot, fuyant une Europe malmenée et débarquant à New York. Un gros paquebot qui fume. Et sur le pont, les candidats à l'immigration qui voient dans l'image de cette statue hiératique la promesse d'un avenir meilleur. Le début d'une vie nouvelle au pays de la liberté. Ces mêmes immigrés qui déchanteront vite, en réalisant qu'ils viennent de débarquer au pays de l'argent roi. Etre riche pour être libre. Il s'étonnait de voir comment les plus belles idées, les mots les plus chargés d'espoir et de sens, pouvaient être galvaudés ! Liberté ! Combien de masques cruels se cachent parfois derrière ton visage lisse ! Certes New York brillait de mille feux, mais ça n'empêchait pas les Etats-Unis de sombrer dans le maccarthysme et la guerre froide.

Ainsi, il tournait le dos à l'Amérique et avait choisi la France. « Liberté Egalité Fraternité. » Il en attendait beaucoup, de ce pays, voulait y croire, souhaitant de toutes ses forces que, cette fois-ci, la réalité dépasse la fiction ; que la France soit encore plus cultivée, plus libre et plus fraternelle que dans les rêves des poètes les plus fous.

Quoi qu'il en soit le *Liberty* naviguait à son rythme de croisière vers l'Europe.

Le mirage auquel il avait tendu les bras, assis un soir sur le mur du Malecón, était en train de s'accomplir. Un bateau l'emportait de l'autre côté du miroir, vers d'autres horizons.

C'était décidé, il se prendrait le Paris carte postale en pleine figure, suivant à la trace le parcours des films américains tournés dans ces années-là, tels *Un Américain à Paris* de Vincente Minnelli avec Gene Kelly, et, plus tard, le superbe *Drôle de frimousse* de Stanley Donen avec Fred Astaire et Audrey Hepburn. De l'Arc de Triomphe à la tour Eiffel, du Louvre à l'austère musée de l'Homme, il allait tout visiter, se rendant plusieurs fois sur la butte Montmartre à différents moment de la journée, sur les traces de Rastignac.

Il habitait dans le pavillon de la Maison de Cuba, à la Cité universitaire, au sud de Paris. Certes, le loyer était modeste et il disposait d'un confort qu'il aurait fallu payer très cher ailleurs. La chambre était meublée, le chauffage central marchait et, luxe suprême à ses yeux, s'y ajoutait une salle de bain dotée d'une vaste et profonde baignoire. En souvenir de Marat, le personnage de la Révolution française qu'il préférait, il avait mis une planche en travers de la baignoire et pouvait ainsi rester des heures dans son bain, à lire ou à écrire.

Ce qu'il n'aimait pas dans cet endroit, c'était la présence des autres Cubains. Tous ne parlaient, sauf exception, que l'espagnol... La plupart des garçons étudiaient le commerce, la médecine ou l'ingénierie et considéraient la littérature et les arts comme « des métiers de filles ». Pour fuir ce ghetto, il partait très tôt le matin et rentrait tard le soir.

Après un mois de tourisme intense, il se mit à la recherche d'un cours de théâtre, s'inscrivit à la Sorbonne pour étudier la civilisation française et à l'Alliance française pour parfaire son apprentissage du français. En hommage à Louis Jouvet qui était mort un mois avant son arrivée, il alla déposer un bouquet de fleurs devant le théâtre de l'Athénée.

Puis il envoya un mot au couple Barrault et fut reçu avec une touchante courtoisie par Madeleine et Jean-Louis. Madeleine l'invita à assister aux répétitions de *Pour Lucrèce*, de Jean Giraudoux, et elle lui permit de suivre en invité toute la programmation de la saison. Jean-Louis de son côté lui donna un excellent conseil.

« Vous voulez devenir metteur en scène, écrire... ? Suivez des cours de jeu de l'acteur. C'est la meilleure façon de connaître le théâtre de l'intérieur. »

Barrault lui donna l'adresse de l'EPJD, l'Ecole pédagogique pour le jeu dramatique, dont il ne s'occupait plus mais qu'il avait créée avec Marie-Hélène Dasté, Roger Blin, Pierre Bertin et quelques autres. Les cours de mime étaient donnés par le tout jeune Jacques Lecoq, maître au charisme et à la compétence tout à fait exceptionnels. Certaines élèves de l'EPJD prenaient aussi des cours chez Tania Balachova, une grande personnalité du théâtre de l'époque. « Chez Tania » on croisait de jeunes élèves comme Laurent Terzieff, Michael Lonsdale, Delphine Seyrig...

S'il fuyait les Cubains de la Cité universitaire, il s'était lié d'amitié avec une vieille dame portugaise qui était la femme de chambre de la Maison de Cuba. Cette femme s'était exclamée un jour en le voyant :

« *Deus meu!* Vous étiez un garçon bien en chair, et regardez-vous maintenant ! Vous avez fondu comme une savonnette sous un robinet ! »

La vie parisienne suivait son cours. Maintenant il payait l'école de théâtre, plus des cours particuliers de diction, de danse, d'arts martiaux... Il détestait faire la queue au restaurant universitaire et ne mangeait que des fruits et du fromage. Certains Cubains, plus débrouillards que lui, avaient acheté des réchauds à gaz pour faire de la cuisine dans leur chambre. Il avait fini par s'en procurer un, mais ses talents culinaires n'allaient pas plus loin que se faire frire un œuf ou cuire un bifteck. Dona Augusta, la Portugaise, devint sa bonne fée. Souvent, en arrivant tard dans la nuit, il trouvait, posés sur l'évier, des plats succulents qu'il n'avait plus qu'à réchauffer. La générosité de cette femme, qui refusait toute rémunération pour ses services, lui permit de maintenir le rythme effréné qui était le sien sans tomber malade.

Tout allait pour le mieux dans le meilleur des mondes possibles quand, un jour, la Maison de Cuba trembla de haut en bas. Ce 10 mars 1952 à La Havane, le colonel Fulgencio Batista venait de réussir un coup d'Etat sans qu'un coup de feu ait été échangé.

La politique rattrapait celui qui avait souhaité ne plus en entendre parler en quittant son pays. Il se mit à fréquenter les Cubains de la Cité universitaire et ceux qui habitaient Paris. Rencontres. Discussions. Réflexions. La plupart de ces étudiants décidèrent de rentrer à Cuba. Lui avait de longues et fréquentes conversations téléphoniques avec sa mère et son parrain. Tous deux insistaient pour qu'il continue ses études avant de prendre une quelconque décision.

« Attendons de voir ce qui va se passer ici... », dit son parrain.

Il savait bien ce que ce « nous » impliquait. Le Basque, devenu plus cubain que les Cubains, avait adhéré au parti communiste.

Quand il s'étonna que le coup d'Etat de Batista n'ait rencontré aucune opposition, le Basque répondit par un rire dédaigneux.

« Ce jeune avocat, Fidel Castro, a saisi la Cour constitutionnelle pour demander qu'on condamne cette prise de pouvoir anticonstitutionnelle. Un fou romantique. Il a intérêt à se calmer un peu s'il tient à sa peau ! »

Tout en recevant des nouvelles ponctuelles de Cuba, sa vie reprit son cours. Il continuait à cavaler partout, soucieux d'explorer tous les coins de la ville, comme les quartiers plus excentrés de Ménilmontant et de Belleville qu'il aimait et où il avait le sentiment de côtoyer le vrai peuple de Paris.

Des amis cubains de passage séjournèrent pour un temps dans la capitale française, comme l'acteur Vicente Revuelta, avec qui il répéta des scènes chez Tania Balachova. Ceux qui étudiaient à Cinecittà, comme Gutiérrez Alea, venaient de Rome passer quelques jours de temps en temps.

Puis il y eut ce 26 juillet 1953, à Santiago de Cuba, l'attaque de la caserne de la Moncada. Des Cubains arrivés récemment lui racontèrent cette histoire rocambolesque. Un film qui avait démarré comme un Mack Sennett et s'était soldé par une tragédie.

Fidel Castro, son frère Raúl et une centaine de leurs amis, planqués sous des uniformes de l'armée de Batista, ont l'intention de dévaliser l'armurerie. C'est jour de carnaval à Santiago. Le peuple danse et boit, la surveillance se relâche. Le groupe de révolutionnaires arrive en voitures aux portes de la caserne et lance l'assaut, qui tourne au cauchemar. Le hasard et la malchance font que l'opération, pourtant minutieusement préparée, tourne mal pour les rebelles. L'armée prend le dessus. Beaucoup de jeunes attaquants sont tués sur place. Les blessés sont achevés sans pitié. Les prisonniers, dont deux femmes, seront torturés. Fidel Castro et son frère Raúl sont sauvés par leur bonne étoile. Faits prisonniers quelques jours plus tard, ils seront protégés par la mobilisation générale des élites du pays. L'Eglise entre dans le concert de voix qui s'élève pour les soutenir. La hiérarchie catholique n'a pas oublié, peut-être, que ce Fidel Castro a été élevé chez les jésuites. Au cours du procès qui suivra, Castro décide d'assurer lui-même sa défense. La presse se fait l'écho de cette surprenante mise en scène de l'accusé qui endosse la toge de l'avocat pour interpréter le rôle du défenseur, l'enlève et s'assoit sur le banc pour jouer son propre rôle. Un procès qui prend des allures de spectacle. Obligé de modifier son attitude, le tribunal exige que la suite du procès se déroule sans la présence des journalistes et du public. Castro répond par un discours historique qui sera repris, publié et divulgué par ses amis : « L'histoire m'absoudra ».

Ici commence le mythe.

En souvenir de l'attaque de la caserne de la Moncada, le Mouvement du 26 juillet venait de naître. A Paris, les Cubains commencèrent à se diviser entre « fidélistes » et communistes. A la Maison de Cuba, une « cellule rouge » fut créé. Condamné à quinze ans de prison, Fidel Castro fut envoyé à l'île des Pins en compagnie de son frère Raúl et d'un groupe de survivants.

La prison de Isla de Pinos...

Batista prouvait ainsi qu'il n'avait pas saisi la portée de l'événement, il n'avait pas mesuré non plus son importance symbolique et ses répercussions, quand la force du mythe se fait instrument de propagande politique... José Martí, comme Fidel Castro, était avocat. Il s'était rendu célèbre par la capacité qu'il avait à s'exprimer oralement, un don véritable. Fidel Castro aussi. Castro avait organisé la marche de protestation contre les marins nord-américains qui avaient souillé la statue de Martí. Et Martí avait fait de la prison à l'île des Pins. Batista, le dictateur et militaire, offrait au jeune rebelle la meilleure publicité. Castro, condamné à une peine de quinze ans, avait désormais tout le loisir de réfléchir, lire, se cultiver, et structurer un mouvement politique – le M26 – de sa cellule de prison.

Pour les Cubains de l'île et ceux de l'extérieur, les jeux étaient faits. L'ordre régnait à Cuba. Batista pouvait se maintenir au pouvoir *ad vitam aeternam* comme Somoza, Trujillo, Stroessner, ses amis dictateurs...

Pour la première fois de sa vie, le jeune étudiant de la Cité universitaire de Paris se considéra comme un exilé.

Lettres et coups de fil lui arrivaient de son île lointaine, et sa mère le suppliait de ne pas rentrer.

« Je vais venir te voir à Paris », disait-elle.

Venir à Paris, c'était son rêve depuis toujours !

Une idée singulière commençait à faire son chemin dans sa tête : il fallait qu'il trouve le moyen de s'installer à Paris pour de bon, car il n'envisageait plus de rentrer chez lui un jour. Vivre sous une dictature lui paraissait au-dessus de ses forces.

Il avait voyagé dans l'Espagne franquiste. Avec des amis cubains, le peintre Servando Cabrera, le cinéaste Gutiérrez Alea, il avait fréquenté les frères Antonio et Carlos Saura. Le premier était déjà un peintre confirmé, le second, photographe, rêvait de faire du cinéma. Ensemble ils se rendaient à leur maison de Cuenca, une des villes les plus prodigieuses de la Péninsule. A Madrid, ils fréquentaient les mêmes cafés, voyaient les mêmes films. Ce groupe, passionné d'art et de littérature, ne pouvait s'empêcher, à la fin d'un repas, de retomber dans les mêmes conversations obsédantes sur la situation politique en Espagne et à Cuba. Pendant quelques jours il hésita, on lui proposait d'intégrer une compagnie de théâtre à Grenade, la ville de Lorca... Mais le souvenir de la fin tragique du poète mit un point final à ses hésitations. Lorca, assassiné par les franquistes. Non, jamais il ne pourrait vivre dans ce pays sous la botte de Franco.

Au cours de l'été, il entreprit de longues promenades dans Paris et trouva un refuge agréable à la pointe du Vert-Galant, cet étroit triangle de terre bordé de saules pleureurs qui s'avance dans la Seine.

Pour tenir bon, ne pas être tenté de revenir sur sa décision, il fallait « tourner la page » d'une façon ou d'une autre. Maintenant il savait que sa véritable vocation était d'écrire. Il lui sembla que toutes les expériences réalisées jusque-là – le journalisme, le théâtre – n'avaient été qu'un apprentissage qui devait le conduire à l'écriture. Ecrire, oui, mais en quelle langue ? Il avait, en fait, très peu écrit en espagnol. Une plaquette de poèmes et trois pièces de théâtre en un acte. Le tout publié par hasard. Aujourd'hui il priait pour que personne ne tombe jamais sur ces livres, des œuvres de jeunesse qu'il reniait. Un moment, il avait songé à s'installer à Londres et avait écrit des textes courts en anglais, une tentative peu convaincante. Il admirait le théâtre britannique, adorait l'accent d'Oxford, mais quelques semaines d'hiver dans le *fog* britannique le dissuadèrent de s'y installer pour de bon. S'il voulait, plus tard, faire venir sa mère, le choix du pays et de la langue était déterminant.

Il avait grandi dans un véritable gynécée. A Santiago de Cuba, sa mère accueillait toutes les bonnes sans travail qui frappaient à sa porte et, à La Havane, des étudiantes louaient des chambres dans la maison. Deux filles plus âgées avaient aussi vécu chez eux, pour de mystérieuses raisons. Une fois à La Havane, elles devinrent de vraies sœurs. C'est sa supposée sœur aînée qui lui avoua un jour :

« Tu sais, je crois que nous sommes tes demi-sœurs.

— Ah bon ! Tu es sûre ?

— Comment savoir ? Père ne parle pas et déteste qu'on lui pose des questions. Quant à ta mère ou disons notre mère... le mensonge est élevé chez elle à la hauteur d'un art de vivre... »

Ce jour-là, ils firent l'inventaire, tous les trois, des demi-frères et demi-sœurs dont ils avaient entendu parler. Une femme, avocate, bien plus âgée qu'eux et qu'ils n'avaient jamais vue. Un frère qui se prenait assurément pour le seul fils officiel au milieu d'une bande de bâtards.

Un jour, vers l'âge de quinze ans, il se jeta à l'eau et demanda à sa mère :

« Combien d'enfants a eus papa, avant moi ? »

Elle prit son air de *mater dolorosa* à la Murillo, les yeux au ciel, le visage transfiguré :

« Peu importe le nombre. Tu es le dernier, mon fils. Le fils de l'amour. »

Quatre ans plus tard, il découvrit l'existence de deux autres frères plus jeunes. L'amour, chez son père, se conjuguait au pluriel.

Assis à la pointe du Vert-Galant, il réfléchissait, se disant qu'il fallait transformer ses méditations en actes. Il avait épousé une jeune Française, Andrée Castan, avait eu un fils, à qui ils avaient donné le prénom de Laurent.

La petite famille quitta la France pour l'Italie où il poursuivait ses études, se déplaçant dans les villes universitaires de Pérouse, Florence, Rome... Il fit une thèse sur « L'influence du *Prince* de Machiavel chez les dictateurs latino-américains » et obtint son diplôme de langue et littérature italiennes.

Si Perón et Trujillo avaient certainement lu le célèbre texte de Machiavel, il se demandait si le jeune Castro, dans sa prison, en possédait un exemplaire parmi les trois cents volumes que comptait la bibliothèque de l'île des Pins ?

En plus de la langue et la littérature italiennes, le jeune étudiant avait obtenu un diplôme d'étruscologie. La découverte de l'art et de la culture étrusques l'avait fasciné. Il se voyait déjà dans la peau d'un personnage qu'il n'avait jamais imaginé, celle d'un chercheur passionné, parcourant les sites archéologiques sur les traces des Etrusques, essayant de découvrir les origines de ce peuple et les sources mystérieuses d'une langue qui remontait à la plus haute Antiquité.

Oublier Cuba. Devenir Italien. Un destin comme un autre.

Fervent admirateur de l'immense acteur napolitain Totò, avait-il oublié la phrase pleine de philosophie de ce dernier ?

« *Il destino non si trova nella testa ma nel cuore.* »

Le destin ne se trouve pas dans la tête mais dans le cœur.

Trois ans déjà qu'il séjournait en Italie... Il avait la nostalgie de Paris. Paris, toujours et encore... Le hasard voulut qu'un jour une lettre envoyée de France et une publicité aperçue dans une revue littéraire changeassent tous ses projets, et le cours de sa vie.

10

Leçon de schizophrénie pratique

La lettre provenait de Jacques Lecoq. Il m'annonçait l'ouverture de son Ecole de mime, 83, rue du Bac à Paris. Il sélectionnait un groupe d'élèves en vue de former une compagnie et me demandait d'y participer. C'était une bonne nouvelle.

Par ailleurs j'avais lu dans une revue littéraire un entrefilet expliquant que la jeune et célèbre romancière Françoise Mallet-Joris avait été chargée de créer une collection de nouvelles aux éditions Julliard et qu'elle lançait un concours pour découvrir de jeunes talents. Il suffisait d'envoyer ses textes tapés à la machine, ils seraient lus et, s'ils étaient acceptés, ils seraient publiés. La collection sortirait un livre par mois. L'idée d'écrire en français ne m'était jamais venue à l'esprit. J'habitais un petit appartement derrière le Vatican, piazzale degli Eroi. De mon balcon qui donnait sur cette « place des Héros » je pouvais contempler, à la tombée du jour, le dôme de Saint-Pierre qui réverbérait les derniers feux du soleil couchant.

C'est aussi sur ce balcon romain que j'ai écrit mon premier texte en français. Une nouvelle dont je ne me souviens que du titre : *Spirales.*

Une fois terminée, je l'ai envoyée par la poste à Mme Mallet-Joris. A cette époque, la poste italienne était réputée pour son inefficacité. Ma voisine de palier m'avait expliqué avec un sens de l'humour tout romain :

« Nous avons la poste la plus catholique du monde, le courrier arrive quand Dieu le veut. »

Mais moi, l'agnostique, je croyais aux signes.

J'avais reçu la lettre de Lecoq, réexpédiée de Paris. J'avais écrit le texte de la nouvelle sans me poser trop de questions. A ma grande surprise, elle fut sélectionnée et je reçus mon contrat par retour du courrier.

Les signes se précisaient et ils me disaient : ton destin c'est la France, c'est d'écrire en français, de vivre à la française, de devenir français.

J'avais appris chez Tania Balachova et en lisant les livres de Stanislavski à travailler sur l'« identification au personnage ». Les principes de base étaient à la portée de tout le monde, il suffisait d'observer, de prendre des notes, d'appliquer la méthode du « si magique » afin d'entrer, peu à peu, dans la peau du personnage.

Un comédien français qui étudie un personnage français (même s'il est d'une autre époque) peut y arriver sans trop de difficulté. Dans mon cas c'était plus compliqué car, pour devenir français, il me fallait oublier mes origines. A cette époque, la comédienne Maria Casarès, née en Espagne, était considérée à juste titre comme la plus grande tragédienne française. La différence entre Casarès et moi, c'est qu'elle était arrivée en France toute jeune et j'étais arrivé, moi, à un âge certain. D'ailleurs, si j'avais accepté de faire le mime, c'était bien pour qu'on ne remarque pas mon accent !

La raison me dictait de laisser tomber un projet aussi fou. Mais à quoi sert la raison quand quelqu'un, en toute lucidité, décide de flirter avec la schizophrénie ?

« Tentons le coup », me disais-je, comme une sorte d'excuse, bien conscient que cette histoire risquait de m'entraîner sur un terrain glissant. Et pour mieux tenir la route, je m'imposai une discipline de fer et pris quelques mesures radicales :

— cesser de fréquenter le groupe de Latinos qui se retrouvait régulièrement à l'Old Navy, un café de Saint-Germain-des-Prés ;

— ne plus parler l'espagnol ;

— ne plus lire en espagnol.

Je me refusai le droit d'utiliser l'espagnol à deux exceptions près : quand j'écrivais à ma mère ou que je lui parlais au téléphone, et pour rédiger les articles sur la vie culturelle parisienne que j'envoyais à un journal cubain. Les lettres et les communications téléphoniques étaient courtes ; quant à mes articles, je poussai le vice jusqu'à les écrire d'abord en français et à les traduire ensuite.

Et un beau jour, je me suis réveillé fou de joie. Pour la première fois de ma vie, j'avais rêvé en français !

Sans m'en rendre compte et en toute innocence, je m'aventurais sur un terrain miné. Une version à moi de Doctor Jekyll et Mister Hyde. Quand je commençais à me sentir bien dans la peau du Français, le Cubain en moi grinçait des dents, jouait des poings et me rappelait à l'ordre. Heureusement, il y avait Cuba. La situation cubaine poussait mes amis de l'université à faire des petits séjours à Paris, pour respirer un peu. A travers eux, je me mis à vivre une sorte de « Cuba par procuration ». Une expérience qui devait me servir des années plus tard.

Je suivais aussi au jour le jour l'actualité de mon île lointaine à travers la presse anglo-saxonne et française. Depuis que j'habitais le centre de Paris, je faisais l'effort d'aller jusqu'à la Cité universitaire chercher les journaux cubains.

Peu après son élection à la présidence, Batista fit en 1955 un geste en direction de l'opposition, il amnistia les *muchachos* qui avaient attaqué la Moncada en 1953. Geste qu'il allait regretter pour le restant de sa vie. Condamné à une peine de quinze ans, Fidel Castro sortit de prison au bout de deux ans. Son frère Raúl et les autres camarades furent aussi amnistiés. Une fois libre, l'avocat qui avait écrit « L'histoire m'absoudra » annonça publiquement que son combat continuait et, le 10 juillet 1955, il quitta Cuba avec les siens pour s'exiler au Mexique.

Les journaux cubains et mexicains que je consultais régulièrement grâce à mes contacts à la Cité universitaire me donnaient des nouvelles de Cuba et j'étais ainsi informé de ce qui se disait dans la capitale mexicaine. Fidel Castro avait déjà montré maintes fois son habileté à se servir de la presse : la manifestation de protestation contre le marin américain qui avait outragé la statue de José Martí ; la veillée funèbre d'Eddy Chibás à l'université de La Havane, la mise en scène théâtrale de son procès à Santiago de Cuba... A chaque fois il avait su transformer un événement négatif en victoire morale aux yeux d'une opinion publique fascinée par son sens du spectacle. Un journal mexicain s'étonna, un jour, de l'amitié qu'affichait le jeune avocat cubain avec l'ex-général Alberto Bayo.

Le cursus de Bayo était assez épique. Né à Cuba de parents espagnols, il avait fait la guerre d'Espagne comme pilote dans l'aviation, du côté des forces républicaines. Après la défaite, on le retrouva officier de la Légion étrangère espagnole en Afrique. Il perdit l'œil droit au cours d'un combat. Alberto Bayo se distingua ensuite en Afrique par l'organisation de plusieurs opérations de guérilla en plaine et en montagne. On le retrouvera plus tard installé au Mexique. L'ex-général était devenu un respectable commerçant, propriétaire d'une usine de meubles. Etrange fin de carrière pour l'ancien baroudeur ! Et voici qu'Alberto Bayo rencontre Fidel Castro, vend son usine et disparaît dans la nature. Le journaliste mexicain en déduit raisonnablement que l'ex-général, expert en guérilla, et le jeune avocat exilé sont en train de préparer des opérations contre le régime de Batista.

Vers la fin de 1955, Fidel Castro fit à nouveau parler de lui, cette fois-ci dans des journaux hispaniques publiés aux Etats-Unis. Il donnait une série de conférences dans les villes américaines, de Tampa à Philadelphie, d'Union City à New Jersey ; le thème récurrent de ses discours étant « Donnez-nous les moyens de lutter contre le général Batista et nous libérerons notre patrie ! ». La conférence du *Palm Garden*, entre la 52e Rue et la Huitième Avenue, en plein cœur de New York, fut le moment fort de cette tournée.

L'avocat arborait une moustache à la Errol Flynn, il était grand, athlétique, et son discours souleva l'enthousiasme d'une audience composée en majorité de Cubains. A la fin de son intervention, une admiratrice grimpa sur une chaise et s'écria :

« Nous avons un nouveau José Martí ! »

En 1956, l'île de Cuba fit parler d'elle à deux reprises. La presse révéla au début de l'année qu'un groupe d'officiers qui conspirait contre le gouvernement était tombé entre les mains de la police. L'opération de ces militaires un peu naïfs était baptisée la « conspiration des purs ». Un mouchard infiltré dans leur groupe les avait dénoncés avant que les insurgés aient eu le temps de passer à l'action. Quelques semaines plus tard, les services de renseignement militaires, le redoutable SIM, accusèrent Fidel Castro et son groupe du M26 de fomenter une série d'actions terroristes. Les photos montraient les armes que le SIM avait retrouvées chez des clandestins.

Cette campagne de presse n'était, en vérité, que le prologue de ce qui allait suivre. En juin 1956, Fidel Castro et Ramiro Valdés qui l'accompagnait furent arrêtés dans une rue de la capitale mexicaine. Cette arrestation fut suivie par celle de cinquante membres du M26. Ce qu'ils appelaient le « complot Castro » venait d'être décapité.

Cette affaire prit le tour d'une excellente opération publicitaire. L'élite de la gauche mexicaine et les intellectuels cubains qui vivaient au Mexique créèrent un comité pour demander la libération de Castro et de ses amis. De son côté, Fidel Castro prit la plume et écrivit une « lettre ouverte au peuple mexicain, un peuple ô combien noble, à l'âme généreuse ! ». Il touchait une corde sensible : fierté et nationalisme. Ce pays allait-il se laisser manipuler par le dictateur Batista ? s'indignait Castro. Quelques jours plus tard, une journaliste, ex-actrice d'origine cubaine, Teté Casuso, tourna un reportage en direct de la prison où étaient détenus les

Cubains. Les téléspectateurs mexicains découvrirent un groupe de jeunes idéalistes, sympathiques et virils. Trois vertus considérées comme essentielles dans ce pays : *ser joven, simpático y macho.*

L'ex-président Lázaro Cárdenas, qui jouissait encore d'une grande influence (pour avoir été l'artisan de la nationalisation du pétrole et avoir tenu tête au vorace Oncle Sam), obtint la libération des prisonniers cubains. Une grande fête cubano-mexicaine réunit les acteurs de cette comédie politique. A la fête succéda le silence. Castro et ses amis disparurent de la circulation. Avaient-ils renoncé à leurs projets ou étaient-ils passés dans la clandestinité ? Les journaux ne pouvaient se départager.

De mon côté, mes efforts d'intégration dans la vie artistique française s'avérèrent payants. L'Ecole de mime de Jacques Lecoq était une réussite. On nous donna la possibilité de faire un film de dix minutes chaque mois, du vrai cinéma muet, puisque nous étions des acteurs mimes. Une proposition de tournée en Italie souda la petite compagnie. Projet très prestigieux puisque notre *Opéra Mime* comportait un livret original d'Italo Calvino ; la musique était composée par Luciano Berio ; sa femme, Cathy Berberian, chantait et Bona de Mandiargues figurait comme artiste invitée. Jacques Lecoq se chargeait de la mise en scène. La première mondiale de cet *Opéra Mime* eut lieu au théâtre de la Fenice à Venise. Lieu mythique s'il en est ! C'était là que les pièces de Goldoni avaient été présentées, à la Fenice que j'avais admiré, étudiant, *La Locandiera* dans une mise en scène de Luchino Visconti, avec Rina Morelli et

Marcello Mastroianni ; que j'avais assisté à une représentation de *Mère Courage* de Brecht, une production du Berliner Ensemble, et, cerise sur le gâteau, du *Prince de Hombourg*, mis en scène par Jean Vilar avec un Gérard Philipe au faîte de sa gloire.

Faire le mime sur cette scène qui avait accueilli tant d'artistes consacrés était un fardeau assez lourd pour nos humbles épaules. Aussi est-ce avec une immense fierté que nous vîmes nos noms figurer dans les critiques à côté des célébrités qui étaient à l'affiche !

Entre les répétitions, le voyage et les exténuants entraînements auxquels nous soumettait notre maître Jacques Lecoq, j'essayais d'écrire mon premier roman en français. Cela demandait un gros effort de discipline. Je me plongeais dans la lecture des grands écrivains français – ce qui, d'un côté, me réjouissait et, de l'autre, me décourageait. Ecrire dans une langue qui n'est pas sa langue maternelle relève de l'exploit, mais je dois dire que le français gagne de loin la palme d'or des difficultés en raison de la complexité de sa grammaire et des questions de style. D'autant plus que j'avais commencé à l'apprendre sur le tard. Voir des enfants avec leurs cartables remplis de cahiers et de livres me rendait nostalgique et jaloux. Quelle chance ils avaient, d'avoir appris cette langue magnifique au berceau ! Pour compenser, j'entrepris de « tout lire » : tout Flaubert, tout Balzac, tout Stendhal, sans oublier les modernes et les auteurs du Nouveau Roman.

Avec mes camarades du théâtre, nous ne manquions pas une pièce d'Arrabal, de Ionesco, de Samuel Beckett, d'Adamov. J'étais également invité au festival de Cannes en tant que correspondant d'un journal cubain ; c'est ainsi que je rencontrai François Truffaut trois ans avant qu'on découvre ses *Quatre Cents Coups*. La France, mon pays d'adoption, rayonnait et j'en étais fier. Littérature, cinéma, théâtre... elle se trouvait à l'avant-garde de l'art et de la culture dans tous les domaines.

Je pensais que mon île était tombée dans le ronron d'une vie morose et médiocre et dans l'impasse de la dictature militaire. Grave erreur. Cuba fit irruption dans l'actualité et les nouvelles se succédèrent à un rythme vertigineux.

2 décembre 1956. Fidel Castro débarque avec ses hommes sur le sol cubain et c'est un échec cuisant. Le vieux rafiot portant le nom ridicule de *Granma* (Grand-mère) est pris dans une tempête, il arrive en retard et accoste loin du lieu où l'attendent les renforts. Les forces aériennes de Batista ont le temps de repérer leurs manœuvres. Quand il débarque, le groupe de quatre-vingts combattants est cueilli par des tirs et sauvagement attaqué.

La presse gouvernementale ne fait pas dans la dentelle :

UN GROUPE DE HORS-LA-LOI VENU DU MEXIQUE EST LIQUIDÉ !
LES TERRORISTES ONT ÉTÉ ABATTUS !
FIDEL CASTRO ET TOUS SES COMPAGNONS ONT TROUVÉ LA MORT !

Deuil pour les familles et les amis des révolutionnaires, triomphe insolent pour Batista et les siens. Quelques semaines plus tard... c'est le coup de théâtre. L'armée de Batista affronte un groupe de guérilleros dans la zone montagneuse appelée « Alegría del Pino ». Les combattants prétendument exterminés seraient donc encore vaillants ! Les informations arrivent au compte-gouttes :

PRESQUE TOUS LES INSURGÉS ONT ÉTÉ TUÉS, OU FAITS PRISONNIERS.
FIDEL CASTRO ET QUELQUES SURVIVANTS, DONT SON FRÈRE RAÚL ET UN MÉDECIN ARGENTIN, ERNESTO (CHE) GUEVARA, ONT RÉUSSI À S'ENFUIR.

C'est le début de la légende. Fidel et ses douze apôtres. Encerclés par l'armée ennemie, attaqués au napalm, les rebelles résistent pendant des jours. Ils mangent de l'herbe et des racines pour subsister ; boivent leur propre urine pour apaiser leur soif ; sont harcelés par les moustiques. Encerclés par l'armée de Batista, les combattants révolutionnaires comprennent que s'ils se cachent et attendent, ils parviendront peut-être à s'enfuir. C'est alors que Fidel Castro prononce une phrase prophétique : « Nous sommes en train de gagner la guerre. La victoire est à nous ! », preuve de son optimisme inconditionnel chaque fois qu'un obstacle se présente.

Après les effets d'annonce, c'est à nouveau le silence. Les guérilleros semblent avoir été dévorés par la forêt et les montagnes de la sierra Maestra. Batista, de son côté, continue à envoyer des chars et des avions pour combattre... un ennemi imaginaire.

La presse gouvernementale, toujours servile ou mal renseignée, fait sa une en titrant :

FIDEL CASTRO TUÉ AU COURS D'UN COMBAT.

Les rebelles, comme on les appelle alors, gardent le silence. Et le doute s'installe. Mort, pas mort, Castro ? La réponse, spectaculaire, viendra du *New York Times*.

Fidel Castro, avec son flair exceptionnel, monte un véritable scénario. Il invite le journaliste vedette du *New York Times*, Herbert Matthews, à se rendre secrètement à Manzanillo. De là, il gagnera la sierra Maestra où il arrivera à l'aube du 16 février 1957. Matthews pense que Castro va l'accueillir. Mais il ne connaît pas encore le phénomène. Le *Comandante* fait attendre l'Américain et n'apparaît qu'en fin de journée, sous un de ces crépuscules flamboyants dont Cuba a le secret.

L'entrevue dure toute la nuit. Et comme Fidel veut impressionner le journaliste, il a répété une véritable chorégraphie. Profitant de la pénombre, des visages barbus et des cheveux longs et hirsutes des *compañeros*, Castro ordonne à ses hommes d'aller et venir pour créer l'illusion d'une foule de combattants. Fausses informations, faux déplacements de troupes. Le théâtre au service de la guerre.

L'article de Matthews paraît le 24 février 1957. Pour le journaliste, c'est le scoop rêvé, mais pour l'homme, Herbert Matthews, c'est aussi l'histoire d'un véritable « coup de foudre ». Il décrira avec des accents lyriques le *barbudo*, athlète au profil grec, sorte d'Alexandre le Grand de la Caraïbe, en précisant : « Castro est un politique, pas un militaire. Il se pose en défenseur de la liberté, de la démocratie, de la justice sociale. »

Le journaliste se mue en agent d'influence au service de la Révolution, vendant au département d'Etat américain l'image d'un jeune avocat « à la Abraham Lincoln » avec qui les Etats-Unis pourraient, le cas échéant, maintenir des relations de bon voisinage.

Matthews n'est pas le seul à approuver la conduite exemplaire du *Comandante*. Les archives déclassifiées de la CIA qui se trouvent à la Bibliothèque nationale de Washington montrent que leurs agents travaillant à Cuba percevaient alors Castro comme « un patriote et non pas un communiste ». Comme pour donner raison à ces informations, quatre jours après la publication du compte rendu de Matthews, les vieux communistes du parti socialiste populaire publièrent un document condamnant « l'aventurisme de Fidel Castro » et se dissociant radicalement de la stratégie et des opérations de guérilla à venir dans la sierra.

Lisant ce document entre deux entraînements de mime à Paris, le souvenir de mon unique rencontre personnelle avec Blas Roca, le secrétaire général du PSP, me revint à la mémoire.

C'était la fin des années 40, je signais des critiques de théâtre sous un pseudonyme et je collaborais à la luxueuse revue de la CTC, la Confédération des travailleurs cubains, d'obédience communiste. Roca vint un jour à la rédaction pour échanger des idées avec les camarades. Je fus étonné par son ton monocorde, répétant des morceaux choisis des œuvres complètes de Staline. Au cours de la discussion, quelques questions permirent à Roca de prendre son marteau pour enfoncer le clou de la pensée marxiste. Soudain, une question inattendue réveilla ceux qui, comme moi, avaient tendance à s'assoupir :

« D'après vous, quand Cuba sera-t-elle communiste, camarade Blas ? »

Roca réagit comme Staline aurait pu le faire. Il lança un regard profond à la personne qui l'avait interpellé, laissa planer un long silence, fronça les sourcils, caressa du revers de la main sa moustache touffue et tombante et, avec la voix grave de celui qui réfléchit à deux fois avant de livrer sa pensée, déclara :

« D'ici trente ou quarante ans. Quand l'Union soviétique aura libéré le monde du capitalisme et de l'impérialisme. »

Si une voyante avait prédit au dirigeant marxiste que, par la grâce de Castro, Cuba serait communiste à peine dix ans plus tard, Blas aurait eu un infarctus sur-le-champ.

Les communistes cubains attendaient que l'Union soviétique « libère le monde » tandis que les barbus, dans la sierra Maestra, faisaient la Révolution.

Pour Fidel Castro d'ailleurs, avoir un ennemi comme Batista était une aubaine, car le type était entouré d'incapables qui préféraient lui mentir pour ne pas l'irriter. Le gouvernement signa donc un démenti assurant que « le chef des rebelles encerclés dans la sierra était bel et bien mort ».

En réponse, Matthews publia une photo de lui en compagnie de Castro qui authentifiait le document par la dédicace de Fidel « à mon ami Matthews ».

Il publia par la suite d'autres articles sur l'évolution des combats dans la sierra et la situation politique à Cuba, articles qui créèrent une véritable émulation chez les journalistes du monde entier qui se passionnèrent pour le sujet : ces nouveaux Robins des Bois et leurs luttes dans la sierra faisaient rêver. Le magazine *Paris-Match* fit sensation en publiant en couverture la photo d'une pin-up en treillis, seins provocants sous sa tenue de camouflage, fleur derrière l'oreille, béret sur la tête et fusil à l'épaule, lèvres pulpeuses à demi ouvertes suggérant d'ardents et tropicaux ébats.

C'est à ce moment-là que nous, Cubains de l'extérieur, avons commencé à mieux saisir certaines subtilités de la lutte contre le régime de Batista. Le M26 et d'autres organisations comme le Directoire révolutionnaire préparaient des opérations de sabotages, attentats, achat et trafic d'armes dans les villes. Il y avait deux terrains, deux pôles d'action, *la sierra y el llano*, la montagne et la plaine, et cela créait quelques tensions. Castro demandait avec fermeté que toute l'aide soit concentrée dans la sierra. A quoi ceux de la ville répondaient : nous courons autant de risques que vous, sinon plus. On retrouvait d'ailleurs de plus en plus souvent des prisonniers torturés dont les cadavres criblés de balles gisaient sur les trottoirs.

Le 13 mars 1957, le Directoire révolutionnaire, dirigé par José Antonio Echevarría, jeune catholique très apprécié pour sa rigueur et son courage, décida d'attaquer le palais de la présidence. Par un effet de surprise, le groupe réussit à pénétrer dans celui-ci. Un étage seulement séparait les révolutionnaires du dictateur tant haï ! Mais l'armée, appelée en renfort, écrasa les insurgés. Ce fut le carnage. Echevarría et la plupart de ses amis y trouvèrent la mort. Un petit nombre de combattants réussirent à s'échapper et se réfugièrent dans un appartement qu'ils considéraient comme sûr. Parmi eux, un traître qui ne s'était pas dévoilé au moment des faits dénonça les fugitifs à la police spéciale, la redoutable SIM. Il n'y eut aucun survivant.

Pour les forces en lutte contre la dictature, le mois de juillet 1957 fut encore une période désastreuse... Frank País, responsable du M26 à Santiago de Cuba, tomba dans un piège tendu par la police. La mort de ces deux dirigeants, Echevarría et País, fauchés en pleine jeunesse, déclencha un véritable deuil national. La société cubaine se rendit compte que le régime de Batista était dans l'impasse. Tous les regards se tournaient à présent vers la sierra Maestra, et les couches les plus aisées du pays se mirent à collaborer avec les *compañeros* qui résistaient dans la montagne. Des dames charitables donnèrent de l'argent pour l'achat de médicaments ; des hommes d'affaires se cotisèrent pour acheter armes et matériel qui étaient acheminés clandestinement jusqu'à la zone des combats.

A Paris, j'eus la surprise de revoir mon professeur de français de La Havane, Eve Fréjaville, qui était venue rendre visite à sa mère. Personnage proustien, elle mélangeait passé et présent dans une conversation où les portraits des uns et des autres, incisifs et drôles, alimentaient les derniers potins qui circulaient dans l'île.

« Aider les révolutionnaires est devenu du dernier chic, mon cher. Tout le monde s'y met, chacun dans son camp. Les nouveaux riches qui doivent tout à Batista soutiennent le régime. L'aristocratie de La Havane, Trinidad, Camagüey, Santiago, penche en faveur des barbus. La secrétaire et maîtresse de Fidel, une dénommée Celia Sánchez, vient d'une grande famille de l'Oriente, tout comme l'Espín, la compagne de Raúl. Certains grands propriétaires terriens commencent à prendre au sérieux les guérilleros et pensent qu'il faut soutenir les combats de la sierra.

Sait-on jamais ? Je ne vois rien de politique dans tout ça... Snobisme, opportunisme, rien d'autre.

— Et La Havane, Eve ? Les bombes...

— Oh ! Oui, bien sûr, ça explose de temps en temps. Mais ça ne change rien à la douceur de vivre dans notre île paradisiaque. Si tu étais là-bas, tu ferais comme moi et les autres. On vaque à ses occupations ; on déjeune à la piscine du Riviera, on fait la sieste et le soir on prend le frais à la terrasse des bistrots, on va écouter de la musique et danser... Pourvu que ça dure !

— Et que penses-tu de ce type, le Che ?

— Le Che ? Oh, imagine-toi ! Toutes les femmes, jeunes, vieilles... Toutes sans distinction ne rêvent que de coucher avec lui !

— Certains analystes disent que cette guerre va durer, que les forces rebelles encerclées par l'armée auront le temps de voir leur barbes blanchir là-haut dans la montagne, et qu'on finira par aller les voir comme une attraction folklorique... », dit encore Eve Fréjaville.

Et pendant ce temps, La Havane continuait à couler des jours heureux. Le tourisme était en pleine expansion. Hôtels, salles de jeu et cabarets de luxe ne désemplissaient pas. Le Tropicana battait tous les records d'audience malgré les menaces d'attentats. Les artistes les plus populaires de l'époque se présentaient un jour ou l'autre à Cuba. Edith Piaf et Jean Sablon, Ernesto Bonino et Nat « King » Cole faisaient salle comble et créaient l'événement.

La situation cubaine semblait ne pas changer, malgré les combats dans la sierra. La dictature, sûre d'elle, affichait sa force par une répression arrogante. Beaucoup de Cubains furent obligés de s'exiler ou de quitter le pays.

C'est dans un wagon bondé du métro parisien que j'ai demandé un soir au poète Nicolás Guillén ce qu'il pensait de Fidel Castro et des guérilleros. Le franc-parler de Guillén était connu. C'était un poète, pas un politique. Sans réfléchir, il me dit :

« Ce Castro, c'est un idéaliste, un romantique. Une sorte de Pancho Villa, de Zapata... il va finir par se faire descendre un jour ou l'autre. »

C'était aussi ce que pensaient les membres du parti communiste cubain du guérillero qui n'en faisait qu'à sa tête, ignorant avec superbe les règles du jeu que prétendait imposer le marxisme tropical.

A Paris, l'école de Lecoq, qui passait pour la meilleure école de mime moderne, continuait à rayonner. Les boursiers étrangers s'inscrivaient de plus en plus nombreux au studio Yvette Morin de la rue du Bac, et j'avais l'impression de grandir dans une grande famille inspirée. Jacques Lecoq avait eu l'intelligence de mélanger toutes les disciplines physiques : gymnastique pure, acrobatie, arts martiaux, pantomime blanche et commedia dell'arte ; et il laissait aux élèves une totale liberté de création, basée sur l'improvisation. J'y participais avec bonheur.

Et juste quand je croyais oublier Cuba, voilà que l'île se rappela à moi de nouveau.

En décembre 1957, le M26 inaugura une nouvelle tactique de guérilla urbaine et de propagande en séquestrant le célèbre champion de courses automobiles, l'Argentin Manuel Fangio qui, venu disputer un grand prix international, se trouvait de passage à La Havane.

Ce coup d'éclat mit la police de Batista sens dessus dessous. Arrestations, fouilles, menaces... Le suspense était à son comble, quand le champion réapparut un beau matin, détendu et souriant.

« Ces jeunes gens qui m'ont retenu ont été très aimables. Je leur ai signé des autographes. »

Pour Batista, ça sentait le roussi, il aurait dû s'en rendre compte. Mais le dictateur, aveuglé par sa puissance, continuait à se croire invincible.

Le 9 avril 1958, toutes les stations de radio de l'opposition lurent un manifeste appelant à la grève générale. Le document demandait à la jeunesse cubaine « d'attaquer les cars de police à coups de pierres et de cocktails Molotov ». Cet appel fut divulgué vers onze heures du matin, les gens étaient à leur travail et les jeunes dans les salles de classe. L'appel fut un échec. Et le gouvernement répondit par une « loi d'urgence » qui autorisait la police à tirer sur les grévistes. La journée du 9 avril tourna au désastre. Cent quarante jeunes gens furent tués sur ordre du chef de la police Pilar García.

Le parti communiste cubain comprit qu'il était temps de réagir. Un groupe de membres du PSP, Carlos Rafael Rodríguez en tête, prit le chemin de la sierra et au centre de l'île, dans l'Escambray, d'autres organisations comme le Directoire universitaire décidèrent de se joindre au M26.

La situation internationale connaissait aussi certains changements. « Ike » Eisenhower, le très aimé général des Américains, était devenu président. Le vice-président Richard Nixon et son ministre des Affaires étrangères, John Foster Dulles, faisaient partie de cette droite républicaine qui avait pour principe de soutenir des régimes durs contre la menace communiste. L'ambassadeur de Washington à La Havane, Arthur Gardner, était un ami et véritable complice du colonel Batista. Ce lien étroit entre l'ambassade américaine et le pouvoir cubain était si scandaleux que Foster Dulles prit l'initiative de remercier l'ambassadeur. Il nomma à sa place Earl T. Smith, un millionnaire de Palm Springs qui venait souvent jouer aux courses à Cuba. Cet avocat, diplômé de Yale, était aussi ex-champion de boxe. Le nouvel ambassadeur poursuivit la politique de relations de bon voisinage entre Cuba et les Etats-Unis de son prédécesseur. Il passait, paraît-il, la plupart de son temps à jouer au golf et ne semblait guère préoccupé par la situation politique cubaine qui se dégradait de jour en jour.

Les journaux et les revues en provenance de La Havane évoquaient, bien sûr, les combats dans l'Escambray et dans la sierra Maestra, ce qui ne les empêchait pas de s'étendre sur les événements mondains du moment... Dernier en date, Johnny Weissmuller, le célèbre Tarzan des années 30, qui était devenu un monsieur richissime et bedonnant, participait à un tournoi de golf à La Havane en compagnie de l'ambassadeur Smith. Errol Flynn, l'acteur très populaire qui avait joué le capitaine Blood et Robin des Bois, essayant de renouer avec ses succès commerciaux d'antan, jouait dans un film au titre on ne peut plus aguicheur : *Cuban Rebel Girls !*

En lisant les journaux, je retrouvais les noms des gens que j'avais connus dans mon adolescence et qui maintenant se battaient et résistaient dans la sierra Maestra : Carlos Rafael Rodríguez, mon professeur de marxisme ; Luis Más Martín, membre du PSP avec qui j'avais collaboré à Nuestro Tiempo ; Antonio Núñez Jiménez, le brillant géographe qui accédera au grade de capitaine sous les ordres de Che Guevara ; Carlos Franqui, un autre complice de l'époque héroïque de Nuestro Tiempo, dirigeait à présent Radio Rebelde qui émettait en plein cœur de la sierra. L'animatrice principale de cette radio, celle qu'on appelait « la voix de Radio Rebelde », n'était autre que la grande comédienne Violeta Casal, jadis interprète de *Médée* au Théâtre universitaire.

La sierra arrivait à Paris et le passé me prenait à la gorge.

Les événements se précipitèrent durant l'été 1958. Batista choisit en effet l'éprouvante chaleur de l'été cubain pour lancer sa grande offensive contre les rebelles. Les combats sur le terrain étaient précédés et suivis de batailles de mots : un jour la presse gouvernementale proclamait la victoire totale des troupes de Batista, le lendemain elle annonçait que le prochain assaut serait « décisif ».

Soit le dictateur était dur de la feuille, soit il ne lisait que les journaux financés par lui. Il était persuadé, disait-il, que ses troupes remporteraient la victoire. Drôle de comportement pour un ex-militaire qui s'était distingué par sa capacité d'action et un instinct politique très sûr ; drôle de désinvolture que celle de cet ancien gradé de l'armée qui ne s'est jamais déplacé pour encourager ses troupes sur le terrain ! En face, les guérilleros sous les ordres de Fidel Castro faisaient, eux, preuve d'une grande humanité envers leurs ennemis. Les prisonniers étaient libérés après avoir été désarmés ; les blessés étaient soignés et les officiers recevaient un traitement de faveur. Alors que l'armée gouvernementale était confrontée à des cas de désertion de plus en plus nombreux, les candidats à la guérilla arrivaient en masse dans la sierra Maestra.

Au mois de septembre de la même année, les colonnes de Camilo Cienfuegos et du Che marchèrent vers le centre de l'île. A la mi-novembre, le Che réussit un coup magistral en interceptant un train blindé qui portait secours aux gouvernementaux. Sous le commandement du médecin argentin, la bataille de Santa Clara restera dans l'histoire comme un haut fait de guerre.

Le président Batista rata encore une occasion d'arrêter le massacre. Il continua à déclarer qu'il tenait la situation en main, ce qui n'était pas l'avis de certains membres de la hiérarchie militaire qui lançaient des appels au secours dramatiques tandis que d'autres entraient en contact avec les rebelles de la sierra.

Puis ce fut la débâcle que l'on sait.

« Les rebelles sont aux portes de la ville, monsieur le Président ! »

Cohue. Confusion. Panique générale. Batista s'enfuit comme un voleur pris la main dans le sac. Ce qu'il était. Il quitta le pays avec sa famille le 1er janvier 1959, à deux heures du matin. Des avions pleins à craquer décollèrent dans le ciel de l'aéroport, des ferry-boats surchargés prirent le large en direction de la Floride.

La première vague d'exils venait de commencer.

Le 1er janvier 1959, la Révolution triomphait et le peuple tombait amoureux de ces *barbudos* si photogéniques, héroïques et sympathiques. Camilo Cienfuegos ; le médecin argentin asthmatique Che Guevara ; Raúl Castro, l'adolescent ambigu malgré sa petite barbiche. Mais où était Fidel ?

Bien conscient de son statut de star, de numéro un de la Révolution, Fidel prenait ses aises.

Il fit son premier discours historique à Santiago de Cuba, jurant que cette ville serait promue au rang de capitale. Promesse vite oubliée. Les gens qui le connaissent bien disent qu'il n'aimait pas La Havane, qu'il trouvait trop frivole et trop influencée par le mode de vie américain. Le temps a montré que le *Comandante* a laissé la ville tomber en ruine, faisant tout son possible pour gommer l'image d'une Havane cité des plaisirs et du luxe dont elle était le symbole.

De Santiago, Fidel Castro entama une longue marche vers la capitale, s'arrêtant partout pour serrer des mains, rencontrer admirateurs et admiratrices. Il fit même un bout de chemin en compagnie d'Errol Flynn qui rêvait d'interpréter le héros de la sierra Maestra au cinéma. Prélude d'une longue série de rencontres avec les plus brillantes célébrités de la planète, à commencer par « Papa Hemingway » et d'autres écrivains de la jet-set, Graham Greene, Tennessee Williams, avant de recevoir plus tard ses amis français Simone de Beauvoir et Jean-Paul Sartre.

C'était l'euphorie à La Havane. Un discours-fleuve de plus de sept heures d'affilée, une foule d'un million et quelques de personnes hurlant « Fidel ! Fidel ! », une colombe blanche venant se poser sur l'épaule robuste du *Comandante*... Un peuple en liesse dont les journaux télévisés de la terre entière retransmettront les images !

Fidel Castro plaça ses proches, son frère Raúl, Camilo Cienfuegos, Che Guevara, à des postes clés : la forteresse de la Cabaña pour le Che, la caserne de Columbia pour Cienfuegos. Les groupes rivaux du M26 furent désarmés après une célèbre intervention du *Comandante* qui répéta cent et une fois :

« Des armes pour quoi faire ? La guerre est finie ! »

Les rivaux potentiels n'étaient plus armés et les amis de Fidel contrôlaient le pouvoir militaire.

Les journaux qui exprimaient l'opinion de la bonne vieille bourgeoisie cubaine, comme la très respectée revue *Bohemia*, félicitèrent le *Comandante* Castro pour sa tolérance et son esprit démocratique. Le juge qui l'avait défendu après l'attaque de la Moncada, Manuel Urritia, fut nommé président provisoire en attendant les élections. Il s'entoura de civils et d'experts en questions économiques. L'île en avait grand besoin pour retrouver sa prospérité relative, après la désorganisation engendrée par la situation révolutionnaire.

Dans les années qui suivirent, l'exil cubain se fera un point d'honneur à défendre l'idée que, comparé à d'autres régions de l'Amérique latine, on vivait bien à Cuba avant la Révolution. Le pays était riche, le niveau de vie de la classe moyenne était assez élevé. Cuba possédait d'excellents médecins, des ingénieurs, des architectes, des professeurs de qualité. C'est vrai. Mais en même temps le chômage était important, les différences de classe profondes. Urrutia et ses ministres avaient besoin de mobiliser toutes les énergies pour réaliser les idéaux de la Révolution.

Après le triomphe des « barbus » une grave erreur allait être commise. A la prison de la Cabaña on se mit à fusiller vite et bien. Le Che signait des arrêts de mort sans états d'âme. Un climat de violence révolutionnaire s'installait. On voyait à la télévision des gens qui dénonçaient les crimes commis par des accusés de fortune, le regard de panique d'un prisonnier, le geste de haine d'un père pour un fils transformé en victime... La justice était expéditive et le climat d'hystérie qui l'accompagnait avait de quoi provoquer le malaise. L'image insupportable de la mort en direct du général Jesús Sosa Blanco y contribua. L'homme était odieux, un nombre incalculable de crimes pesait sur sa conscience. Mais il était aussi courageux, et très insolent.

J'ai revu cette scène récemment dans un film documentaire de l'époque : un mur avec des impacts de balles, le mur de la mort; un gros monsieur, habillé en civil, un chapeau sur la tête (on aurait dit une silhouette grotesque de la commedia dell'arte), est surpris dans son geste, le bras en l'air, comme s'il s'apprêtait à frapper. Une rafale de balles. L'homme tressaute comme un pantin désarticulé et s'écroule au ralenti.

Après la répulsion que cette image produisit dans le monde entier, les exécutions publiques furent suspendues. Le gouvernement révolutionnaire fusilla, désormais, avec plus de discrétion.

J'observais ce qui se passait à Cuba et je suivais avec le même intérêt comment, à Paris, on réagissait aux événements. La Maison de Cuba devint un centre d'agitation politique. Le nouvel ambassadeur cubain, Harold Gramatges, musicien de talent, compagnon de l'époque de l'école marxiste et de Nuestro Tiempo, donna à l'ambassade un visage ouvert et sympathique. Le capitaine Antonio Núñez Jiménez fut un des premiers barbus à se rendre à Paris où il reçut les Cubains sans aucun protocole.

« Tous *compañeros* ! »

La plupart des Cubains de Paris firent leurs valises et rentrèrent à Cuba. Ils le faisaient de manière discrète car c'était pour eux une décision personnelle. D'autres à la Cité se faisaient maintenant passer pour des héros qui avaient participé activement au triomphe de la Révolution ! D'un point de vue théâtral, le cas le plus pathétique fut celui d'un étudiant en droit, communiste convaincu et aimable personne, qui fut victime subitement d'une boulimie de réunions et de discours. Il convoquait les étudiants cubains et français à des réunions sans fin pour expliquer « les méfaits de la dictature et les vingt-cinq mille morts exécutés par les sbires de Batista ». L'intention était, certes, honorable mais le type manquait totalement d'humour, ce qui chez les Cubains est un crime de lèse-majesté. On l'avait surnommé le « Poids Lourd ». *El Pesado*. Blond aux yeux clairs (ce qui est rare chez les Cubains), c'était un fanatique de poids et haltères et il avait une légère tendance à rouler des mécaniques. Dans des discours interminables et ennuyeux, il ressassait les mêmes idées fixes, décrivant dans un luxe de détails et jusqu'à la nausée les tortures pratiquées par la police de Batista, l'asphyxie par l'eau, les couilles arrachées...

Ce n'était qu'un incident, mais j'imaginais le nombre de gens qui, comme lui, allaient se découvrir plus révolutionnaires que la Révolution, une fois rentrés à Cuba !

Là-bas les événements se succédaient à une vitesse telle que l'observateur, de l'étranger, avait du mal à évaluer la situation.

La presse se fit l'écho des voyages de Fidel. Il se rendit au Venezuela, la patrie de Simón Bolívar. La dictature du général Pérez Jiménez venait de tomber et Rómulo Betancourt, politicien respecté, avait été élu. Retour de la démocratie au pays du Libérateur ! En se rendant à Caracas avant Washington, Castro entendait exprimer clairement la vocation latino-américaine de la Révolution et ses réserves vis-à-vis du « bon voisin américain ». Cela dit, Cuba avait besoin de maintenir ses accords commerciaux avec les Etats-Unis et le *Comandante* s'envola avec un groupe d'économistes réputés qui avaient des liens avec les hommes d'affaires du Nord. Regino Botti, ministre de l'Economie, Felipe Pazos, Ernesto Betancourt, José Bosch, patron de la société Bacardi, le célèbre rhum... c'était un gage de bonne conduite, un geste envers les Américains mais, manifestement, cela ne suffit pas au président Eisenhower. Castro fut déçu, lui qui avait tant admiré les exploits de Ike pendant la Seconde Guerre mondiale ! Quant à Richard Nixon, alias « Tricky Dicky », il ne l'appréciait pas du tout. De son côté, l'ex-membre du comité McCarthy contre les activités antiaméricaines se méfiait du barbu. Il suffit de voir les photos et les documents filmés de cette rencontre. Leur poignée de main tendue et leurs sourires figés dénotent une antipathie réciproque.

Le reste du voyage fit oublier au Commandant les moments désagréables. Castro parla devant des journalistes, des hommes d'affaires polis et attentifs, répétant mille et une fois :

« Non. Je ne suis pas communiste. »

Il y mettait de la conviction. Peut-être le croyait-il à cette époque ?

A New York, il visita le Yankee Stadium, temple du base-ball, son sport préféré. Il rencontra le secrétaire général de l'ONU. A Central Park, il parla devant une foule de Cubains et d'Hispano-Américains en délire. Le Commandant quitta les USA confiant.

Il termina son périple à Buenos Aires où il prononça un discours destiné, cette fois, à l'Amérique latine, exprimant des idées sociales et économiques plus proches du socialisme que du capitalisme. Une sorte d'avant-première car, dès son retour à Cuba, Castro surprendra ses amis et ses ennemis en annonçant le lancement de la réforme agraire.

C'était un rêve qui venait de loin. Bolívar n'était pas encore mort qu'un bon nombre de pays qu'il avait libérés tombaient entre les mains de dictateurs et de politiciens véreux qui occupaient les places laissées vides par la métropole. Une riche et puissante oligarchie de propriétaires terriens régnait sur une grande partie du continent. Ces propriétaires confiaient leurs exploitations à des gérants qui assuraient la production et menaient une vie de plaisir et d'oisiveté en dépensant leur fortune à l'étranger – ce n'est pas un cliché de romancier. De la Terre de Feu aux îles de la Caraïbe, des politiciens populistes ou marxistes n'ont toujours juré que par la Réforme agraire. Quelle réforme et comment ? Du temps de Pancho Villa et de Zapata on réglait la question à la manière forte : on enlevait aux riches pour distribuer aux pauvres. Cela explique, entre autres, pourquoi l'oligarchie mexicaine s'est arrangée pour liquider les trouble-fête.

A Cuba, le docteur Grau San Martín, pendant son bref passage à la présidence, avait inscrit dans son programme (pressé par Guiteras) un projet de réforme agraire. Guiteras assassiné, Grau eut vite fait d'oublier ses promesses.

La réforme agraire était un point capital pour la crédibilité du nouveau régime cubain. Après le triomphe de la Révolution le ministre de l'Agriculture, Sori-Marin, avait été chargé de préparer une loi pour mettre la réforme en marche. Cet homme compétent et modéré proposa que l'on procède par étapes. Il envisageait, bien entendu, de passer des accords avec les grands propriétaires cubains et étrangers, en particulier avec la toute-puissante United Fruit Company, car il n'était pas question d'affronter brutalement les intérêts nord-américains dans l'île. Au retour d'Argentine du Commandant Castro, Sori-Marin devait apprendre par la télévision que, pendant qu'il rédigeait sa copie, le président Dorticós et Che Guevara travaillaient, sous les ordres du Líder Máximo, à une « deuxième version » bien plus dure et plus radicale. Cette loi se rapprochait du théâtre de marionnettes des foires mexicaines : « on enlève au riche pour donner aux pauvres ». Les « riches », dans ce cas précis, étaient des Nord-Américains très influents dans les milieux politiques de Washington. C'est à cette époque qu'un bon nombre de Cubains impliqués dans la vie économique du pays choisirent de s'exiler en attendant la chute du gouvernement révolutionnaire.

Et c'est ainsi qu'un jour j'ai pu voir dans un cinéma du Quartier latin, à Paris, un documentaire filmé qui montrait les premiers effets de la mise en marche de la réforme agraire à Cuba. Assis à une table devant une file de paysans qui attendaient, le président Dorticós et le Commandant Castro signaient à tour de bras des « titres de propriété ». Des hommes minces, aux corps desséchés et musclés, travaillés par l'effort; des visages burinés par le soleil, des vêtements modestes et des chapeaux de paille usés, l'émotion à fleur de peau...

« Merci, Commandant! Merci, président! »

Le rêve tant espéré était en train de s'accomplir. Les paysans devenaient propriétaires d'une parcelle de terre. Des petits propriétaires, oui. Et dans la pénombre de cette salle de cinéma parisien, nous, les Cubains de l'extérieur, nous avions les larmes aux yeux. Quelques spectateurs originaires de l'Amérique latine ont applaudi. Pour eux, la réforme était un rêve qu'ils portaient dans leurs gènes.

Nous n'imaginions pas, à ce moment-là, les conflits que cette « révolution » agraire (il était difficile de parler de « réforme ») allait provoquer. Nous n'avions pas idée non plus de ce que ce coup de théâtre entraînerait. On enlève aux riches pour donner aux pauvres et plus tard on lance, à grand renfort de slogans, des coopératives agricoles pour mieux gérer la fortune du peuple. Il suffit de revoir le film muet de Serguei M. Eisenstein, *La Ligne générale*, ou de lire le prix Staline du roman, *La Moisson*, pour se rendre compte des dégâts qu'ont pu faire ces coopératives agricoles. René Dumont, l'ingénieur agronome français, conseiller en questions agricoles pour les pays en voie de développement, s'attira la mauvaise humeur de Castro lorsqu'il se permit de lui donner un avis, suggérant au Commandant une autre approche que celle qui fit tant de mal aux pays de l'Est.

Bien plus tard, il m'est arrivé de me retrouver dans une émission de radio, en France, avec René Dumont. Ensuite nous sommes allés prendre un café ensemble. J'étais ému d'entendre l'agronome me confier : « J'essayais de faire comprendre à Fidel les erreurs qu'il était en train de commettre. J'aime tellement ce pays ! »

Les relations entre Cuba et les Etats-Unis allaient de mal en pis. On parlait aussi de tensions entre les troupes de Fidel, ceux du M26 et d'autres organisations qui avaient lutté contre Batista, comme le Directoire révolutionnaire. Le vieux parti communiste quant à lui, toujours rebaptisé parti socialiste populaire, infiltrait de plus en plus l'armée et les organisations révolutionnaires. En automne 1959 se déroula une étrange affaire qui passa presque inaperçue à l'étranger. Le commandant Huber Matos, compagnon de la première heure de Fidel Castro et gouverneur militaire de la province de Camagüey, écrivit une lettre au Commandant Castro, lui demandant de le dégager de ses responsabilités militaires. Il souhaitait retourner à la vie civile et reprendre son ancienne profession d'instituteur. Matos expliquait les raisons de ce choix : il critiquait la présence envahissante des communistes au sein du gouvernement, dans les ministères et dans l'armée. Il accusait Raúl Castro et Che Guevara de vouloir « instaurer le communisme à Cuba ».

En réponse, le Líder Máximo envoya Camilo Cienfuegos, ami personnel de Huber Matos, à Camagüey pour le destituer et le conduire en prison. Cienfuegos décida de rentrer dans la capitale en avion. Le temps était orageux et l'appareil disparut sans laisser de traces. Camilo Cienfuegos qui jouissait d'une énorme popularité à Cuba était le seul capable de remplacer Fidel s'il le fallait. Au moment du triomphe de la Révolution, on disait dans les coulisses que Raúl, le frère cadet de Fidel, était jaloux du charisme de Cienfuegos. L'avion a-t-il été trafiqué sur ordre de Raúl ? On ne saura jamais, et les malheureux parents de Cienfuegos se feront un devoir d'être toujours présents aux côtés de Raúl Castro à chaque commémoration de la mort du héros.

L'arrestation de Matos était le premier exemple de jugement expéditif dont la Révolution se fera une spécialité. Accusations arbitraires et moyens de défense illusoires. Sans compter la phrase qui sera invariablement employée pour envoyer en prison ou détruire la réputation d'un nombre incalculable de personnes :

« Agent de la CIA. »

C'est au motif qu'il était « agent de la CIA » que Huber Matos fut condamné à vingt ans de prison.

Pendant ce temps, à Paris et dans le monde entier, l'attention était concentrée sur le succès de la réforme agraire et la mort tragique du héros populaire, Camilo Cienfuegos.

C'est à la fin de l'année 1959 que me sont arrivées, coup sur coup, deux invitations à me rendre à Cuba. La première lettre était une invitation de la Casa de las

Américas (la Maison des Amériques) à participer à un jury pour un concours littéraire qu'elle lançait. On me donnait les noms des autres invités : Alejo Carpentier, Miguel Angel Asturias, Nicolás Guillén... La lettre était signée par la directrice de la Maison, Haydée Santamaría. Je connaissais la réputation de cette femme exceptionnelle. Elle avait participé à l'attaque de la Moncada avec Melba Hernández. Son fiancé y avait trouvé la mort. Elle était en prison quand un bourreau en uniforme militaire vint dans sa cellule et lui montra un œil.

« C'est celui de ton frère Abel. Alors, tu vas parler ?

— Vous lui avez arraché les yeux et il n'a pas parlé, alors ne pensez pas que vous allez obtenir quoi que ce soit de moi. »

Cette femme héroïque était aussi, d'après ceux qui la connaissaient, une personne sensible et généreuse. Alors qu'elle aurait pu participer au cercle rapproché du pouvoir elle s'était contentée de créer et diriger un centre culturel qui allait devenir un des organismes les plus prestigieux de l'Amérique latine. « Fidéliste » non communiste, Haydée Santamaría fit de la Maison des Amériques une sorte de rempart contre les dogmatismes de tous ordres.

La deuxième lettre venait de la directrice du Théâtre national. La compagnie n'existait pas encore. A l'époque le Théâtre national était un lieu qui avait pour vocation d'accueillir des congrès et toutes sortes de spectacles. La directrice était aussi membre du M26 et amie de Haydée Santamaría. Elle me proposait de faire un stage d'« expression corporelle ». C'est Jacques Lecoq, je crois, qui avait inventé ce terme pour décrire sa méthode qui mélangeait les disciplines physiques les plus variées.

L'hiver arrivait. Passer le mois de janvier à Cuba tous frais payés par ces princesses révolutionnaires était une tentation à laquelle il m'était difficile de résister. Ma mère, « fidéliste de cœur », ne me demandait rien explicitement mais elle ne parlait dans ses lettres que de ceux qui revenaient. Elle rêvait aussi de connaître son petit-fils français, né à Paris.

Ne plus revoir la Seine...

Cette pensée me paralysa d'angoisse.

La Compagnie Jacques Lecoq présentait un spectacle en matinée scolaire. Je jouais dans une pantomime blanche le rôle de Pierrot et j'avais le visage maquillé de blanc comme Jean-Louis Barrault dans *Les Enfants du paradis*. J'allais entrer en scène quand une de mes camarades s'est approchée en hurlant, au bord de la catalepsie :

« Le Che est dans la salle !

— Tu es malade ? Le Che fait la révolution à Cuba. Et s'il était à Paris, tu penses bien qu'il ne perdrait pas son après-midi pour aller voir un spectacle de mime !

— En tout cas, il y a un barbu dans la salle ! »

Poussé par la curiosité, j'écartai un peu le rideau de scène. Il y avait effectivement un barbu assis au troisième rang, et c'était mon ex-camarade de Nuestro Tiempo devenu guérillero dans la sierra. Il portait l'uniforme vert olive de l'armée rebelle. Le trac me noua la gorge et je courus faire des exercices d'assouplissement pour ne pas rater mes acrobaties.

Après la représentation, le capitaine Más Martín m'attendait au foyer. Nous sommes allés prendre un café.

« Je me promenais dans ce quartier quand j'ai vu ton nom sur l'affiche. »

Je me sentais gêné. Más avait lutté dans la sierra pendant que je faisais le mime à Paris.

« Le pays et nous avons besoin de toutes les forces vives. Les uns servent en tant que militaires, les autres en tant qu'écrivains et artistes... »

Ce « nous » royal ne pouvait signifier qu'une chose, le Parti. Déjà, à l'époque des luttes à l'intérieur de notre modeste association culturelle, Más Martín tenait de tels discours : « Le Parti a besoin de... " Nous " tenons à ce que tu fasses ceci ou cela... »

Le fait qu'il ait pu passer devant le théâtre et, pure coïncidence, tomber sur mon nom à l'affiche et entrer pour voir son ami faire le Pierrot me sembla, somme toute, assez louche. C'est seulement au cours du dîner qui suivit que le capitaine dévoila ses batteries. Le Parti avait toujours été bien informé. Il était au courant de l'invitation que m'avait faite Haydée Santamaría et le Théâtre national. Le capitaine connaissait mon statut de « compagnon de route » du Parti. Fidèle et discipliné, mais uniquement « compagnon ». Ce qui ne l'empêcha pas de me parler en toute sincérité. Et tandis que je l'écoutais, j'avais l'impression d'entendre un feuilleton radiophonique avec ses suspenses, ses coups de théâtre et ses coups bas.

Entre certains membres du Directoire révolutionnaire et du M26, qui ne supportaient pas l'influence que les communistes commençaient à exercer sur Fidel Castro, se développait une lutte larvée. Más, qui se considérait comme un lieutenant de Raúl Castro, m'annonça qu'il allait exercer des fonctions à Santiago de Cuba.

« Accepte ces invitations. Nous avons besoin de toi. »

Je voyais mal en quoi je pouvais être utile à la Révolution en étant dans le jury d'un concours littéraire et en dirigeant un stage d'expression corporelle ! Et même si je me décidais à faire le voyage, il n'était pas question que je reste à Cuba plus d'un mois.

Le lendemain, je reçus une lettre exaltée de Tomás Gutiérrez Alea. Après avoir passé son diplôme à Cinecittà, Titon préparait le tournage de son premier long-métrage : *Histoires de la Révolution.*

« Ne pas retourner à Cuba serait une grave erreur. Grâce à la Révolution, notre île est devenue le pays où tous les rêves peuvent s'accomplir. »

Je connaissais l'honnêteté de Gutiérrez Alea, s'il parlait de paradis, il fallait le croire.

Une semaine plus tard, je prenais l'avion pour Cuba.

III

11

1960. « Notre Révolution est humaniste »

Après sept ans et des poussières passés en Europe, je ne me pose pas une seconde la question de savoir quelles seront mes réactions en arrivant à Cuba. La politique de l'autruche. J'attends de voir, avant de me prononcer. J'attends aussi des nouvelles de La Havane. En tant qu'invité, je dois me plier aux modalités du voyage imposées par les organismes qui me prennent en charge. J'ai d'ailleurs une feuille de route assez compliquée. Un billet Paris-New York des Aerolineas Argentinas ; un billet New York-La Havane de la Cubana de Aviación.

Un vol de nuit et une demi-journée de transit dans l'aéroport de New York.

La neige tombe derrière les parois vitrées de la salle d'attente.

Je rêve de retrouver une Havane où souffle le vent du nord, car nous entrons dans cette rare période de l'année où les Cubains ont l'occasion de sortir leur lainage du tiroir plein de sachets de naphtaline où il a passé dix mois.

Les haut-parleurs annoncent enfin l'embarquement du vol pour La Havane.

J'ai imaginé que ce vol interminable me laisserait le temps de me préparer. Vains espoirs. En descendant de l'avion, j'éprouve un véritable choc physique : pas un souffle de vent, bien sûr, mais une vague de chaleur humide qui m'assaille, d'odeurs écœurantes qui me tournent la tête, mélange suintant de fruits mûrs, mangues, ananas, papayes, corossols, de jasmin et de tabac, de fleurs fanées, relents acides de brise marine, de fuel et de sueur... air au goût de sel...

« C'est Cuba ! »

Je me mords la langue pour ne pas hurler, cri du cœur où s'étranglent espoir et désespoir.

Dans la zone de l'aéroport réservée aux invités m'attendent ma mère et un groupe d'amis. Il me faut réaliser une sorte de strip-tease : j'enlève ma veste d'hiver, mon pull, ma chemise et enfile une *guayabera* achetée sur place.

Puis, quittant la zone d'attente pour sortir enfin de l'aéroport, je reçois un deuxième choc, psychologique celui-ci. D'un côté des rires, des baisers et des applaudissements accueillent ceux qui rentrent au pays ; de l'autre, larmes et deuil accompagnent la vague des nouveaux exilés qui quittent l'île à destination des Etats-Unis. En cette année 1960, ceux qui partent sont persuadés qu'ils reviendront dans peu de temps.

Les invités de la Casa de las Américas sont répartis dans plusieurs hôtels de luxe. On me donne un agréable bungalow au Commodore avec accès direct à la plage. Une voiture de fonction vient me chercher et m'amène aux réunions du jury et au Théâtre national où j'ai entamé mon stage d'expression corporelle. Je profite de mon temps libre pour marcher dans les rues, observer les changements et prendre le pouls de l'ambiance révolutionnaire. Partout des militaires barbus aux cheveux longs, des femmes en treillis vert olive, arme au flanc. Pour le reste, la ville n'a guère changé. Les marchands ambulants vendent fruits, granités et glaces, bonbons et chewing-gum. A chaque coin de rue on trouve des guérites où l'on peut boire un café brûlant, noir comme de l'encre et très sucré. Les restaurants autour du Capitole proposent de dîner en écoutant les orchestres populaires à la mode. Le Woolworth est toujours ouvert. Ces magasins nord-américains sont appelés *ten cents* car, d'après la publicité, tous les produits sont à dix centimes. Ce n'est pas vrai, bien sûr, mais les clients peuvent faire leurs achats et y déjeuner à des prix défiant toute concurrence. Et c'est au *ten cents* que le visiteur étranger peut saisir le mieux une certaine réalité cubaine. A savoir qu'à Cuba, tous les produits de consommation viennent des Etats-Unis, des clous et boulons aux dés à coudre, des produits ménagers aux produits de beauté... Que se passerait-il si, un jour, les relations entre Cuba et son voisin du Nord venaient à cesser ?

Dans les rues de la capitale on assiste à un défilé de grosses voitures américaines, Packard, Cadillac, Bel Air, Buick, Chevrolet. Les heureux propriétaires de ces belles américaines ont collé aux vitres de leurs rutilantes voitures le message :

NOTRE RÉVOLUTION EST HUMANISTE

Quelques mois plus tard ils déchanteront. En attendant, en ce début d'année 1960, la population cubaine vit ce que Shakespeare aurait appelé une véritable « comédie des erreurs ».

De mon côté, je n'ai pas de raisons de me plaindre. Je lis quantité de pièces de théâtre latino-américaines et cubaines. J'assiste aux délibérations du jury. J'ai conservé une photo de moi au milieu des écrivains que j'admire : Alejo Carpentier, Miguel Angel Asturias, José Lezama Lima, Virgilio Piñera, Nicolás Guillén...

Le stage d'expression corporelle marche bien grâce à la présence de jeunes comédiens et comédiennes très motivés.

Je n'ai aucun contact avec les personnalités importantes du pays. Je ne vois les commandants qu'à la télévision. Par contre, je retrouve des amies chères qui sont très impliquées dans la vie culturelle : Vicentina Antuña, mon professeur de latin à l'université, est devenue présidente du Conseil de la culture ; Edith García Buchaca est secrétaire générale et Mirta Aguirre responsable du théâtre. Elles ont le pouvoir et les moyens de mettre en place les projets les plus ambitieux.

Notre ancien « groupe » a souffert de certains changements. Le couple García Buchaca et Carlos Rafael Rodríguez a divorcé. Buchaca s'est remariée avec Joaquín Ordoqui, figure emblématique du mouvement ouvrier et membre du comité central du « vieux » parti communiste, le PSP. Carlos Rafael a épousé une jeune femme avec qui j'étais ami à l'université. Si la Révolution bouleverse tout, les relations humaines et les problèmes de couples restent les mêmes. Des couples se forment, d'autres se séparent. Annabelle, la fille de

Buchaca et Rodríguez, a épousé Mario Parajón, un jeune écrivain et essayiste réputé, et aussi un de mes grands amis d'adolescence.

L'atmosphère à La Havane est exaltante, intense, mais il faut changer ses habitudes et pour certains les choses ne sont pas simples dans le panorama de la nouvelle situation cubaine. La Révolution vient de fêter sa première année et l'accès aux sphères du pouvoir a déjà fait tourner quelques têtes. Une première vague d'exilés est partie pour Miami aux premières heures de la Révolution ; ils ont mis la clé sous la porte, persuadés qu'ils seraient de retour très vite pour récupérer leurs biens et leurs propriétés, que le coup d'Etat des barbus était voué à l'échec. Entre-temps, des gens que j'avais quittés sept ans auparavant et qui habitaient alors dans des logements modestes ont aujourd'hui récupéré les maisons des riches exilés. Et quand ils n'occupent pas les demeures avec jardins, piscines et courts de tennis, ils s'emparent des tableaux, des objets précieux, des meubles d'époque...

Une pièce de l'Argentin Andrés Lizarraga se distingua de toutes celles envoyées au concours. *Juana de América* s'inspirait d'une histoire vraie et se déroulait dans le milieu rural du Pérou du temps de la colonie espagnole. Indienne et illettrée, Juana prenait les armes et devenait l'héroïne de tout un peuple.

Par sa forme et son découpage, on reconnaissait l'influence indiscutable de Brecht dans son adaptation de *La Mère* de Gorki. Le mérite du texte de Lizarraga, c'est qu'il avait réussi à créer un personnage simple et vivant sans tomber dans le manichéisme.

J'ai défendu la pièce avec beaucoup d'enthousiasme et le jury m'a suivi. Lizarraga reçut le premier prix pour son œuvre.

Mon stage au Théâtre national était terminé et la date de mon retour à Paris approchait. C'est alors que l'on m'a proposé de faire la mise en scène de cette pièce que j'avais si bien défendue. Je m'y attendais si peu que je leur ai demandé un temps de réflexion.

Assis sur le mur du Malecón, j'essayais de voir clair en moi-même. Face à la mer, je ressentais cette même angoisse qui m'avait habité toute mon enfance, née du sentiment de l'insularité, de l'idée que nous vivions perdus sur cette langue de terre entourée d'eau... Pris dans l'engrenage d'activités intenses je n'avais pas encore eu le temps de me réadapter à la vie à La Havane. Je me sentais un peu comme l'étranger qui a posé sa valise entre deux départs. Certes, l'intérêt que je portais à cette révolution naissante et l'amitié des gens qui m'entouraient pesaient dans la décision que j'allais prendre.

Les conditions de travail étaient exceptionnelles, nous disposions de moyens techniques et financiers qui auraient fait rêver bien des metteurs en scène parisiens ! Et d'une totale liberté d'action. Pour la distribution, je n'eus qu'à mélanger des acteurs connus aux jeunes de mon stage. Pour mon plus grand bonheur, Myriam Acevedo accepta le rôle de Juana. Merveilleuse actrice et chanteuse, j'avais connu Myriam quand j'étais étudiant. Elle venait de rentrer à Cuba après avoir passé des années à New York et donna le meilleur d'elle-même pour reconquérir l'admiration du public cubain. En grande partie grâce à l'excellente interprétation de l'actrice, le spectacle fut un succès considérable, unanimement salué par la critique et le public.

Un soir que je me trouvais en coulisses avant la représentation, j'eus l'occasion de vivre à peu près la même situation que celle que j'avais vécue à Paris quelques mois auparavant. Des acteurs et des techniciens parlaient et s'agitaient, au bord de l'hystérie.

« Le Che est dans la salle ! »

C'était une rumeur peu crédible. Les héros de la Révolution n'avaient guère de temps à consacrer à la vie mondaine, aucun d'ailleurs n'avait jamais manifesté le moindre intérêt pour le théâtre. Alors que tous étaient de fervents cinéphiles. Ainsi, sans trop y croire, je me suis approché du rideau de scène pour regarder dans la salle. Cette fois c'était vrai : assis au sixième rang d'orchestre, le commandant Guevara faisait tout son possible pour passer inaperçu, manifestement agacé par le fait que tout l'intérêt de la salle se porte sur lui.

Nous avons appris plus tard que le Che était un ami de Lizarraga et qu'il était venu rendre hommage à l'auteur.

« Pourvu qu'il aime le spectacle, murmura le régisseur. Si Guevara n'aime pas, nous sommes bons pour aller couper la canne à sucre pendant six mois. »

Le type ne rigolait pas. Il avait blêmi, et, le temps d'un éclair, je me suis vu sous le soleil de midi, une machette à la main, devant un champ de canne à sucre qu'il fallait abattre avant la fin du jour.

Heureusement la représentation de *Juana de América* plut au Che qui prit le temps de venir féliciter notre équipe, s'inquiétant de savoir si notre spectacle tournerait. Nous échangeâmes quelques phrases en français.

« Mais quoi, le Che pense que j'ai oublié l'espagnol ?

— Il te prend pour un Parisien, idiot ! Avec le nom que tu portes ! » me rassura Acevedo.

Le travail une fois terminé, j'étais en train de boucler à nouveau mes valises quand je reçus un coup de fil de Mirta Aguirre me proposant, au nom du Conseil de la culture, de créer et diriger une compagnie de théâtre nationale. Cette proposition inattendue me posait un problème moral. Car il me semblait que ce projet aurait dû revenir à Vicente Revuelta, le meilleur acteur et metteur en scène de sa génération. Il avait travaillé à Cuba sous la dictature de Batista, dirigeant l'excellent groupe du Teatro Estudio qu'il avait formé à la méthode de Stanislavski. Revuelta, rigoureux et prudent, avait toujours refusé de mélanger ses acteurs avec « les ringards de la télévision ». Car le projet était forcément (comme toute chose à Cuba) culturel et politique. Et le directeur de la future compagnie nationale devait intégrer les artistes connus qui n'avaient pas quitté le pays. Trente comédiens sous contrat !

Cette fois il ne s'agissait pas de deux mois de travail mais d'un engagement de plusieurs années, cinq au minimum. La perspective d'abandonner Paris pour un long moment et de m'installer à La Havane, d'oublier ma schizophrénie et de redevenir cubain, rien que cubain, n'était pas simple ! Et comme je ne voulais pas décevoir Mirta Aguirre que je considérais comme ma sœur spirituelle, j'essayai de trouver une porte de sortie pour me libérer du projet en posant toutes sortes d'exigences qui, croyais-je, n'auraient jamais gain de cause. Erreur, car à ma grande surprise, toutes mes demandes furent acceptées.

« Je veux pouvoir engager dix jeunes comédiens. Et les choisir moi-même. Ouvrir un séminaire d'études pour créer une meilleure cohésion entre les acteurs. »

Sur ma recommandation, le Conseil accepta de faire venir deux ex-élèves de l'école de Jacques Lecoq : Pierre Chaussat pour les cours de mime et sa femme Catherine Ariel pour les cours de danse.

Deux metteurs en scène latino-américains prestigieux furent aussi invités : l'Uruguayen Ugo Ulive et l'Argentin Nestor Raimondi, qui avait travaillé à Berlin sous la direction de Bertolt Brecht.

Et, cerise sur le gâteau, je me suis permis de faire entrer dans la compagnie Rosaura Revueltas, une actrice mexicaine qui avait triomphé dans le film « engagé » *Le Sel de la terre*, et Alfonso Arau, un comédien du cinéma mexicain très populaire.

On mit à la disposition de notre équipe une superbe demeure de deux étages qui avait appartenu à des Cubains exilés à Miami. J'avais une voiture de fonction et un chauffeur noir qui avait appris le métier en travaillant pour une famille de la haute bourgeoisie cubaine. Notre excellent administrateur avait travaillé, lui, dans une banque américaine. Le Conseil me versait, en plus, le salaire réservé aux cadres supérieurs de quatre cents pesos mensuels.

La compagnie prit le nom d'Ensemble dramatique cubain, en hommage à Brecht.

Nous disposions d'un budget plus que confortable. Nous étions riches à Cuba à cette époque.

Le très respecté *New York Times,* qui avait fait une bonne publicité à la Révolution cubaine et à Fidel Castro en particulier, avait l'habitude de publier, à la fin de l'année, l'état de l'économie dans tous les pays de l'Amérique latine. Ces chiffres rigoureux montraient que la situation économique de Cuba à la fin de 1958 était bonne. Cuba se plaçait parmi les premiers pays en voie de développement du continent. Ce qui voulait dire que Batista avait dirigé le pays avec les méthodes éprouvées d'un parrain mafieux : il s'enrichissait, permettait à ses amis de s'enrichir et laissait la porte ouverte aux affaires de toutes sortes.

La Révolution se mit à dépenser avec un enthousiasme de nouveau riche. Ce qui était extraordinaire, c'est que tout à coup nous avions les moyens de faire ce dont nous rêvions, de réaliser nos projets, il suffisait d'en faire la demande à l'Etat.

Pour dire la vérité, de très beaux projets virent le jour. L'ICAIC fêtait sa première année. Son directeur Alfredo Guevara avait travaillé au Mexique avec le légendaire producteur Manuel Barbachano Ponce et avec Luis Buñuel. L'ICAIC occupait tout un immeuble dans un coin stratégique du Vedado, près du cimetière de Colón et du café La Pelota où Fidel, étudiant, avait eu ses habitudes et qu'il fréquentait encore quand, à la surprise de tout le quartier, il venait voir des projections privées à l'ICAIC. J'étais copain du projectionniste qui me raconta que « ni Fidel, ni Raúl, ni le Che ne demandaient à voir des films soviétiques, encore moins les films français ou italiens. Par contre ils étaient très friands de films de guerre ou de westerns. Et leur acteur préféré, c'était John Wayne, bien sûr ».

En partant en France, j'avais laissé un Alfredo Guevara très maigre, au regard brûlant, et dévoré par le travail. Premier de la classe en dernière année de philosophie, militant « clandestin » du parti communiste, boulimique d'activités culturelles, il se distinguait aussi (comme Fidel) par des colères spectaculaires quand les choses ne marchaient pas comme il le voulait. Mais personne ne pouvait nier son intelligence aiguë et ses capacités professionnelles. L'ICAIC fut considéré, dès sa création, comme un modèle d'organisation.

L'Alfredo Guevara que je retrouvais en 1960 avait grossi, sans avoir perdu pour autant sa capacité de travail et son regard scrutateur de politicien averti. Il était devenu, par contre, plus redoutable que jamais dans la discussion, ne pardonnant pas (comme Fidel) l'offense d'un ennemi ou la trahison d'un ami. Il cachait bien cet aspect de son caractère d'ailleurs, car pour beaucoup de visiteurs étrangers « Alfredito » Guevara était l'homme le plus subtil et le plus charmant du monde. Une main de fer dans un gant de velours. Cette image semble avoir été inventée pour lui.

Je venais de signer mon contrat de directeur général de l'Ensemble dramatique cubain quand Guevara me proposa d'entrer à l'ICAIC. Quelques-uns de mes meilleurs amis travaillaient déjà pour lui. Tomás « Titon » Gutiérrez Alea se préparait à tourner les remarquables *Mémoires du sous-développement*. Jorge Hajdu, d'origine hongroise et chouchou de la haute bourgeoisie cubaine (spécialiste en anniversaires, il photographiait les « jeunes filles de quinze ans »), s'était mis au cinéma, apportant son sens élégant et rigoureux du cadrage et de la lumière. Ramón F. Suárez avait quitté la Suède et Nestor Almendros les Etats-Unis pour participer à l'aventure commune. Hector García créa la cinémathèque qui serait plus tard considérée comme une de mes meilleures du monde. Santiago Alvarez, homme de télévision et grand professionnel, était responsable des actualités. Jesús d'Armas, un peintre et dessinateur qui avait travaillé chez Disney, s'occupa de la partie films d'animation. Et, le premier entre tous, Saúl Yelin, descendant de Juifs polonais, était un véritable génie de cette étrange profession qu'on appelle les « relations publiques »...

Mon entrevue avec Guevara commença sur un ton maussade.

« J'ai signé pour l'Ensemble dramatique.

— Je sais.

— Comment crois-tu que je puisse diriger une compagnie théâtrale et faire du cinéma ?

— Tu as une équipe formidable. Ça suffit. Tu prends les décisions importantes, tu signes les papiers et ton administrateur, les professeurs du séminaire et tes deux metteurs en scène font le reste. Ça te laisse le temps de t'occuper d'autre chose. Et je te paie le même salaire de cadre que nous tous, quatre cents pesos. »

Il m'offrait aussi un appartement de fonction au Nuevo Vedado, le quartier de l'élite révolutionnaire. J'étais voisin de Raúl et de Vilma (Castro), à deux pas de l'ICAIC, et je pouvais apercevoir de mes fenêtres, au loin, un bout du cimetière de Colón.

Vicentina Antuña avait été le professeur de Guevara et de moi-même à l'université. Nous l'appelions encore La Magister. Garcia Buchaca et son ex-époux Carlos Rafael Rodríguez étaient considérés comme les parents spirituels de Guevara et comme mes parrains adoptifs. Mirta Aguirre connaissait bien aussi le directeur de l'ICAIC. Les discussions allaient donc se passer dans un climat plus qu'amical. *Cosa nostra. La famiglia.*

Ici entre en scène une des caractéristiques particulières de la Révolution, surtout en ses débuts. Les dirigeants étaient les frères Castro et leurs copains d'avant la sierra Maestra. Le M26 avait sa propre famille spirituelle composée d'Armando Hart, de Haydée Santamaría, Melba Hernández, Carlos Franqui... Les communistes se divisaient en deux : ceux qui se regroupaient autour de Blas Roca et d'Aníbal Escalante, ceux qui étaient proches de Carlos Rafael Rodríguez. Ce n'était, à cette époque, qu'une question d'affinités. On découvrira plus tard et progressivement comment ces familles très unies s'entre-déchirèrent, se transformant en émules des Atrides.

A l'ICAIC, je m'occupais du département des scénarios. Cesare Zavattini avait été engagé à prix d'or comme conseiller à l'écriture pour *Le jeune rebelle* que devait tourner Julio García Espinosa, lequel sortait, comme Gutiérrez Alea, de l'école de Cinecittà. Il nous apprenait à structurer efficacement une idée. L'homme était charmant et paresseux. Il adorait les bons repas et les *mulatas*. A tel point que nous nous demandions comment Rossellini et De Sica avaient pu faire travailler Zavattini !

Jamais je ne n'oublierai la colère de Nestor Almendros lorsqu'il prit connaissance du contrat qui liait Zavattini à l'ICAIC.

En effet, le mythe du sublime scénariste de gauche que nous vénérions s'écroula bien vite. Zavattini exigeait d'être payé en dollars, de voyager en première classe, d'être logé dans un hôtel luxueux, de manger dans les meilleurs restaurants... il poussait la radinerie jusqu'à demander à être blanchi, tous frais payés par l'Institut.

Alfredo Guevara me proposa également de diriger la revue *Cine Cubano*, assisté de Selma Diaz, l'ex-épouse d'Osmany Cienfuegos, le frère de Camilo. Cette architecte au raffinement asiatique s'occupait avec talent et un goût très sûr de la partie visuelle et graphique de la revue. Pour ma part, j'avais surtout envie de réaliser des films, c'est pourquoi j'ai demandé à n'être que sous-directeur puis, progressivement, simple collaborateur. Avec Ramón F. Suárez comme directeur de la photographie, j'ai tourné mon premier court-métrage, *El Negro*, un documentaire contre la discrimination raciale qui remporta quelques récompenses internationales...

Le temps nous filait entre les doigts, comme dit un personnage de Shakespeare. Nous travaillions dans la joie. Chacun faisait le métier qu'il aimait ou pour lequel il se croyait doué. Les horaires ne comptaient pas. Le travail était pure excitation et plaisir. Ceux qui viendraient plus tard, les enfants nés sous la Révolution, peuvent difficilement comprendre de quoi je parle. Et à mon tour, j'essaie de mieux voir, a posteriori, ce que cette année 1960 avait d'exceptionnel. Une année particulière pour le pays entier et toute sa population.

La Révolution ne traînait pas, elle courait, s'emballait. 1959 avait été l'année de la réforme agraire. 1960 serait celle de la campagne d'alphabétisation.

Aventure exaltante sur les plans humain et pédagogique. De jeunes étudiants citadins partaient dans les campagnes et les montagnes pour apprendre à lire et à écrire aux paysans analphabètes. Le but de cette opération culturelle, politique et publicitaire était d'éradiquer l'illettrisme de Cuba.

Les opposants au régime se gaussaient : « A quoi bon apprendre à lire si c'est pour n'avoir que les discours de Castro, la propagande et des pamphlets politiques à se mettre sous la dent ? »

Or, en même temps que la bataille de l'alphabétisation, le gouvernement créait l'Imprimerie nationale. Bientôt on trouverait dans les librairies de La Havane des livres à des prix accessibles, les œuvres classiques de la littérature mondiale et quelques contemporains prestigieux, Hemingway en tête, bien sûr, qui serait détrôné par Gabriel García Márquez, l'écrivain colombien, un ami intime de Fidel.

Ceux et celles qui avaient appris à lire avaient le choix. Lire ou ne pas lire. Ils pouvaient se contenter de parcourir *Revolución*, le journal officiel, et plus tard *Granma*, ou s'initier aux délices d'un Cervantès, d'un Balzac ou encore d'un roman policier.

Pour la première fois dans la société cubaine on assistait à un incroyable brassage. Les gens se rencontraient, les citadins apprenaient les particularités de la vie à la campagne et les vieilles populations de l'intérieur des terres entraient en contact avec la nouvelle génération révolutionnaire.

La course, toujours la course...

Il faut dire, pour être juste, que des réalisations lumineuses comme la campagne d'alphabétisation étaient parfois accompagnées de projets tout à fait bancals et farfelus.

La réforme agraire, inaugurée dans la joie et l'optimisme, manifesta au bout d'un an des signes de détresse. Certains ministres se révélèrent incompétents pour traiter les dossiers urgents et résoudre des problèmes qui les dépassaient. Plus tard Ernesto Che Guevara maniera l'humour et la dérision en évoquant l'époque où il était directeur de la Banque nationale puis ministre de l'Industrie et en racontant comment, le soir, le ministre redevenait étudiant pour prendre des cours accélérés d'économie ! L'anecdote faisait peut-être rire les amis du Che, qui oubliaient ce que coûtèrent en temps et en argent les nombreuses erreurs commises à cette époque.

Prenons l'exemple de l'industrie sucrière.

Depuis les débuts de la République, la monoculture de la canne à sucre avait toujours été la bête noire des patriotes cubains. Comme une grande partie des cannaies était entre les mains de Nord-Américains, encourager cette monoculture devenait un enjeu politique important. La Révolution se devait de changer cette situation pour passer à l'étape de la diversification industrielle.

Le ministre Guevara voulut liquider la monoculture. Il se lança dans des projets grandioses de diversité industrielle, avec l'appui de l'Union soviétique. Il devait vite déchanter. En pleine guerre froide, l'URSS, qui avait concentré tous ses efforts de production dans l'industrie de l'armement pour rivaliser avec les Etats-Unis, était par ailleurs confrontée à de réelles difficultés économiques. En URSS on avait du mal à s'approvisionner en produits de première nécessité, tout manquait, les équipements ménagers, les pièces de rechange, et les camarades soviétiques avaient l'habitude d'envoyer dans les pays frères les produits de mauvaise qualité dont ils voulaient se débarrasser. Le projet d'assèchement des marais de la Cienaga de Zapata, pour développer la culture du riz dont la production suffirait à satisfaire les besoins alimentaires de la population de l'île, fut une autre grave erreur.

Au début de l'année 1959, Fidel Castro en personne chargea le ministre des Travaux publics, l'ingénieur Manuel Ray, de plancher sur le sujet.

Le ministre consulta un groupe de scientifiques et d'experts en la matière. A la suite de quoi il fut établi que la réalisation d'un tel projet était impossible. Le Commandant se mit en colère et traita publiquement le ministre de « pessimiste ». Des années plus tard, Castro paya une fortune à une compagnie scandinave pour qu'elle « recouvre de terre la Cienaga de Zapata et draine les dix mille kilomètres d'eau salée du marais de manière à le transformer en un immense lac d'eau douce ».

La liste des caprices du Commandant, de ses projets ubuesques, est longue. Cuba vivait en situation de *happening* permanent. Ce qui amusait beaucoup les étrangers qui profitaient largement de la situation : techniciens, experts en ceci ou en cela, bricoleurs en tout genre... Ils venaient, touchaient de gros salaires et repartaient, et tous gardaient, une fois rentrés chez eux, une reconnaissance éternelle à cette « fête cubaine », devenant parfois même de véritables « agents d'influence » de la Révolution et assurant à Fidel une publicité sans faille.

Nous étions en septembre 1960 et le Père Noël me fit, avec quelques semaines d'avance, un cadeau auquel je ne m'attendais pas : j'avais été désigné pour faire partie de l'équipe qui accompagnerait le *Comandante* à New York, qui fêtait le vingt-cinquième anniversaire de la création des Nations unies.

Un soir, Saúl Yelin m'appela au téléphone.

« Santiago Alvarez ne peut pas faire le voyage. Il demande que tu le remplaces. Tu pars avec un chef opérateur, mais c'est toi qui fais les prises de vues. »

Je respectais le professionnel qu'était Alvarez. Le remplacer au pied levé était une gageure. Mais l'idée de revoir Manhattan en automne et de participer à cette équipée singulière fut plus forte que mes éventuels scrupules.

Yelin m'avait averti : « L'organisation du voyage dans son ensemble est entre les mains du G2 », à savoir le déjà redoutable et redouté service d'intelligence cubain, dirigé par Ramiro Valdés.

Une voiture passa me prendre à l'aube et rejoignit le cortège officiel qui roulait vers l'aéroport José-Martí. Une foule d'enfants des écoles était massée le long du parcours pour dire au revoir au Líder Máximo. Visage radieux et sourire extatique, ils agitaient des petits drapeaux cubains et des bouquets de fleurs en répétant comme une incantation : « Fi-del ! Fi-del ! Fi-del ! »

Tout semblait apparemment spontané dans cette cérémonie d'adieux. Le peuple de La Havane fêtait son héros. Et nous qui faisions partie du cortège recevions avec émotion cette démonstration d'affection chaleureuse. Je suis bon public, j'ai un faible pour le mélo et je dois avouer que ce jour-là, j'avais des larmes plein les yeux.

Je suis recroquevillé sur le siège arrière de la voiture, près de la fenêtre. A présent le cortège roule vers l'hôtel Shelburn, au coin de l'avenue Lexington et de la 37e Rue, en plein cœur de Manhattan. La radio et la télévision ont annoncé l'heure d'arrivée de Fidel Castro et l'hôtel où il descend. Ça sent la manipulation politique à plein nez. Les réformes agraires et urbaines à Cuba ont porté préjudice à beaucoup de monde, aux grands propriétaires fonciers et aux entreprises nationalisées, aux mafieux que les élans idéalistes de la Révolution ont privés de leurs casinos et de leurs machines à sous. Depuis le 1er janvier 1959, le nombre des Cubains exilés aux USA a augmenté de manière vertigineuse.

Les voitures longent le trottoir et le trottoir est noir de monde : hommes, femmes, vieux, et jeunes... une foule en colère, des visages déformés par la haine, des poings fermés prêts à frapper.

Cette haine viscérale, je la reçois de plein fouet. Je me souviens des films où il était question de lynchage. Mais cette fois, ce n'est pas du cinéma. La foule haineuse est à deux pas de notre voiture. Leurs hurlements enragés me parviennent à travers la vitre fermée de l'auto.

« *Fuck Fidel!* »
« *Castro son-of-a-bitch!* »
« *Kill the communist!* »

« Tuons les communistes ! Castro, fils de pute ! Va te faire foutre, Fidel ! »

Le message est destiné au Commandant en chef, bien sûr, mais leur animosité, leur rancœur s'adressent à tous les délégués. Les Cubains sont devenus les bêtes noires, les *niggers* à abattre, cette multitude fanatisée veut en découdre avec les *compañeros* de Castro, la violence et la mort maraudent sur les trottoirs.

La police montée surveille à distance et laisse faire.

Quand nous arrivons enfin au Shelburn, mes camarades et moi, nous nous engouffrons dans le hall à toute allure. Une fois dans l'ascenseur, j'entends mon voisin me glisser à l'oreille :

« Je respire. J'avais les couilles dans la gorge. »

Nous avons juste le temps de déposer nos valises dans nos chambres. Le marathon commence. Nous nous rendons à l'ONU pour suivre les sessions internationales. Mémorables séances que j'ai le loisir d'observer à travers l'œilleton de la caméra avant de donner des directives à l'opérateur.

Le soir, retour à l'hôtel. La fatigue tombe d'un coup sur mes épaules. Je dois me reprendre pour assister à une réunion. Les journalistes cubains se sentent malheureux, ils n'ont reçu qu'une maigre somme d'argent et la vie à New York coûte cher.

« Il faut que nous allions voir Celia », décide un collègue.

Celia Sánchez, originaire d'une famille distinguée de la bonne société de Santiago de Cuba, a eu une trajectoire exemplaire pendant les années de lutte contre Batista. J'admire cette femme aux vertus exceptionnelles, son courage, sa capacité de travail, sa dignité. Celia Sánchez, qui aurait pu occuper une place de premier plan dans la vie politique du pays, continue à exercer les activités de secrétaire et de collaboratrice sans horaires fixes, confidente et infirmière de Fidel.

Nous nous rendons dans la suite réservée à Castro, à Celia et à la garde rapprochée du Commandant. Et là, stupeur ! Le sol est littéralement jonché de plumes ! Pour des raisons de sécurité, ils ont plumé des volatiles pour faire du poulet frit, le plat préféré de Castro.

Les femmes de chambre de l'hôtel n'ont pas le droit d'entrer non plus.

« Toutes de la CIA ! » murmure mi-figue mi-raisin un garde du corps du Commandant.

Un employé de l'hôtel a tout de même vu ce qui se passe dans la suite du dirigeant cubain et la rumeur court et s'enflamme :

« Séances de vaudou dans la suite de Castro ! »

Celia reçoit la presse, écoute les plaintes, compatit, ouvre le bas de laine et distribue les dollars de la main à la main.

Pour la première fois, je croise le regard franc de Celia Sánchez. J'ai honte. Elle me sourit. A-t-elle remarqué le trouble de celui à qui elle tend des dollars ? J'empoche l'argent comme un voleur et garde son sourire pour moi.

Le lendemain, je suis encore au lit quand on m'annonce sans ménagement qu'« il faut libérer la chambre tout de suite ».

Un nouveau scandale vient en effet d'éclater.

Etait-ce la pression politique, l'affaire des poulets plumés ? Le directeur de l'hôtel avait exigé une caution exorbitante et en liquide. Fidel, fou furieux, avait ordonné à sa garde rapprochée de descendre les valises de la délégation cubaine. Ce départ précipité faisait des victimes, quelques membres de notre équipe se retrouvaient à la rue sans savoir où aller.

« Le Commandant a parlé avec Dag Hammarskjöld, le secrétaire général de l'ONU. Fidel menace de camper sous la tente au milieu de Central Park ! »

Je me suis rendu à l'ONU avec mon opérateur pour apprendre que, finalement, monsieur Castro et les siens s'étaient installés à l'hôtel Teresa, entre la Septième Avenue et la 15e Rue, dans Harlem.

Encore un coup de publicité génial ! La presse du monde entier suivit le Commandant dans le quartier noir. Et là, le ton changea. Tout Harlem s'était donné rendez-vous devant et autour de l'hôtel. La foule chantait comme un gospel :

« Fidel ! Fidel ! Brother ! We're with you ! »

Je connaissais la réputation du Teresa, l'hôtel mythique des années 30, de l'époque du Cotton Club, du jazz, du blues... Je savais que Billie Holiday y avait fait quelques virées. Avec les dollars qui me restaient, j'ai acheté tous les disques de Billie disponibles dans un magasin du quartier. Des disques qui m'accompagneront tout au long de ma vie. Dans les moments les plus durs, je me passerai même de l'indispensable, mais jamais de la voix de la Lady.

Je m'installai donc dans ce nouveau logement. En ouvrant le tiroir de la table de nuit pour y ranger quelques affaires personnelles, j'ai piqué une crise de nerfs en découvrant un nid de cafards grouillant dans le tiroir ! Le cafard aux pattes légères qui court partout sur le sol, les murs, le plafond... La *cucaracha* qui vole ! La *cucaracha* qui devient matière gluante et fétide quand on l'écrase !

J'ai repoussé la table de nuit à l'autre bout de la pièce, mis un fauteuil bancal à la place, fait et défait trois fois le lit, secoué les oreillers et couvertures. Je dormirai chaque nuit la lumière allumée. Tout, sauf sentir les pattes d'un cafard se balader sur moi!

A l'ONU, je suis témoin du discours du Líder Máximo. Un flot de paroles : quatre heures, un temps de discours plutôt modéré compte tenu de ses records précédents. Dans l'œilleton de la caméra je vois le délégué nord-américain blêmir de colère quand Fidel Castro traite le candidat à la présidence John Fitzgerald Kennedy de « milliardaire ignare ». C'est aussi grâce au zoom de la caméra que je photographie le talon de la chaussure de Nikita Khrouchtchev frappant frénétiquement sur son pupitre.

Le Teresa devient l'endroit *in* de Manhattan, le lieu où il est de bon ton de se montrer. Les grands de ce monde viennent en rangs serrés présenter leurs hommages au *Comandante*, voir l'animal de près. Comme tous les politiciens et toutes les personnes influentes de la planète qui ne négligent jamais une caméra ou un appareil photo, ces gens sont là parce que la presse internationale est tous les soirs au rendez-vous de Harlem.

Le 20 septembre 1960, Nikita Khrouchtchev rencontre Fidel Castro dans son hôtel.

L'œil collé au viseur, je regarde, stupéfait, le nain ukrainien entourer de ses gros bras la taille du géant Fidel, qui étreint les épaules de son compère. Nikita colle son visage rubicond contre l'uniforme du Commandant. Fidel, un large sourire aux lèvres, pose un regard amusé sur le crâne dégarni du nain comme s'il s'apprêtait à l'embrasser.

Mon chef opérateur qui a la manie de me parler à l'oreille, sans doute par peur des micros cachés de la CIA ou de la sécurité cubaine, me souffle :

« Dis donc ! Tu crois que ce Khrouchtchev est pédé ? En tout cas, Fidel va finir par l'enculer, c'est sûr ! » !

A la suite de quoi le type est pris d'un fou rire nerveux suivi d'une quinte de toux.

Deux ans plus tard, après la crise d'octobre 1962, le même chef opérateur me dira :

« C'est pas Fidel qui a enculé le Russe. C'est notre Líder qui s'est fait enculer à fond par le Cosaque ! »

Nous marchions alors dans la manifestation qui parcourait La Havane, plus d'un million de personnes protestant contre le retrait des armes atomiques qui avaient menacé de plonger le monde dans l'abîme.

« Nikita, mariquita ! Lo que se da no se quita ! »

« Nikita, petit pédé ! Ce qu'on donne, on ne l'enlève pas ! »

Au Teresa donc, défilé des VIP, défilé de mode aussi. Kwame Nkrumah, le président du Ghana, en costume traditionnel, le général Gamal Abdel Nasser, dans un trois-pièces confectionné par un des meilleurs tailleurs de Londres ; Nehru, en tunique blanche, une rose rouge à la boutonnière et affichant un air de dégoût suprême. Lui, l'Indien, devait détester le bruit, les conversations braillardes des Cubains ; Núñez Jiménez, barbu de la sierra, qui montre à Nehru un album de photos, lui couvrant presque le visage de sa barbe ; Malcolm X qui fait une apparition rapide et mystérieuse, digne d'une star de cinéma fuyant les paparazzis...

José Pardo Llada, célèbre journaliste de la radio cubaine et ami de Castro depuis l'époque d'Eddy

Chibás, leur mentor commun, déclara ensuite, scandalisé, qu'il avait vu Fidel remettre vingt-cinq mille dollars en liquide à Malcolm. « Rien que pour emmerder les Américains, je suppose », dira-t-il.

Nikita et Fidel se voyaient en cachette. Le premier ne parlait ni l'anglais ni l'espagnol, le second ne comprenait pas le russe. Leur interprète était une jeune danseuse issue d'une vieille famille communiste cubaine, qui avait étudié au Kirov, le corps de ballet de Leningrad. Elle était une de mes meilleurs amies et me confia un soir, pliée en deux de rire :

« J'imaginais que leurs conversations seraient passionnantes, que j'aurais droit à des secrets d'Etat qui allaient changer la face du monde et l'avenir de nos deux pays. Niet ! Ils n'ont quasiment pas parlé de politique et ont passé leur temps à blaguer. Nikita était obsédé par les histoires de cul : " Alors Fidel, tu ne baises pas depuis que tu es à New York ? " disait-il en même temps que le cochon d'Ukrainien faisait mine de me violer, et que Fidel, un peu gêné, le retenait. »

Eh oui ! L'histoire avec un grand H est souvent riche en anecdotes médiocres. Ainsi l'alliance entre Cuba et l'Union soviétique qui allait changer les données de la guerre froide était-elle née d'une histoire d'amour et d'amitié virile entre deux chefs d'Etat.

Comme les informations circulaient mal, mon opérateur et moi, nous nous retrouvâmes, le jour du départ, dans une voiture conduite par un Cubain qui ne connaissait pas la route pour aller à l'aéroport. Nous en étions encore à des kilomètres à l'heure où l'avion ramenant à Cuba Fidel Castro et la délégation devait décoller.

L'avion. Une autre gaffe des Américains, à croire que le gouvernement d'Eisenhower faisait tout son possible pour pousser Castro dans les bras de Khrouchtchev. Pour riposter au fait que Cuba avait nationalisé la compagnie Pan American, Washington avait décidé de confisquer l'appareil dans lequel avait volé la délégation cubaine pour venir à New York.

« Qu'à cela ne tienne ! » s'exclama Nikita, qui mit immédiatement à la disposition de l'ami Fidel un Tupolev soviétique.

L'avion n'avait pas encore décollé, il attendait les retardataires. Nous étions enfin arrivés et... nous nous sommes trouvés face à un véritable mur humain. Des agents du FBI nous barraient le passage. Nous avons montré nos papiers... La muraille humaine resta de marbre. Pendant ce temps-là, le type du FBI qui dirigeait l'opération négociait au téléphone avec ceux de l'avion le « départ des Cubains ». A la fin d'une âpre discussion, quelqu'un donna un ordre, le mur s'ouvrit et nous pûmes monter dans l'appareil.

La première personne que je trouvai en pénétrant dans la carlingue, c'est Fidel en personne.

« Qu'est-ce qui s'est passé ?

— Le chauffeur s'est égaré, Commandant.

— Ah, bon ! » fit-il soulagé.

Le *Comandante* respira ! Un instant, il s'était dit que le jeune réalisateur de l'ICAIC avait peut-être choisi la liberté...

A leur descente d'avion, toute la délégation, le Commandant en tête, est surprise par la marée humaine venue les accueillir sur le tarmac, puis en dehors de l'aéroport, et tout au long du trajet qui les ramène à la capitale. Une nuée de drapeaux cubains flottent dans le ciel bleu.

Après la vague de haine ressentie à l'arrivée à New York et les mesquineries du gouvernement américain, l'île reçoit son Líder Máximo et toute la délégation cubaine en héros.

Un mois plus tard, le 19 octobre 1960, Eisenhower décrétera l'embargo de Cuba. Le président sortant plaçait ainsi celui qui lui succéderait devant le fait accompli.

12

1961. La baie des Cochons

A la fin du mois de décembre 1960, le projet d'invasion de Cuba par des troupes cubaines anticastristes n'était plus un secret pour personne. Quarante-trois ans plus tard, livres d'histoire, documents filmés, mémoires et autobiographies de ceux, innombrables, qui commentèrent l'événement pourraient remplir le château de Versailles.

Elu en novembre 1960, John F. Kennedy trouva à son arrivée un dossier explosif : le projet de débarquement sur l'île d'une brigade de Cubains exilés, entraînée et armée par la CIA sous les ordres d'Allen Dulles. Son frère, John Foster Dulles, avait été ministre des Affaires étrangères du général Eisenhower. Les Dulles étaient proches de Richard Nixon, alors vice-président des Etats-Unis. Ce petit groupe très puissant entretenait de solides liens d'amitié, partageait la même idéologie et des intérêts économiques communs. Mais quelque chose de plus subtil les unissait aussi, leur aversion profonde pour John F. Kennedy et toute sa famille.

Le nouveau président fut « contraint » de donner son accord pour lancer l'expédition initiée par son prédécesseur. L'affaire, sur le papier, semblait simple et très pragmatique. Une machine bien huilée qui avait fonctionné au Guatemala quelques années auparavant. Les opposants cubains, les *contras*, attaqueraient l'aéroport de Columbia, à La Havane, où se trouvait la force aérienne révolutionnaire. Une fois ces avions détruits, la brigade débarquerait et envahirait le territoire cubain tandis que des bateaux viendraient en renfort avec armements, nourriture et médicaments. A la suite de quoi le gouvernement provisoire en exil demanderait l'intervention des Etats-Unis pour « libérer Cuba du communisme ». Ainsi l'aviation nord-américaine viendrait à la rescousse des Cubains démocratiques en envoyant ses avions attaquer les chars d'assaut et l'artillerie lourde de l'armée cubaine. Un plan limpide et efficace. L'état-major américain n'attendait pour passer à l'action que le feu vert du président Kennedy.

Fidel Castro qui prévoyait cette attaque s'y était préparé. Il décida de frapper vite et fort et, si possible, en narguant l'ennemi. Le 2 janvier 1961, il prononça son discours-fleuve pour célébrer le deuxième anniversaire de la Révolution :

« Le gouvernement cubain a décidé que, d'ici à quarante-huit heures, le personnel de l'ambassade des Etats-Unis dans notre pays sera réduit, comme nous avons été contraints de réduire le nôtre à New York sur ordre du département d'Etat américain. Onze Cubains à Washington ? Qu'à cela ne tienne, nous n'accueillerons chez nous que onze représentants américains. »

Le 3 janvier, répondant à la provocation, Kennedy rompait les relations avec La Havane.

Un journal mexicain publia un dessin où l'on voyait les deux hommes s'affronter sur un ring. Le texte ironisait :

« La fierté de Castro, le fils de Galicien, contre l'insolence naturelle du fils d'Irlandais John F. Kennedy. »

Cuba commençait à se préparer à « la guerre ». La Milice populaire redoubla d'efforts pour entraîner des civils au plus vite.

Je me suis inscrit à la Milice, plus par conviction philosophique que politique.

Adolescent, j'avais beaucoup admiré la guerre d'indépendance des patriotes « américains » contre les colons anglais. Il s'agissait d'une véritable révolution qui devait aboutir aux Etats fédérés et à une constitution proclamant les droits de l'homme...

Mon admiration pour « la jeune nation du Nord » évolua à mesure que j'avançais dans mes études. Je finis par comprendre qu'aux grands idéaux romantiques des débuts s'était substitué un Etat puissant et offensif. Conquête de l'Ouest, entrée en force au Texas, ruée vers l'or en Alaska. Le pays était devenu immensément riche et trop sûr de lui. Il se montra peu généreux avec ses voisins du Sud qui venaient d'obtenir leur indépendance. Le rêve du Libérateur Simón Bolívar, faire de l'Amérique latine un continent uni face aux Etats fédéraux du Nord, ne fut jamais réalisé.

La Révolution à ses débuts, malgré toutes ses erreurs, essayait de mettre en pratique le postulat de Rousseau : changeons la société et l'homme deviendra meilleur.

Voilà pourquoi je revêtis l'uniforme bleu de la Milice, je chaussai des rangers made in Cuba (si atrocement inconfortables !), pris un sac à dos et un fusil en bandoulière pour parcourir les soixante-deux kilomètres qui feraient de moi un milicien accompli. Nous marchions en chantant les mots d'ordre de l'époque :

« Fidel, seguro ! A los Yankees dale duro ! »
« El pueblo unido jamás será vencido ! »
« Si USA no nos quiere como vecinos... Que se muden ! »

« Fidel, vas-y ! Fous une trempe aux Yankees ! »
« Le peuple uni jamais ne sera vaincu ! »
« Si les USA ne veulent pas de nous comme voisins, qu'ils dégagent ! »

En tant que milicien, je devais, en plus de mes activités professionnelles nombreuses, monter la garde plusieurs fois par semaine. Je travaillais pour l'ICAIC et l'Ensemble dramatique cubain, deux institutions et deux bâtiments à défendre. Les tours de garde entre trois heures et six heures étaient un véritable calvaire. Pour me soutenir, un ami technicien devint mon pourvoyeur en amphétamines. On ne connaissait pas encore les effets secondaires de cette drogue. Un soir, un employé de l'ICAIC qui venait prendre ma relève, me voyant avaler deux pilules, me mit en garde :

« Attends ! Tu prends des amphétamines ?

— Oui. Pourquoi ?

— Malheureux ! Avant de travailler à l'ICAIC j'étais chauffeur de poids lourds. Je traversais l'île deux fois par semaine. Pour tenir le coup j'avalais ces saloperies régulièrement !

— Et alors ?

— Alors ? Je suis devenu impuissant. Moi ! Un mec de vingt-cinq ans qui venait d'épouser la mulâtresse la plus sensationnelle du monde, voilà que je ne bandais plus ! Je suis allé chez le médecin. Tests. Radios. On a tout fait. Le toubib ne savait pas quoi en penser, quand tout à coup l'idée m'est venue de lui parler des amphétamines que je bouffais – " Docteur, est-ce que les amphétamines peuvent vous empêcher de... ? ". Il ne m'a pas laissé finir ma phrase. Jetez ces saletés à la poubelle ! Trois mois plus tard, ma *mulata* était enceinte. Tu saisis ? »

Mars 1961, les menaces d'invasion se précisaient.

Un matin, le producteur en chef de l'ICAIC me demanda si je voulais terminer le film *Realengo 18* qu'avait commencé à tourner Oscar Torres. Dominicain et camarade de Gutiérrez Alea à l'école de Cinecittà, Torres était un garçon talentueux et d'une grande gentillesse. Il avait deux passions dans la vie, la Grèce de Périclès et le cinéma. Il étudiait le grec ancien pour lire les classiques en V.O., comme il disait. Mais surtout, Oscar Torres nous fit connaître l'Eva's Bar, un troquet du port, à la fois gargote et bordel. L'endroit était fréquenté depuis des années par des marins grecs et les serveuses travaillaient dans « la langue de Platon », ce qui enchantait Torres. Nous rêvions tous de tourner un film à l'Eva's Bar pour immortaliser à l'écran ce phénomène culturel admirable, une grosse métisse interpellant un marin en s'exclamant : *« Oye, chico, parakalo ! Ven acà ! »*

« Adieu Godard, Fellini et autres sophistications intellos d'Antonioni ! Plongez dans l'authentique ambiance révolutionnaire cubaine, apprenez le vrai cinéma chez les putes de l'Eva's Bar ! »

Tel était le fantasme d'Oscar avant que la Révolution ne décide de recycler les prostituées, portant ainsi un coup mortel à notre bar préféré.

A vingt-sept ans, Oscar Torres était déjà alcoolique.

« A la santé de Rimbaud, Baudelaire, Faulkner, Scott Fitzgerald et tous ces artistes maudits, fils spirituels et hépatiques du dieu Bacchus ! » dit-il en levant le coude.

Car c'est ivre mort qu'Oscar essaya de m'expliquer, un soir au bar, pourquoi il souhaitait quitter au plus vite Cuba.

« Mon père a lutté à Saint-Domingue contre les Yankees. Nous gardons dans notre île les stigmates de ce désastre. Vous êtes courageux, vous les Cubains. Crois-moi, face au pouvoir destructeur de l'armée nord-américaine, vous n'avez pas la moindre chance de survie. Je ne veux pas être là pour voir ça. Je vous aime trop. »

Il nous aimait de tout son cœur de Grec dominicain. Et nous avons répondu à son affection en le laissant partir sans discuter ni même lui reprocher sa « désertion ».

J'ai accepté de finir son film. Je ne pouvais pas prévoir que ce serait ma façon de dire adieu à Oscar Torres. Il mourut quelques mois plus tard.

Realengo 18 racontait une histoire vraie, celle de paysans pauvres qui, regroupés dans une zone agricole (le *realengo*), luttaient contre les abus d'un grand propriétaire sous la dictature de Machado, dans les années 20. En réalité le film était presque fini. Ne restaient plus à tourner que quelques séquences mineures et le travail de post-production. Teté Collazo, une actrice noire remarquable, jouait la mère.

C'était le début du mois d'avril et nous étions en train de travailler au studio de synchronisation.

Le 14, l'aéroport militaire de Columbia fut bombardé par les Cubains de la Floride. La guerre, que je ne connaissais que dans les films, venait d'entrer chez nous. Du balcon de mon appartement, on pouvait voir les flammes et la fumée s'élever dans le ciel.

Les archives de la Bibliothèque de Washington montrent que des agents de la CIA à Cuba ne croyaient pas trop au succès de ce scénario un peu simpliste qui prévoyait que les « bons » se rebelleraient contre les « méchants » à l'arrivée des troupes soutenues par les USA. Ces agents n'avaient pas la possibilité de s'opposer à une décision politique venue d'en haut. Dulles, patron de la CIA, jura, paraît-il, à John Kennedy que « le gouvernement communiste cubain tomberait en deux jours ».

Encouragé par des grosses légumes de la CIA et, bien sûr, avec le soutien musclé de l'armée nord-américaine, les Cubains exilés de la brigade 2506 avaient la certitude qu'ils se rendraient maîtres de l'île en quelques heures... J'ai rencontré un de ces brigadistes des années plus tard. Un homme de la bourgeoisie cubaine pour qui le patriotisme n'était pas une parole en l'air. Il avait cru sincèrement qu'il allait libérer son pays des affres du communisme international. Je ne dirai pas son nom par discrétion. Il vit et travaille en Floride et désire enterrer cet épisode de sa vie.

« Notre première erreur, à nous les Cubains exilés, a été d'oublier que les Américains défendent toujours leurs propres intérêts. J'avais à peine vingt ans ! Et je me suis dit : cette fois-ci c'est différent. Washington nous aide, oui, mais c'est nous qui allons libérer Cuba ! Nous les Cubains ! Voilà pourquoi nous avons débarqué à playa Girón. Et, puis... John K. a eu les jetons. On lui avait parlé d'une escarmouche, or il s'agissait d'une vraie guerre. Kennedy qui défendait les intérêts de son pays fit marche arrière au lieu de mettre le paquet pour en finir avec la Révolution cubaine. Nous aurions dû, nous autres, membres de la brigade, cracher sur John K. et Jacky, sa femme, quand ils sont venus nous consoler à Miami. Au lieu de cela, nous avons baissé le froc pour mieux nous faire enculer. Moi le premier ! Le temps a passé. Aujourd'hui mes affaires se portent bien. Je me suis enrichi et j'ai un passeport américain. Mais j'ai toujours cette épine au cœur. Nous avons été trahis. Nous ne devons rien aux Etats-Unis ! »

Pour aller de chez moi à l'ICAIC, je longe les murs du cimetière de Colón. Parcours paisible embaumé par le parfum des *mariposas*, ces fleurs exquises à l'odeur lourde et sucrée. Je côtoie ainsi la dernière demeure de millions d'êtres humains disparus. Parfois, je prends mon courage à deux mains et je traverse les allées bordées de pins et de platanes. Ceux qui ont visité ce cimetière savent que les tombes de style baroque et rococo d'une grande valeur côtoient des chefs-d'œuvre du plus hallucinant mauvais goût. On y trouve aussi quelques tombes sobres et discrètes.

Ce matin-là, après le bombardement (le premier de ma vie), j'ai l'esprit morose et aucune envie de penser à l'au-delà. Mon seul souci est de faire une halte à La Pelota, de boire un café serré avant d'aller travailler. Et tandis que je me dirige vers le bistrot, j'entends la voix de Castro diffusée par les haut-parleurs. Je ne prête pas attention à son discours. Je connais sa technique d'acteur éprouvée. Il parle au début très calmement. Puis il joue un peu avec les micros. On dirait qu'il les compte.

« Un, deux, trois... La radio cubaine... La radio étrangère... Tout le monde est là... »

Ensuite il développe son propos. En bon pédagogue, il utilise la méthode apprise à l'école des jésuites et des pères maristes, thèse, antithèse, synthèse. Il commence par le discours logique avant de faire monter la température, la fièvre émotionnelle. Il prend le pouls de la foule. Il sent quand ses auditeurs sont mûrs. C'est alors seulement qu'il passe à la vitesse supérieure, sa parole s'enflamme, le verbe prend son envol...

Castro est arrivé à ce point de son discours où sa voix nasillarde monte dans les aigus, il hurle, s'emporte. Les haut-parleurs tremblent tant est puissante l'énergie de l'orateur. Il répète une dizaine de fois comme un mantra :

« Nous sommes un pays communiste ! »

« *Somos un país comunista !* »

Plusieurs biographes du Commandant, dont Tad Szulc, affirment que « Fidel Castro était communiste avant le triomphe de la Révolution et qu'il avait un gouvernement dans l'ombre dès son arrivée à La Havane, en 1959 ».

Carlos Franqui, qui était dans la sierra Maestra avec l'armée rebelle, n'est pas d'accord avec cette interprétation. Il a raison. C'est mal connaître le personnage du Líder Máximo que d'imaginer qu'il aurait accepté de se plier à la discipline du Parti, de suivre les décisions d'une cellule, d'obéir aux ordres d'un secrétaire général ou d'un chef de fédération. Castro se trouvait à l'aise au parti orthodoxe de Chibás. Il fréquentait des professeurs d'université, des intellectuels respectés comme le docteur Agramonte et Mme Vicentina Antuña. Les orthodoxes étaient réputés pour leur manque de discipline et leur franc-parler. Eddy Chibás adorait être traité en « grand frère ».

Figé sur place, le long du cimetière de Colón et à quelques pas du café La Pelota, je continue à entendre le Commandant marteler d'une voix suraiguë son message afin que tous l'entendent.

« Nous sommes un pays communiste ! »

Et voilà ! Fidel Castro, ne voulant pas perdre la face devant l'opinion internationale, hausse le ton pour annoncer aux Etats-Unis que Cuba est communiste et que personne ne pourra le vaincre.

Le Commandant brûlait ainsi toutes les étapes énoncées par Marx. « Aller du socialisme au communisme. » L'Union soviétique n'était encore que socialiste que déjà l'île de Cuba sous la baguette magique du Líder Máximo devenait communiste. Il oubliait – mais l'oubliait-il vraiment ? – que bon nombre de révolutionnaires, comme Frank País, José Antonio Echevarría et d'autres avaient donné leur vie afin d'en finir une bonne fois pour toutes avec les dictatures. Il oubliait – mais l'oubliait-il vraiment ? – que le parti communiste cubain s'était opposé, en accord avec Moscou, à l'aventurisme de la guérilla dans la sierra Maestra...

Rien n'indiquait jusqu'en ce jour d'avril, du moins pour les gens de la rue, que « Cuba était un pays communiste ». Révolutionnaire, oui, bordélique, oui... communiste, non ! Et voici que tout d'un coup le peuple cubain allait lutter contre les envahisseurs, non pas pour défendre la république rêvée par José Martí, à savoir une république libre, indépendante et démocratique, non, les Cubains se voyaient désormais embrigadés, invités à lutter et mourir pour un Etat marxiste-léniniste à la sauce tropicale.

Nous étions pris au piège. D'un côté, une invasion venue des Etats-Unis qui blessait la conscience patriotique des nôtres, et de l'autre, l'information brutale et subite que la révolution démocratique promise dans la sierra Maestra virait de bord. A nous les soviets !

Adieu, Martí.

Bienvenue, Marx !

L'invasion, si attendue, venait de commencer. Le studio de sonorisation de l'ICAIC se trouvait à côté du fleuve Almendares, près du bois de La Havane, une situation idéale pour les enregistrements et aussi une cible stratégique potentielle pour l'aviation ennemie. Pour nous protéger, nous travaillions la nuit toutes fenêtres fermées derrière d'épais rideaux.

« Comme à Londres », dit un technicien qui avait travaillé en Angleterre pendant la guerre.

J'admirais le courage des acteurs et des actrices qui devaient retrouver leur bonne humeur, le ton insouciant et les rires des personnages pour doubler une séquence où il était question d'un dîner à la campagne.

Nous étions tous en uniformes de la Milice populaire. En tant que « chef d'équipe », j'avais en plus du revolver réglementaire une mitraillette à l'épaule. Un jeune militaire m'avait donné un cours intensif. Dix minutes.

« Et pour tirer ?

— Tu enlèves la sécurité. Tu fermes les yeux. Tu tires sur l'ennemi et tu pries ton saint catholique préféré ou ton *orisha* africain, mon frère. »

Le *compañero* était *santero*, il portait au cou et aux poignets toutes sortes de colifichets et gris-gris contre le mauvais œil. Il me fit cadeau d'un de ses bracelets afin que les dieux africains veillent sur moi.

Vers trois heures du matin, Alfredo Guevara, le directeur de l'ICAIC, est passé nous souhaiter bonne chance pour le travail et pour l'avenir. Il ne portait pas d'uniforme. Son uniforme c'était le costume noir dans lequel nous l'avions toujours vu.

Voici donc Alfredo Guevara, veste à l'épaule et mitraillette pendant à son côté. Nous nous sommes regardés un instant et nous avons éclaté de rire. Si la défense de l'île dépendait d'aussi folkloriques combattants que nous, l'avenir du pays était en danger !

Guevara avait un transistor à la main.

« Quelles sont les nouvelles ?

— On se bat à playa Girón. »

La menace grandissait. Notre directeur une fois parti, nous avons repris notre travail de doublage. Et vers sept heures du matin, nous sommes tous allés déjeuner à La Pelota. En entrant dans le café, nous y avons trouvé une ambiance de fête. Le patron offrait une tournée à tous ses clients.

« Que se passe-t-il ?

— Nous avons battu l'Oncle Sam, une batte de base-ball en pleine gueule ! Il paraît que nous les avons repoussés à playa Girón. Ce n'est pas encore officiel mais... On dirait que ça chauffe ! »

Une guerre éclair. Fiasco pour les *contras*. Victoire éblouissante pour les Cubains révolutionnaires. La brigade 2605 s'était rendue. La CIA avait été démasquée. John F. Kennedy, furieux, limogea Allen Dulles et ses collaborateurs les plus proches. Le président nord-américain venait de se faire des ennemis redoutables.

Le gouvernement cubain pouvait maintenant exploiter un nouveau thème :

« CUBA, TERRITOIRE LIBRE DE L'AMÉRIQUE LATINE »

Pendant de longues semaines, nous avons eu droit à la télévision à un véritable *reality show* où les prisonniers de la brigade jouaient en direct leur propre rôle. Pour ne pas s'encombrer de plus d'un millier de prisonniers, et pour mieux les humilier aussi, Fidel Castro proposa un « troc » au gouvernement des Etats-Unis et les prisonniers furent échangés contre des médicaments et des vivres.

Après l'invasion ratée de la baie des Cochons, la vie reprit son rythme effréné. Je suivais le travail de l'Ensemble dramatique cubain qui était devenu une compagnie théâtrale importante dans le paysage culturel. Et je préparais mon premier film, *Tránsito*, avec

Ramón F. Suárez comme chef opérateur et un groupe d'excellents comédiens.

Nicolás Guillén était devenu président de l'Union des écrivains. L'Institut de la culture créé au début de la Révolution fut rebaptisé Conseil national de la culture sous la direction de Vicentina Antuña. Edith García Buchaca était secrétaire générale et Mirta Aguirre assurait la direction du Théâtre. Ces trois dames éminentes avaient accompli un magnifique travail en très peu de temps. L'Ensemble dramatique national devait aussi son succès à ce trio d'anges gardiens, comme disaient leurs amis, ou de sorcières, comme les appelaient leurs nombreux détracteurs.

Les projets se multipliaient. Tous nous avions l'ambition de faire quelque chose de nouveau et d'indispensable pour notre pays.

Edith García Buchaca m'a raconté :

« Un jour Fidel m'a appelée et m'a convoquée au Country Club. Nous avons tout visité. Je me disais qu'il avait une idée derrière la tête mais je ne savais pas laquelle : " Et si nous construisions ici une cité d'art, Edith ? m'a-t-il dit tout à coup. Cinq écoles. Une pour le théâtre, la musique, la danse, le ballet classique et la peinture. Le plus prestigieux et le plus ambitieux ensemble architectural de toute l'Amérique latine ! " »

Le projet était magnifique, bien sûr, mais la vision grandiose du Commandant avait de quoi laisser perplexe. Chaque école devait accueillir une centaine d'élèves, ce qui voulait dire que mille diplômes seraient distribués au bout de trois ans, trois mille au bout de six ans et ainsi de suite. En dix ans, la modeste île de Cuba compterait trente mille artistes diplômés, voués d'avance au chômage et obligés de choisir d'autres métiers pour survivre.

Pour mieux faire face à cette avalanche de projets, le trio décida de réunir « une cellule de travail », afin d'étudier le problème et d'envisager diverses solutions. Alfredo Guevara représentait l'ICAIC, avec Selma Diaz. Je servais de liaison entre l'ICAIC et l'Ensemble dramatique.

Il observe, songeur, ce groupe constitué par un membre du parti orthodoxe de Chibás, Vicentina Antuña ; quatre membres du « vieux » parti communiste, García Buchaca, Aguirre, Guevara, Selma Diaz et un compagnon de route, lui-même. Quatre femmes qui se sont distinguées par leur courage, leur intelligence, leur sens du devoir... plus un homme très complexe et au talent exceptionnel, Alfredo Guevara.

Le Narrateur se sent dans le rôle du voyeur.

Car que cherche ce groupe exactement ? A défendre le patrimoine culturel cubain. A développer le potentiel artistique de l'île, ce projet pharaonique de construction d'écoles d'art en est un beau témoignage. Le Conseil a choisi un maître d'œuvre réputé et proche de leur famille spirituelle, Ricardo Porro, architecte inventif et créateur qui a toujours été à l'avant-garde. Il a construit quelques demeures audacieuses, réveillant jalousies et curiosités malsaines. Des voitures passent et repassent devant les maisons construites par Porro, on vient se moquer de ses réalisations qui ne sont pas du tout au goût du jour au Vedado ou à Miramar. Mais le Conseil de la culture ne s'est pas trompé d'homme, et du reste l'architecture organique de l'ensemble des écoles d'art de Ricardo Porro sera par la suite admirée dans le monde entier comme une réalisation unique en son genre.

Tout cela provoquait entre nous des discussions passionnées et parfois violentes. Notre groupe ne pratiquait pas la langue de bois. Le problème principal que rencontrait ce projet n'était pas qu'il fallait construire cinq bâtiments mais venait de l'ambition du Commandant de battre tous les records.

« Comment convaincre Fidel qu'il se trompe ? »

La question d'Antuña nous coupe l'herbe sous le pied. Un ange passe, les ailes lourdes de prudence. Hormis le Che (et peut-être son frère cadet Raúl) jamais personne n'oserait dire au Líder Máximo qu'il se trompe, de peur d'affronter ses foudres. Zeus ne se trompe pas, Fidel Castro non plus.

Après un long silence, une voix éraillée de fumeuse de H. Upmann extra-forts s'élève :

« Cinq cents diplômés d'ici à trois ans ? Ces jeunes gens pourront toujours aller porter les lumières de l'art dans nos campagnes ! »

C'est Mirta Aguirre, son humour noir. Elle brosse la situation d'un trait. Et le voyeur rêve du film qu'il pourrait tourner, les enfants des paysans de la sierra en chaussons et tutu... Ce qui l'intéresse ce ne sont pas les enfants mais les visages et les regards de leurs parents, ces gens qui cultivent la terre et qui ne savent même pas ce que « culture » veut dire.

Il adore leurs réunions confidentielles qui ont un petit côté clandestin. Elles se tiennent le plus souvent chez Mme Antuña ou chez Mme Buchaca, très rarement dans les bureaux des uns ou des autres.

Ces réunions, ces *brainstormings* tropicaux ont malheureusement eu la vie courte. Des personnalités trop fortes, sans doute. Si Antuña est une dame toute en douceur, elle peut aussi se mettre en colère. García Buchaca, visage impassible et regard clair de vedette de cinéma, a, de son côté, un caractère bien trempé. Si elle avait été au pouvoir, Edith aurait pu devenir une Thatcher marxiste, une « dame de fer » tropicale. Aguirre quant à elle est plus proche du général Antonio Maceo que de l'Apôtre José Martí. Ce n'est pas une dame de fer, mais d'acier.

Une atmosphère de non-dit – on se serait cru dans un roman de Nathalie Sarraute – planait sur nos réunions. Trop fines, trop expérimentées, ces trois dames ne se seraient jamais permis de s'affronter ouvertement. Tout se jouait derrière des rideaux bien fermés afin que personne de l'extérieur ne puisse être témoin de nos désaccords. Chacune défendait son territoire, tout en continuant à travailler pour les projets communs. Ce qui, après tout, était la meilleure façon d'envisager les choses.

Drôles de drames. Drôles de dames. Les camarades, soudées par tant d'illusions communes et par une générosité à l'épreuve des mesquineries, découvraient le vertige du pouvoir.

Après le triomphe de la baie des Cochons, l'île paraissait naviguer en eau claire, sur une mer calme, attendant les lendemains qui chantent promis par le Commandant en chef, le *Jefe*.

13

1962. La crise d'octobre

Avril 1961. Fidel Castro annonce au monde que Cuba est un pays communiste.

Le 1er décembre de la même année, il participe à « L'université populaire », un programme de télévision très regardé dans le pays. L'intervention du Commandant commence à vingt-trois heures et se termine à l'aube du 2 décembre. Cette fois, Castro enfonce le clou :

« Je suis marxiste-léniniste et je resterai marxiste-léniniste jusqu'à la fin de mes jours. »

Carlos Franqui fait remarquer dans son livre *Vie, aventures et désastres d'un certain Fidel Castro*, que « Fidel n'a pas dit ce jour-là " *j'étais* marxiste-léniniste, mais *je suis* marxiste-léniniste " ». Cette mise au point alimente la querelle qui consiste à savoir si Castro était ou n'était pas communiste *avant* la sierra Maestra ?

Je pense quant à moi que l'important n'est pas tant de savoir si Fidel était ou n'était pas communiste que de constater qu'après son discours d'avril 1961 le Líder Máximo allait devenir plus marxiste que Marx. Cette présentation à la télévision, la nuit du 1er décembre, est un document capital pour mieux comprendre la personnalité complexe de Castro. Il s'y livre devant les caméras – et toute une nuit – à une sorte de confession, comme il aurait pu le faire devant un prêtre. Il parle de son enfance, de son adolescence, laissant dans l'ombre ses études primaires et secondaires chez les jésuites. Le verbe – poètes et politiciens le savent – peut avoir des pouvoirs magiques. L'éducation catholique est gommée et le peuple cubain écoute la belle histoire d'un enfant dynamique et courageux, d'un adolescent déjà préoccupé par la misère et l'injustice qui règnent dans son pays. Son discours est une sorte d'adaptation orale de *La Jeune Garde* et de *Et l'acier fut trempé*, deux romans soviétiques que Castro a certainement lus en prison. Image d'un jeune héros défendant de nobles causes.

Ce long discours est un cadeau inattendu pour le peuple cubain. Les enfants d'un pays communiste n'ont que faire d'un Père Noël à barbe blanche. Fidel, Père Noël à la barbe noire, offre à son peuple un parti communiste tout droit sorti de son imagination.

Depuis que le Commandant a limogé publiquement le président Urrutia, le gouvernement cubain est composé d'un amalgame de groupes divers : le M26 « fidéliste », le Directoire révolutionnaire, les membres de l'ancien parti orthodoxe de Chibás et du parti socialiste populaire, qui est en réalité l'émanation du parti communiste de 1925. Fidel Castro aurait pu se faire élire président ou secrétaire général de ce parti-là. Ce serait mal le connaître. Il lui fallait un parti nouveau. Il lui fallait surtout son parti à lui.

Janvier 1962. Le Commandant profite du rassemblement rituel de la place de la Révolution pour annoncer la création d'un parti communiste « d'avant-garde ». Grande messe collective, communion des corps et des âmes. Communion des corps, indéniablement.

Ah ! Si j'avais pu disposer pour filmer ces années-là de cette merveille de technique qu'on appelle aujourd'hui caméra numérique ! Malheureusement nous n'avions à l'époque que de vieux appareils nord-américains ou des caméras soviétiques très peu maniables. On imagine mal aujourd'hui comment le peuple tout entier se rendait en masse aux manifestations, l'esprit de fête, la spontanéité et la ferveur qui régnaient alors ! Tout était nouveau pour tout le monde. Les organisateurs n'avaient pas besoin, comme maintenant, de faire venir des camions remplis de marionnettes. Les gens y allaient le cœur léger. J'en fus le témoin. On restait des heures debout sous le cagnard. Chacun se protégeait comme il pouvait avec de grands chapeaux de paille, des ombrelles pour les dames, des chapeaux en papier pour les enfants. On pouvait encore acheter de quoi manger aux marchands ambulants. On buvait du café. Et de la bière surtout. Beaucoup de bière. La grande messe révolutionnaire était bien plus longue et fervente que celle de l'Eglise catholique. Les corps transpiraient, exhalaient ces odeurs tropicales de fruits mûrs et de fleurs fanées, de graisses alimentaires, de sueur et de sexe. La bière tournait les têtes et mettait le feu aux ventres. Coude à coude, bassin contre croupe, des couples se formaient sur place, sans la moindre pudeur. Les femmes en uniforme de la Milice s'arrangeaient pour avoir des pantalons très serrés, tous seins dehors sous leur tenue de camouflage ! Au début le loup en uniforme de milicien surveillait le troupeau de belles gazelles bleues (couleur de l'uniforme de la Milice). Il faisait son choix de loin. Puis les travaux d'approche commençaient, il traversait la foule en jouant des coudes :

« Pardon, *compañeros* ! »

Une fois arrivé à hauteur de celle qu'il convoitait, ils échangeaient sourires et regards. Parfois, cela ne marchait pas. Soit elle avait déjà un compagnon, soit ils n'avaient pas suffisamment d'atomes crochus... Ce n'était pas grave, il y avait bien un demi-million de personnes sur la place. Combien de femmes pour combien de loups affamés ? Sans oublier que sous la peau d'une gazelle se cachait souvent une panthère à l'énergie et à l'appétit redoutables. Et voici que le courant passe, sourires et regards s'accordent. Marivaux entre en scène à la manière cubaine. Ce peuple aime rire. Les blagues sont toujours bienvenues. Lui, le galant, il offre à boire, à manger. Elle, la femme nouvelle, indépendante et révolutionnaire, offre une bière à son tour. Le loup n'est pas seul, il est entouré de rivaux. Et si sa prise est de première qualité, le galant se place derrière sa nouvelle amie, la serrant de près. Car, uniforme ou pas, un beau cul comme celui-là est toujours objet de convoitise...

Il fait chaud. Très chaud. La fatigue se fait sentir. La belle s'appuie sur la poitrine de son camarade en uniforme, quoi de plus naturel ?

En haut de la tribune et face à un bouquet de micros, le Líder, éclairé par dix mille projecteurs, prend son envol. La voix haut perchée, il reprend une même idée, souvent une même phrase. Il y a du gospel dans l'air. Et les Cubains, qui ont du rythme à revendre, piétinent sur place en balançant leurs corps.

Sait-on que, au milieu de cette grande communion politique et révolutionnaire, des hommes et des femmes s'accouplaient symboliquement sur place ? Sait-on que des couples jouissaient tout en scandant en chœur avec les autres...

« Fidel ! Fidel ! Donne-moi le F... Donne-moi le I... »

Donne-moi... C'est sûr, ils se donnaient à fond, ces nouveaux couples néo-révolutionnaires et néo-communistes... Ils allaient poursuivre ailleurs, dans une posada ou motel pour les amants clandestins, les jeux de l'amour nés sur la grande place au milieu de milliers de personnes.

Le 2 janvier 1962, Fidel Castro annonça au peuple cubain la formation d'une Organisation révolutionnaire intégrée. Soit l'ORI. Cet organisme avait pour fonction de choisir les meilleurs éléments humains de chaque groupe politique afin de former, plus tard, le parti communiste cubain. En bon adepte de la démocratie directe, le Commandant demanda au peuple ce jour-là :

« Que ceux qui sont d'accord lèvent la main ! »

Des milliers et des milliers de bras se levèrent... Un chœur de voix entonna :

« *Sí ! Sí, Fidel ! Sí Fidel !* »

L'ORI venait de voir le jour. Elle avait pour but de préparer l'avenir et de créer des écoles d'instruction révolutionnaire pour enseigner aux Cubains, jeunes et moins jeunes, ce que serait le Cuba communiste de demain. Qui seraient les maîtres à penser, les instructeurs de ces nouvelles écoles ? Les « anciens » du parti communiste, pardi ! Cette fois, le Commandant était pris à son propre piège : il était obligé de placer à la tête de l'ORI un membre de la direction du PSP, un bon organisateur, expérimenté et dévoué et ce fut Aníbal Escalante.

Le renard entrait dans le poulailler.

Les Escalante étaient communistes de père en fils, de mère en fille. Aníbal était le plus brillant du clan. Le plus ambitieux aussi. Sa dévotion à Moscou faisait partie de ses atouts. Anibal aimait l'URSS et l'URSS aimait Aníbal.

Escalante, sous les ordres du Commandant en chef, avait pour mission de choisir les meilleurs éléments pour le nouveau parti. Il interpréta cet ordre à sa façon et plaça des hommes à lui à tous les postes clés. A partir de cet accord, Castro se chargeait de la politique internationale pendant qu'Escalante s'occupait du travail national à travers la nouvelle organisation.

L'année 1962 fut baptisée par le gouvernement cubain « l'année de la planification ».

Le peuple, lui, la rebaptisa l'année de la bureaucratisation.

Le principal objectif d'Escalante – et du PSP en général – était de nuire à Carlos Franqui, qui dirigeait le journal *Revolución*, et à Guillermo Cabrera Infante, directeur du supplément littéraire *Lunes* (Lundi).

Franqui, né en 1921, venait d'une famille ouvrière et communiste et avait lui-même été communiste. Après avoir quitté le Parti, il milita pour le M26 sous la dictature de Batista et fonda le journal *Revolución* dans la clandestinité. Le journaliste fit de la prison en 1957 et dut s'exiler. En 1958, il retourna à Cuba avec des armes pour les guérilleros de la sierra. Directeur de Radio Rebelde qui émettait à partir de la sierra, Franqui fut nommé directeur de *Revolución* en 1959.

La lutte féroce entre les vieux communistes et Carlos Franqui se termina par la fermeture de *Revolución* et de *Lunes*. Et à partir de 1963, le journal unique *Granma* contrôla l'information comme la *Pravda* en Union soviétique.

En octobre 1962 éclata une crise qui mit le monde au bord d'une troisième guerre mondiale.

Des centaines de livres et de documents filmés sont consacrés à cette crise. C'est peut-être aujourd'hui un des moments les mieux connus des relations mouvementées entre les Etats-Unis et le Cuba révolutionnaire.

Après le triomphe de la baie des Cochons, en 1961, Fidel Castro imagina qu'une autre invasion, dirigée par les Nord-Américains, verrait le jour sous peu. Un homme qui avait pris l'habitude de se battre contre ses ennemis ne pouvait pas s'endormir sur ses lauriers. Il avait un nouvel ami et pas n'importe lequel : le maître de l'URSS. La guerre froide battait son plein. Le match URSS-USA tombait à pic pour raviver les projets du Líder Máximo.

Comment a commencé cette crise d'octobre ? Qu'est-ce qui a bien pu déclencher cette hystérie collective ?

Fidel Castro avait sa version. Il l'a raconté au journal mexicain *Proceso*.

« Nous avons communiqué aux Soviétiques notre crainte d'une nouvelle invasion. Ils se sont mis à notre disposition pour envisager ce qu'il fallait faire et nous en sommes arrivés à la même conclusion : il faut convaincre Washington qu'attaquer Cuba déboucherait sur un conflit généralisé. Voilà comment est né le projet d'installer des missiles dans l'île. »

Khrouchtchev, dans ses *Mémoires*, donne une autre version.

« Je m'étais fait le raisonnement suivant. Installons des missiles en secret. Quand les Nord-Américains s'en rendront compte, ce sera trop tard. Ils seront obligés de négocier. »

Et, quelques lignes plus tard :

« Il est grand temps que les Etats-Unis savent ce que c'est que de vivre sous la menace permanente. »

En un mot, les deux chefs d'Etat ont essayé de sauver leur réputation face au jugement de l'histoire.

Les documents écrits, les films mis à notre disposition nous montrent que la réalité était quasiment surréaliste. Nikita, le paysan, se croyait plus malin que le jeune millionnaire Kennedy. C'est ainsi qu'il proposa à son ami cubain, un homme au sang chaud, le « grand jeu » des missiles. Il semblerait, une fois n'est pas coutume, que le Commandant ait demandé un temps de réflexion. Il réunit son frère Raúl, Celia Sánchez, le président Dorticós et le Che.

Missiles ou pas missiles ?

Excitation générale. Les Yankees allaient voir ce que le David cubain leur préparait comme surprise ! Grâce à Moscou, la « fronde » du héros rebelle se transformait en arme de destruction massive ! La Havane n'avait qu'à donner son feu vert et des bateaux arriveraient chargés de missiles.

Je me souviens encore d'un discours de Raúl Castro avant la crise qui m'avait beaucoup impressionné. Plagiant son frère Fidel, il vociférait :

« Et si les Américains osent attaquer Cuba il faut les avertir que nous avons des chars, des avions, une artillerie lourde, des armes très perfectionnées... ! »

La foule en délire applaudissait comme devant les aventures de Superman contre l'empire du mal.

Nous, les membres de la nomenklatura (appelons les choses par leur nom), nous savions que des changements étranges étaient en cours à Cuba. Les équipes de l'ICAIC qui tournaient en dehors de La Havane se posaient des questions sur ce qu'ils avaient vu : ces convois de camions gigantesques et très longs recouverts de bâches qui semblaient transporter des charges énormes.

La naïveté de Khrouchtchev était telle qu'il ne pouvait pas imaginer que Washington se doute de quoi que ce soit. Un excellent documentaire composé d'images d'archives montre que les avions espions U2 avaient filmé les convois de camions pour en arriver à la conclusion fatale que l'URSS était bel et bien en train d'installer des rampes de lancement de missiles à têtes nucléaires sur le territoire cubain.

C'est alors que la crise explosa.

Les soupçons furent confirmés. Cuba serait bientôt en mesure d'attaquer les Etats-Unis avec des armes atomiques. Il fallait agir vite.

Kennedy ordonna un blocus total. Aucun bateau soviétique ne pouvait approcher Cuba sans subir une fouille systématique... Ou ce serait la guerre.

Un documentaire de la télévision nous montre l'ambiance tendue qui régnait à l'époque entre Washington, Moscou et La Havane. Les frères Kennedy, les traits tirés, avaient tout à coup perdu leurs sourires éblouissants ; Nikita Khrouchtchev, assis à sa table de travail, paraissait soucieux. Fidel Castro en treillis de combat, téléphone à l'oreille, semblait aussi très préoccupé. Avec qui s'entretenait-il ? Certainement pas avec Kennedy ni avec Khrouchtchev. Ce n'est que plus tard qu'il prendrait connaissance des résolutions prises sans le consulter. A savoir que Moscou ordonna aux bateaux de faire marche arrière. Les missiles seraient enlevés et reviendraient, eux aussi, à Moscou. Washington retirerait ses bases en Turquie et signerait un protocole promettant que jamais il n'envahirait Cuba.

Jusqu'à présent tous les présidents des Etats-Unis – presque une dizaine – ont respecté cet accord. Ce qui n'a pas empêché Fidel Castro de mobiliser périodiquement son peuple sur le thème d'une « invasion yankee », quand les conditions économiques ou internationales le requéraient. C'est sa manière de se venger. Les deux superpuissances se sont mises d'accord sans le tenir au courant ? Très bien ! Il traitera ce protocole par le mépris.

Une autre manière de prendre sa revanche consista à ordonner des manifestations de rues pendant lesquelles le peuple cubain défilait en chantant : « Nikita, pédé ! Ce que l'on donne, on ne l'enlève pas ! »

Fidel se fâcha avec Nikita. Il le bouda pendant un long moment. Préoccupé par cette situation, l'Ukrainien décida de faire la cour au Cubain. Brejnev devait la continuer. Les vieux bureaucrates communistes avaient finalement compris que le jeune révolutionnaire était plus susceptible qu'une Katioucha vierge et qu'il fallait le prendre avec des gants de velours.

Le Commandant visita l'URSS entre le 27 avril et le 3 juin 1963. De belles vacances. Une façon agréable de découvrir le pays des Soviets et de narguer le géant américain.

Le 1er mai, Castro occupe la place d'honneur à côté du maître de Moscou. Le peuple défile. Les petites filles portent des rubans rouges dans leurs tresses bien coiffées. L'armée exhibe ses chars, ses canons, ses armes lourdes, voire dangereuses. De quoi nous faire retourner à l'âge de pierre. Mais le plus impressionnant, ce sont les immenses photos du barbu Karl Marx et du barbu Castro. Le père adoptif et le fils spirituel venu de son île lointaine. A peine deux ans après son « je serai marxiste-léniniste jusqu'à la mort », Fidel était reçu en héros chez l'oncle Ilitch.

Retour en arrière. L'année 1962, cette année si torride, arrivait à son terme. Cuba n'avait plus de missiles. Pour se faire pardonner, le Grand Frère envoya des tonnes et des tonnes de viande de bœuf en boîte au goût un peu terreux ; des allumettes qui ne s'enflammaient pas faute de phosphore ; des préservatifs trop grands pour mieux flatter l'ego des Cubains...

La Révolution entrait dans sa cinquième année d'existence, j'étais à Cuba depuis trois ans déjà et je commençais à me sentir cafardeux. J'avais le blues de Paris, il m'arrivait parfois d'écouter Piaf pendant des heures, ce qui contribuait à m'enfoncer dans la *saudade*, comme disent les Portugais.

L'aventure révolutionnaire et mes responsabilités à la culture m'empêchaient de penser à un quelconque départ, il n'était tout simplement pas question pour moi de quitter Cuba.

Si la Seine et la capitale française tant aimées n'entraient pas dans mes projets immédiats en cette morose fin d'année 1962, des solutions de remplacement s'imposèrent à moi. J'avais de quoi m'évader un peu. Les échanges culturels et commerciaux entre Cuba et l'Europe de l'Est allaient se développer à toute allure. Je dirigeais une compagnie nationale de théâtre, je faisais partie de l'Institut du cinéma, j'étais le président de la section théâtre de l'UNEAC, l'Union des écrivains, j'avais donc tous les atouts en main pour devenir un « voyageur intermittent ».

14

1963-1964. Le temps des voyages

Saúl Yelin m'avait fait lire une nouvelle de l'écrivain polonais Slawomir Mrozek qui décrivait avec un humour féroce la hantise des voyages dans les pays communistes. C'était l'histoire d'un groupe de corbeaux qui, affamés pendant l'hiver, n'ont qu'un seul espoir, survivre jusqu'à l'arrivée du printemps. Dès qu'au printemps le premier arbre secouait la neige de ses branches pour laisser fleurir une fleur anémiée, les corbeaux s'envolaient. Ailes déployées, œil brillant et leur vigueur retrouvée, les corbeaux partaient au loin, à la recherche du bonheur. La métaphore ne trompait personne, l'écrivain dénonçait les privilèges des hauts fonctionnaires et des cadres supérieurs qui pouvaient s'offrir tout ce qui manquait aux citoyens anonymes des pays socialistes.

« Nous voilà devenus des corbeaux à notre tour, me dit un jour Yelin au cours d'un voyage où nous étions censés représenter l'ICAIC à l'étranger.

— Non. Nous sommes plutôt des *auras tiñosas*, Saúl Des vautours tropicaux. »

Peu à peu nous apprenions les règles du jeu de ces rencontres internationales. Il s'agissait d'organiser la présence cubaine dans un festival de cinéma à Berlin-Est, ou à Karlovy Vary, l'ancienne ville de Carlsbad. Ou bien, à Moscou, je devais m'occuper d'organiser des échanges entre compagnies théâtrales. Que ce soit en URSS ou en Bulgarie, le rituel ne changeait jamais. Dix heures du matin, une salle de travail, une table couverte de feuilles blanches, de crayons et de porte-documents... Une bouteille d'eau et un verre pour chacun. La discussion commençait. Disons plutôt un dialogue de sourds. Nous, les Cubains, nous étions les pauvres en demande. Eux, les frères socialistes, n'avaient qu'à prendre des notes et nous envoyer, plus tard, ce dont nous avions besoin. Ces rencontres n'étaient que de petites comédies visant à une meilleure connaissance réciproque. Les pays de l'Est travaillaient alors au rythme des plans quinquennaux. Les véritables décisions se prenaient au-dessus de nos têtes, de ministre à ministre. Nous n'étions que des apparatchiks faisant semblant de mériter nos salaires, de justifier nos voyages.

Les plans quinquennaux...

Je me souviens de la rage de Saúl Yelin un jour à Budapest. Il lisait la liste des choses dont nous avions besoin pour l'Institut du cinéma. Il fallait tout prévoir cinq ans à l'avance ! Jusqu'au nombre de rouleaux de papier hygiénique !

Une fois les accords signés et les politesses de rigueur accomplies venait le temps de la détente : nous avions immanquablement droit à de l'alcool et des gâteaux. Nous continuions ensuite par un copieux déjeuner et encore plus d'alcool pour mieux détendre l'atmosphère et se féliciter du triomphe de la Révolution cubaine et de la bonne santé de l'Union soviétique, notre mère à tous. Du vin hongrois dit « sang de taureau », du cognac bulgare (Seigneur !), du champagne soviétique et de la vodka. Surtout de la vodka.

Au cours de mon cinquième voyage, assez ivre, à dire la vérité, et mourant d'ennui dans un restaurant surchauffé de Dresde, je me souviens d'avoir lâchement laissé Saúl Yelin s'entretenir avec les apparatchiks. Il avait la faculté de pouvoir soutenir une conversation insipide comme si de rien n'était, ce qui n'était pas mon cas.

De retour à Cuba, mon cahier de notes à la main, je fais le point de mes rencontres en Europe de l'Est. Je m'entête à faire l'inventaire des fonctionnaires croisés dans tous ces pays. Je ne me rappelle pas un seul communiste sincère, un seul socialiste à visage humain. Je ne vois que des bureaucrates un peu flics sur les bords, des gens dévorés d'ambition, et sans illusions. Quand ils étaient ivres, leurs langues se déliaient. Et je me rendais compte que ces tristes personnages avaient des rêves de petits-bourgeois, ils ne parlaient que datcha, voiture, promotion, bonnes écoles pour leurs enfants. A la fin d'un repas bien arrosé, les camarades de l'Est tombaient les masques et évoquaient les sujets tabous dans ces sociétés hypocrites et verrouillées : sexe, amours illicites, mensonges. La plupart de leurs maîtresses étaient des camarades de travail. Droit de cuissage et promotion par le canapé fonctionnaient dans une totale absence de culpabilité.

Berlin-Est. Après une présentation de films cubains, le directeur général du cinéma nous entraîne, Saúl Yelin et moi-même, dans la maison d'hôtes pour étrangers des studios de Babelsberg. Cette fois-là nous sommes accompagnés par une actrice cubaine, jeune et belle. Nous avons remarqué, Yelin et moi, que le directeur a l'air d'apprécier les charmes de la comédienne. Ces voyages dans les pays socialistes sont programmés heure par heure. Les changements de parcours ne sont jamais bienvenus. Saúl Yelin me glisse à l'oreille :

« Je ne peux pas aller avec vous à Babelsberg. J'ai une réunion à Dresde. Occupe-toi de notre starlette.

— Que veux-tu qu'il lui arrive ?

— Reste sur tes gardes, c'est tout. »

J'ai pris ces mots pour une boutade. J'étais enchanté de visiter les studios mythiques de Babelsberg. Là où avaient été tournés les films de Fritz Lang, ceux de Murnau, *L'Ange Bleu* de Marlène... La maison pour les hôtes étrangers était fort agréable, au bord d'un lac et d'une forêt qui, d'après l'un d'eux, avait inspiré Heinrich Heine. Le dîner avait été particulièrement réussi. Les nombreux membres de la hiérarchie est-allemande étaient venus en compagnie d'un groupe de dames, et parmi elles se trouvaient quelques jeunes actrices de ce pays frère.

J'eus la surprise de trouver là le cinéaste français Jean Mailland. Nous nous étions rencontrés à Cuba pendant le tournage du film d'Armand Gatti, *L'Autre Cristobal*, et nous étions devenus très amis. Jean finissait le montage d'une coproduction et avait sa chambre à l'étage.

« J'ai une bouteille de Havana Club. Viens ! J'ai plein de choses à te raconter. »

Personne ne faisait attention à moi autour de la table. L'actrice cubaine semblait se trouver en bonne compagnie, assise entre le directeur général et une femme qui ressemblait à Elisabeth II d'Angleterre. Je pouvais m'absenter sans souci.

Mailland voulait me raconter sa passion toute récente pour Anna Prucnal, l'actrice et chanteuse polonaise à l'immense talent qui deviendrait plus tard sa femme.

La bouteille de rhum bien entamée, nous avons soudain entendu des coups de feu à l'extérieur de la maison.

« Aïe ! Sans doute un pauvre type qui a choisi la liberté de l'autre côté du fleuve ! »

Que n'avait-il dit ? Cet endroit était en effet connu pour être un lieu de passage des dissidents qui cherchaient à fuir à l'Ouest. La police communiste s'amusait à les tirer comme des lapins. J'ai vu plus tard les photos d'un cadavre entouré de trois gardes, fusils à la main. Les bourreaux, fiers de leur exploit, affichaient un large sourire.

Soudain, l'actrice cubaine est entrée dans la chambre de Mailland, les joues en feu, en larmes, décoiffée et la blouse déchirée.

« Qu'est-ce qui t'arrive ?

— Ce gros porc a essayé de me violer ! »

Pendant que Mailland s'occupait de calmer ma compatriote, je suis descendu chercher le gros porc en question. Ils avaient quitté la table et je le trouvai affalé dans un somptueux salon ou les canapés et les fauteuils confortables ne manquaient pas. Elisabeth II ronflait, ivre morte. Quelques couples dansaient un slow en faisant des mouvements obscènes. Sur un sofa aux coussins moelleux, le directeur général se consolait du refus de la Cubaine avec une starlette locale.

Mais je ne faisais pas que des mauvaises rencontres au cours de ces voyages. J'étais aussi en contact avec des artistes, des cinéastes, des écrivains, des gens de théâtre. J'eus la joie de rencontrer Helene Weigel au Berliner Ensemble. Je respectais la femme, j'admirais l'actrice prodigieuse de *Mère Courage*, du *Cercle de craie caucasien*, de *La Mère*, l'adaptation que Brecht avait faite du roman de

Gorki. J'avais parlé à Weigel de mon rêve d'écrire un livre de « dialogues sur le théâtre » avec elle.

« Il y a et il y aura des centaines de livres sur Brecht. Je pense tout de même que votre contribution au Berliner a été immense. »

Elle m'observa un long moment de son regard incisif avant de répondre.

« Les poètes restent. Les actrices passent. Pourquoi pas ? Si vous y tenez. »

Elle avait accepté, mais sa mort a empêché la réalisation de ce projet.

A Varsovie, Ewa Fiszer-Ivens, l'ex-épouse de Joris Ivens, me présenta à son cercle d'amis : Andrzej Wajda, le plus grand réalisateur polonais, et son acteur Zbigniew Cybulski, le prodigieux protagoniste de *Cendres et diamant*, du *Manuscrit trouvé à Saragosse* et de quantité d'autres films. On l'appelait « le James Dean polonais » à cause de son physique et de son jeu, de son énergie animale. Grand buveur comme tout bon Polonais, Cybulski me promena un soir dans le quartier de l'ancienne Varsovie où chaque maison, chaque rue avait été reconstruite exactement comme elle l'était avant que le quartier n'eût été complètement rasé.

« Quand les nazis sont partis, il n'y avait plus que l'église qui restait debout. C'est sûr, Dieu est polonais. »

C'était bien avant l'élection de Jean-Paul II. Cybulski, le prophète, est mort en essayant de monter dans un train en marche. Si Dieu est polonais, Zbigniew Cybulski doit se trouver au paradis, à la droite du Créateur.

C'est à Prague que j'ai rencontré Soledad Ruiz, une Indienne mexicaine, étudiante de théâtre. Elle me servit de traductrice et me fit connaître le théâtre Na Zabranu et son directeur Otomar Krecja. Un des grands metteurs en scène du monde, Krecja a été invité en France ensuite par la Comédie-Française. Il accepta mon invitation à La Havane, où il mit en scène une version de *Roméo et Juliette* avec un Roméo blond et une exquise Juliette noire. Ce spectacle fit scandale. Les critiques évoquèrent « le manque de respect du texte de Shakespeare ». L'actrice nous avait avertis :

« Vous verrez. Les gens vont râler. La discrimination raciale est encore très forte à Cuba. Une Juliette noire ? Impensable ! »

Soledad Ruiz intégra l'Ensemble dramatique et devint mon assistante. Grâce à son talent et à sa discipline de travail, je pus concilier mes activités à l'ICAIC et au théâtre avec mes voyages dans les pays frères.

1963. Un événement tragique plonge la planète dans le désarroi et la consternation. John Fitzgerald Kennedy, le jeune et charismatique président des Etats-Unis, est assassiné à Dallas. Le gouvernement cubain se réunit de toute urgence pour réfléchir aux retombées du drame sur la situation cubaine.

Kennedy à peine décédé, la rumeur commença à courir d'un côté à l'autre de Little Havana, la « deuxième ville de Cuba », que Lee Harvey Oswald, l'assassin de Kennedy qui avait épousé une Soviétique, faisait partie de la « mouvance de gauche » et aurait eu des relations avec les Cubains...

L'île se trouvait en état d'alerte, et en même temps le gouvernement manifestait du respect pour le président disparu. Ce n'était pas un faux-semblant : Kennedy avait hérité du projet d'invasion de Cuba mais il avait aussi refusé d'envoyer les avions nord-américains soutenir les brigades encerclées sur la playa Girón, et cela, Castro ne l'oubliait pas.

Quarante ans plus tard, des hauts fonctionnaires proches de Kennedy affirmèrent que le président des Etats-Unis et le Líder Máximo auraient pu trouver un terrain d'entente pour améliorer les relations entre leurs deux pays. Mais la crise d'octobre avait provoqué une telle panique que l'idée de frôler de nouveau une guerre atomique avait fait basculer l'opinion publique. Nikita Khrouchtchev préféra courtiser des étoiles de cinéma à Hollywood, à commencer par Shirley MacLaine. L'actualité politique ressemblait, le temps d'un soupir, à un film en Technicolor.

Le film finit en cauchemar et, près d'un demi-siècle plus tard, personne n'a jamais pu apporter de preuves solides concernant l'assassinat de Kennedy. Etait-ce l'acte solitaire d'un névropathe ? Un complot de la mafia de mèche avec le FBI, la CIA ? On ne saura jamais. Mais ce mystère aura permis à James Ellroy d'écrire un de ses meilleurs romans, *American Tabloid*.

Kennedy une fois enterré, Cuba, la communiste, continuait sa marche vers l'intégration aux pays de l'Est. Le Commandant eut le plaisir de passer ses vacances à chasser le sanglier sous la neige avec ses potes de Moscou.

1964. « L'affaire Joaquín Ordoqui » éclate, provoquant la stupeur à Cuba.

Ordoqui, ancien ouvrier syndicaliste, membre de la direction du parti socialiste populaire et époux d'Edith

García Buchaca, est accusé « d'avoir eu jadis des contacts au Mexique avec la CIA ».

Voilà ce qu'on lui reproche.

Au moment de la dictature de Batista, le couple Ordoqui-Buchaca s'était exilé au Mexique. Est-ce pour courtiser le dictateur cubain que le département d'Etat américain demanda aux Mexicains d'« expulser » le couple de leur pays ? On ne sait, mais ce fut peine perdue parce que Buchaca et Ordoqui étaient des amis personnels du président mexicain. Il y avait aussi au Mexique une vieille tradition d'accueil des réfugiés politiques de gauche, dont le plus connu avait été Léon Trotski. Le couple de Cubains resta donc au Mexique jusqu'au triomphe de la Révolution.

De retour à Cuba l'un et l'autre occupèrent des postes clés dans la vie culturelle et politique du pays. Quand soudain, à la fin de 1964, six ans après l'entrée des *barbudos* à La Havane, survient le psychodrame. D'après des documents appartenant à la CIA, Ordoqui aurait rencontré des agents des services secrets des Etats-Unis au Mexique et passé un marché avec eux. Ce qui expliquerait pourquoi le couple avait pu bénéficier de protections et rester dans la capitale fédérale. García Buchaca n'était pas personnellement compromise. Elle n'apparaissait que dans le rôle d'épouse.

Ordoqui nia avec fermeté ces accusations. Mais la première chose bizarre dans cette affaire, c'est que le couple n'allait pas être jugé par les autorités cubaines mais par les instances juridiques du parti socialiste populaire. Tribunal discret, procès à huis clos. Les amis (et les ennemis) du couple apprirent un jour qu'Ordoqui et Buchaca avaient été assignés à résidence. Ils avaient une belle maison, certes, et conservaient l'affection d'une grande famille et d'amis loyaux. N'empêche que cette histoire les blessa profondément. Ordoqui mourut en niant les accusations portées contre lui, et son épouse fut libérée après avoir passé neuf ans sans pouvoir sortir de chez elle.

Entre-temps, un ex-agent de la CIA, nommé Philip Agee, publia un livre qui dévoilait les sales méthodes (*dirty tricks*) de son service. Il y évoquait les « fausses accusations portées contre Joaquín Ordoqui ». Carlos Rafael Rodríguez, l'ex-mari de García Buchaca et membre du cercle fermé des amis de Fidel Castro, voulut faire réviser le procès d'Ordoqui. Mais le parti socialiste populaire n'existait plus, il s'était désintégré pour faire place au nouveau parti communiste de Fidel Castro.

Carlos Rafael Rodríguez se trouva face à un mur : personne apparemment n'avait envie de rouvrir ce dossier tombé dans l'oubli. Agee, l'ex-agent de la CIA, qui avait trouvé refuge à Cuba, garda lui aussi le silence.

A la mort de Carlos Rafael Rodríguez, sa fille Annabelle, exilée à Madrid et membre de la direction de la revue culturelle *Encuentro*, prit la relève pour défendre l'honneur de son défunt beau-père. Edith García Buchaca, qui a aujourd'hui quatre-vingt-sept ans, espère toujours obtenir un jour gain de cause...

L'affaire Ordoqui permit à Castro de fermer le Conseil national de la culture pour le transformer en ministère. Le Premier ministre s'appelait Señor Lechuga. Monsieur Laitue. Nom prédestiné. Fonctionnaire dogmatique, bête comme chou, Lechuga s'employa avec une constance bornée à détruire l'excellent travail réalisé par ces trois femmes émérites : Antuña, Buchaca et Aguirre.

Au cours d'une rencontre avec les artistes et intellectuels du pays qui se déroula à la Bibliothèque nationale,

Fidel Castro, après un très long discours, lança son mot d'ordre devenu célèbre :

« Con la Revolución, todo ; contra la Revolución, nada ! »

Depuis toujours, le Commandant a le sens de la phrase-choc, du slogan à l'américaine.

Ce jour-là, l'auditoire de qualité qui s'était réuni à la Bibliothèque se leva lâchement pour ovationner le Líder Máximo. Quelques-uns de mes collègues ont blêmi. Moi, j'ai tremblé. Mais aucun de nous ne s'est levé pour quitter la réunion.

La phrase « Avec la Révolution, tout, contre la Révolution, rien » impliquait un programme politique ambigu et féroce. Cette consigne pouvait être utilisée en bien et en mal. A chacun d'en juger. A chacun de prendre ses responsabilités. Lechuga avait, bien sûr, tout compris de travers. Ceux et celles qui ne portaient pas l'uniforme de la Milice nuit et jour, ceux qui ne scandaient pas pour un oui ou pour un non « La patrie ou la mort ! » devenaient des suspects.

Le ciel culturel cubain commençait à s'assombrir. Le chapitre de l'UMAP, Unité militaire d'aide à la production, frappait à nos portes. Ses premières victimes furent les homosexuels, ceux qui ne travaillaient pas, les marginaux et délinquants, les « scories de la société ». La nuit des longs couteaux avait commencé.

15

1965. Création du parti communiste fidéliste

Fidel Castro avait enfin *son* parti communiste, *son* comité central inspiré de celui de l'URSS. Les soviets de la Caraïbe. Une machine à défier le temps. Une structure politique qui s'inspirait d'une figure géométrique parfaite, la pyramide. La civilisation égyptienne dans sa sagesse subtile et raffinée avait fait de la pyramide le symbole de l'éternité. Le Líder Máximo se trouvait, donc, au sommet de ce triangle parfait. Face au soleil. La tête sous les étoiles. La place rêvée pour deviser avec Dieu. Et si Dieu, comme par hasard, jouait son rôle préféré, à savoir celui de l'Absent, l'hôte du Vatican pouvait très bien le remplacer, que diable !

Fidel et sa rencontre avec le pape ! Cet objectif a toujours obsédé le Commandant, ancien élève modèle de l'école des jésuites de Belén. Je le sais. Je connaissais l'ambassadeur de Cuba au Vatican. Quand on est au sommet de l'échelle, on se prend à tout désirer. On a le pouvoir d'anticiper l'avenir.

Il rêve. Nous rêvons. Vous rêvez.

Fidel côtoyant les grands de ce monde. Fidel et les hommes au pouvoir. A l'exception du président des

Etats-Unis. Fidel chouchou de ces dames, les plus belles et les plus distinguées : mannequins célèbres, vedettes du cinéma international, épouses de ministres et d'ambassadeurs, femmes de lettres, femmes de présidents de certains pays démocratiques capitalistes qui rougissent de bonheur en prononçant le prénom si tendre de « Fidel ». Et jusqu'à mère Teresa, la sainte.

Fidel et le prix Nobel !...

Quoi de plus normal. Il est en haut de la pyramide, Fidel, de cette pyramide tant rêvée, construite de ses propres mains, à force de volonté. La jet-set, les *beautiful people* sont, nous le savons, tous et toutes résolument snobs. Tous et toutes également fascinés par le pouvoir. Voyez la passion d'Ezra Pound et de D'Annunzio pour le Duce Mussolini, Gorki se pliant aux directives du flic Jdanov et de son maître Staline, Leni Riefenstahl dans un salon privé dansant pour le Führer. « Fidel » et Gabriel García Márquez, loyauté et béatitude...

Etrange destin que celui de Castro, Fidel ! Mystérieux magnétisme personnel ! Castro, le Cagliostro de la politique.

Observez l'ironie de cette histoire, toute tropicale.

La pyramide en question, c'est un appareil marxiste-léniniste en béton. S'il y a un reproche qu'on ne peut pas faire au Commandant c'est celui de simulateur ou d'hypocrite. Fidel Castro a toujours dit ce qu'il pensait du haut de son perchoir.

« Marxiste-léniniste jusqu'à la mort ! »

Son discours du 2 décembre 1961.

Ce message-là, toute la planète l'a entendu.

A partir de ce jour, tous ceux et celles qui rencontraient le Líder savaient qu'ils ou elles entraient en relation avec un dirigeant communiste, fervent admirateur de Lénine et, pourquoi pas, de Staline.

Et quand les communistes rencontrent Fidel, ils ont intérêt à être plutôt du côté de l'orthodoxie marxiste-léniniste, car le Commandant déteste les révisionnistes, les cocos tièdes, les rouges modérés. Gorbatchev en sait quelque chose, lui dont la *perestroïka*, la *glasnost*, ne seront guère du goût de Fidel.

Quand la pyramide s'est constituée, j'étais encore à Cuba. J'ai eu très vite conscience de ce que signifiait la constitution d'un parti unique avec un comité central monolithique, une presse unique, et, bien entendu, une pensée unique, celle du Líder.

J'avais déjà pas mal voyagé dans les pays de l'Est, je n'étais plus naïf, j'avais perdu mon innocence idéologique au cours de mes nuits blanches à Varsovie, à Prague, à Budapest, et même à Moscou.

Jerzy Grotowski et son collaborateur italien Eugenio Barba m'avaient expliqué les difficultés qu'ils avaient, en Pologne, à poursuivre leurs recherches dans une bureaucratie communiste.

« Il faut avoir beaucoup de patience. Ruser pour obtenir la moindre concession. On y arrive mais... patience et ruse. »

A Prague, Soledad Ruiz et ses amis tchèques m'avaient souvent parlé de leur peur constante des dénonciations, des rafles policières, les menaces de prison sous n'importe quel prétexte.

A Berlin-Est, un réalisateur qui m'avait pris en amitié leva les bras au ciel quand il apprit que je n'avais pas la carte du Parti.

« Tu es fou ! Dans trois ou quatre ans, Cuba sera aligné sur les pays communistes de l'Est. Tu dois absolument prendre la carte si tu veux qu'on te laisse travailler tranquille ! »

A Budapest, une actrice hongroise amie apprenait avec acharnement l'anglais dans l'espoir de s'exiler un jour aux Etats-Unis.

La ruse.

La peur.

L'exil.

Les hautes instances du Parti cubain avaient été désignées par le Commandant en personne : son cercle rapproché prenait les postes clés. A mesure qu'on descendait dans les cercles de la hiérarchie, les choses se compliquaient. Le pouvoir « filtrait » ceux qui voulaient prendre leur carte. Chaque centre de travail organisait assemblée sur assemblée. Les travailleurs étudiaient chaque cas, les curriculum vitae étaient passés au crible. Ceux qui avaient des parents communistes ou qui avaient milité au PSP dissous avaient de bons atouts pour se faire élire. Les néo-marxistes essayaient de se faire pistonner pour arriver à leurs fins. La démocratie centralisée était en marche. Il y avait des candidats, il y avait des électeurs, oui, mais les dés étaient pipés. L'heure de vérité sonnait quand on lisait la liste des élus. Des applaudissements tièdes pour ceux et celles que l'on savait « élus d'avance ». Des ovations pour les favoris qui obtenaient la carte par leurs seuls mérites. A l'ICAIC ce fut le cas de Santiago Alvarez, communiste avant la Révolution, certes, mais aussi un cinéaste qui s'était gagné un statut par ses mérites et son humanité profonde.

La formation du Parti réveilla ce que nous appelions « la fièvre de la réunionnite ». Ces assemblées étaient squattées par les grandes gueules qui voulaient se faire remarquer et jouaient des coudes pour arriver au pouvoir, ou profitaient de la situation pour exécuter de petites vengeances personnelles.

Directeur d'une compagnie nationale, je ne pouvais éviter ces réunions qui étaient pour moi un vrai calvaire. Cela dit, je n'avais pas à me plaindre. Les metteurs en scène étrangers invités, Ulive, Raimondi, Chaussat, Soledad Ruiz, s'étaient parfaitement intégrés au travail et les acteurs, même les vedettes de télévision et de cinéma, montraient tous un esprit de camaraderie exemplaire. Excepté une personne. Il s'agissait d'une actrice espagnole, une femme très professionnelle mais compliquée et ambitieuse. Je la connaissais d'avant la Révolution et je l'admirais beaucoup. Nous avions eu des discussions politiques houleuses. C'était une anticommuniste viscérale et elle me reprochait mes amitiés avec les gens du Parti.

Et la voici, après le triomphe de la Révolution, portant l'uniforme bleu de la Milice, revolver à la hanche.

Je préside l'assemblée du mois. Comme d'habitude, je fais le clown pour détendre l'atmosphère. Nous allons clore la séance quand l'Espagnole se lève et, de sa belle voix grave de tragédienne à la diction parfaite, elle annonce que, par conscience révolutionnaire, elle souhaite soumettre une requête à la direction de la compagnie.

Il s'agissait, en fait, de dénoncer Myriam Gómez, une jeune comédienne qui ne cachait pas ses amours avec Guillermo Cabrera Infante, le remarquable écrivain qui venait de s'exiler à Londres.

« Si Cabrera Infante a déserté, on se doute bien que Myriam Gómez va le suivre tôt ou tard. Anticipons en l'expulsant de la compagnie. »

C'était du psychodrame à l'état pur. La sublime interprète de *Yerma* avait trouvé un nouveau rôle : celui de communiste convaincue et délatrice par devoir.

Je connaissais bien la personne, j'avais été assistant du metteur en scène qui l'avait dirigée dans la pièce de Lorca. Nous avions eu, elle et moi, une brève et tumultueuse liaison. D'un tempérament très jaloux, elle perdait parfois le sens de la réalité. Ce fut le cas pendant la réunion. Je pris la défense de la jeune comédienne, mais pas en raison de mon amitié et de mon admiration pour son amoureux ; car Myriam Gómez n'était pas seulement une très belle femme, c'était aussi une actrice de talent et une personne loyale que tous respectaient. La question fut donc réglée en deux mots. J'ai demandé à l'Espagnole de bien vouloir se rasseoir, étant donné que son accusation n'avait aucune valeur aux yeux de l'assemblée.

Après la réunion nous avons eu dans mon bureau un tête-à-tête d'une grande violence. J'avais pris la précaution de lui demander son revolver avant d'entamer la discussion. Elle avait la tragédie dans les gènes et j'imaginais que le spectacle d'un jeune directeur s'effondrant sur son bureau criblé de balles ne lui aurait pas déplu.

J'avais oublié cette anecdote et c'est Cabrera Infante qui me la rappela un jour, bien plus tard, à Londres.

Myriam Gómez qui était devenue son épouse se souvenait de ma réaction ce jour-là, qui lui avait paru plus que raisonnable. C'était une question de justice. Comment pouvait-on prévoir et condamner à l'avance la conduite d'une personne ?

Après la baie des Cochons et la crise d'octobre 1962, mes amis commencèrent à quitter le pays. Les uns, comme Andrés Castro et son épouse l'actrice Antonia Rey, directeurs du théâtre Las Mascaras, parce que le communisme leur faisait peur ; les autres, comme François Morin, parce qu'ils craignaient les persécutions contre les homosexuels. Des persécutions d'homosexuels à Cuba ? Une bonne quantité d'artistes, de peintres, de musiciens, d'acteurs, de réalisateurs étaient homosexuels. La « jeune Révolution cubaine » ne pouvait pas se payer le luxe de s'aliéner ces talents. J'ai pensé, au début, que ceux qui s'inquiétaient étaient un peu paranoïaques.

Mea culpa.

L'UMAP, Unité militaire d'aide à la production, est alors entrée en scène. Tout a commencé, plus ou moins, vers 1963. J'ai eu alors une sorte de flash de ce qui nous attendait.

Une de mes camarades de la faculté de philosophie devenue psychologue, experte en béhaviorisme ou science du comportement, m'invita un jour à dîner. Elle voulait me parler d'un projet sur lequel elle travaillait et qui pouvait m'intéresser pour un scénario de film.

J'espérais que ce n'était qu'un prétexte pour reprendre nos conversations ardentes, à la tombée du jour, dans le jardin de la place Cadenas de l'université de La Havane. Métisse de Noir et de Chinoise à la peau cannelle et aux grands yeux sombres, l'ancienne jeune fille svelte était devenue une veuve aux formes épanouies et à la sensualité explosive. Son défunt mari, qui occupait un poste au ministère des Affaires étrangères, s'était approprié une maison ayant appartenu à un *gusano* (un « ver de terre », comme on appelait ceux qui s'exilèrent à Miami au lendemain de la Révolution). Une magnifique demeure de deux étages à Miramar avec un sol en marbre de Carrare, pleine de meubles précieux d'époque coloniale. A l'étage il y avait une terrasse surplombant une grande piscine.

Cette femme voyageait beaucoup, allant de congrès en congrès, et rentrait à Cuba ses valises pleines. Elle possédait tout ce dont le Cubain moyen rêvait : un frigidaire rempli de langoustes fraîches, de caviar beluga, de champagne français... En bonne gourmande, mon amie était un véritable cordon-bleu. Nous dînions aux chandelles sur la terrasse, frissonnant sous une légère brise, quand la psychologue commença à évoquer son projet.

« J'ai fait mes études à Prague avec des médecins de l'armée. Ils sont aujourd'hui de passage à Cuba en tant que conseillers. Ils ont fait une étude sur le comportement des enfants en bas âge. Sais-tu qu'on peut détecter les tendances homosexuelles chez un enfant de deux ou trois ans ? En découvrant ces symptômes tôt, les psychologues peuvent traiter l'enfant afin d'empêcher qu'il tombe dans l'homosexualité. »

Je n'en croyais pas mes oreilles. D'ailleurs, je n'écoutais que les moments forts de son discours, louchant honteusement sur son corsage décolleté qui s'ouvrait sur deux seins parfaits, ronds et fermes, et pas du tout siliconés.

Des enfants, presque des bébés, pédés ! Telle était l'obsession de mon amie et de ses professeurs tchèques. Et elle me proposait de collaborer avec elle à l'écriture d'un scénario, d'une fiction qui raconterait comment faire des citoyens normaux de ces enfants « déviants ».

Le vin coulait à flots et je lui promis tout ce qu'elle voulait pour une seule et simple raison, c'est que j'attendais le moment où nous nous jetterions nus dans sa piscine olympique, oubliant la psychologie, les scientifiques tchèques, la pyramide en marche, le dogmatisme érigé en religion d'Etat.

Quelques jours plus tard, j'eus droit à un autre « avertissement ».

Tomás Gutiérrez Alea m'appela, fou de joie.

« Le commandant Lister est à La Havane. Veux-tu qu'on aille le voir ? »

Alea était, comme moi, fils d'Espagnols et nous vénérions le mythique commandant Lister, l'ennemi juré de Franco, le combattant exemplaire.

Nous sommes entrés dans le bar de l'hôtel Riviera. Le général était entouré d'une cour d'admirateurs. Des bouteilles de rhum sur une table. Lister, gros, gras et ivre, était affalé au fond d'un fauteuil club qui contenait à peine son corps déformé. Quand Alea et moi nous sommes approchés du groupe, nous avons entendu la voix de stentor du général, une voix brûlée par l'alcool et le tabac, qui s'exclamait :

« Vous n'avez qu'à éliminer tous ces pédés, comme nous l'avons fait pendant la guerre civile. Nous les avons éliminés, tous... Enfin, toutes ! »

Rires en chœur des Cubains.

« On les envoyait en première ligne. Pas un seul n'a survécu, *carajo* ! »

Les fans du général applaudirent.

Titon Gutiérrez Alea et moi, nous nous sommes regardés. L'ombre de García Lorca est passée entre nous. Jadis, nous avions jeté des œufs pourris à un poète franquiste en hommage au poète assassiné par les hordes de Franco. Et voici que le général mythique que nous vénérions assassinait le poète pour la deuxième fois. Nous avons tourné le dos au groupe et nous avons quitté le bar la rage au cœur.

Et, un beau jour, la bombe a éclaté. Il y a eu des rafles de police sur l'avenue du Prado, sur le Malecón, partout où les « pédés » se réunissaient. Tous les jeunes gens avec des cheveux un peu longs, aux jeans un peu serrés ou aux manières « raffinées » étaient considérés comme des *maricones*. Au début, ces rafles se limitaient au « petit peuple » et personne ne protestait. Puis la flicaille s'enhardit et commença à frapper plus fort et plus haut, dans les milieux artistiques. Ils s'en prirent à des personnalités connues, des acteurs... Un soir, Raquel Revuelta, codirectrice du Théâtre Studio, est venue me voir. La situation ne pouvait durer. Comme tous les directeurs de théâtre nous allions de commissariat en commissariat pour récupérer nos acteurs avant une représentation. Ce soir-là nous avons décidé d'unir nos forces.

L'Union des écrivains a convoqué tous ses membres. Son président, le poète Guillén, homophobe notoire, prit la parole et dit avec son ironie coutumière :

« Ecoutez, les gars, il faut absolument arrêter ces rafles. On commence par les pédés, puis on s'attaque aux yeux bleus, aux poètes noirs à cheveux blancs... on va tous y passer. »

Un de mes comédiens, un garçon aimable et rondouillard, vint nous voir après avoir fait un séjour à l'UMAP.

« Ils m'ont puni, je ne sais même plus pourquoi. Ils m'ont mis à poil, ce qui a fait rigoler toute la bande. Ils avaient ouvert un trou dans la terre. On m'a mis dans le trou jusqu'aux épaules, comme le personnage de l'Indien dans *Que viva Mexico !* de S.M. Eisenstein, enterré jusqu'au cou. Il pleuvait des cordes ce jour-là. Et ils m'ont laissé là, toute la nuit dans ce trou, sous une pluie battante. »

Vexations, coups, tortures...

Une délégation réunissant les plus hautes personnalités de la culture demanda à rencontrer Raúl Castro, commandant en chef de l'armée cubaine. Il écouta avec attention les plaintes et il promit de « s'en occuper ».

Le temps passait... Et les rafles continuaient. Pour beaucoup d'homosexuels, il n'y avait plus que l'exil. Et puis, un jour... Liesse générale dans le milieu gay. L'UMAP fut fermée. Sur ordre de Raúl Castro, deux gradés s'étaient déguisés en « pédés » et avaient subi les vexations et tortures que la police leur réservait. Ils firent un rapport... Ceux qui ont lu ce rapport affirment que la situation dans les camps de concentration castristes n'avait rien à envier aux goulags de Staline.

Le danger de l'UMAP venait d'être écarté, mais le pays n'était pas à l'abri d'autres coups de théâtre.

Le 3 octobre 1965 on assista à un nouveau psychodrame national.

Fidel Castro lut publiquement une lettre du Che qui disait renoncer à sa nationalité cubaine. Le Che y expliquait que « d'autres peuples de la Terre demandaient ses modestes services ». Il réitérait sa loyauté à la Révolution cubaine et son amitié fraternelle pour le Líder Máximo.

Chagrin et consternation. Che Guevara était une idole populaire. Pourquoi ce départ ? Où allait-il ? Que s'était-il passé entre Fidel et lui ?

Ceux de la nomenklatura avaient des choses à dire. Nous étions mieux informés que les autres. Je savais que si le Che prenait le pouvoir un jour où que ce soit dans le monde, il serait un dirigeant redoutable parce que, tel Robespierre, il se prenait pour un incorruptible. Il aurait pu devenir un nouveau Saint-Just, couper des têtes au nom de l'Idéal. Mais le Che, simple combattant parti vers d'autres horizons, méritait le respect pour son courage et son intégrité. Il détestait la langue de bois. Et son discours en Algérie, où il avait critiqué sans concessions l'Union soviétique, avait provoqué la fureur de Fidel.

A son retour d'Afrique, le gouvernement cubain au grand complet attendait l'Argentin à l'aéroport. Les frères Castro, le président Dorticós, des ministres, l'épouse du Che... Daiquiris et petits fours furent offerts dans le salon destiné aux personnalités. Les visages étaient graves, pas de blagues à la cubaine. Une ambiance extrêmement tendue. A un moment donné, le Che et Castro disparurent. Ils restèrent enfermés dans une maison du protocole pendant plus de deux jours. Un garde du corps qui s'occupait aussi de l'intendance dira plus tard qu'il avait entendu des éclats de voix, un tas de *coños* et *carajos* que Fidel et le Che se lançaient à la figure. Des gros mots. Le Che n'avait jamais eu peur de s'opposer au Líder. Cela, personne ne peut le nier.

L'histoire nous apprendra que Guevara était parti monter des opérations de guérilla au Congo qui avaient été un vrai désastre. Rentré secrètement à Cuba en 1966, il se préparait à poursuivre l'aventure en Bolivie, aventure qui se soldera par la tragédie que l'on sait et qui fera de lui le martyr, le héros christique dont le visage, reproduit à des millions d'exemplaires sur des T-shirts et des posters, a fait le tour du monde.

Absence critique du Che à Cuba, affaire de l'UMAP, l'année 1965 finissait avec un léger goût d'amertume. Les illusions perdues étaient de plus en plus difficiles à gérer. Restait le travail, la dolce vita de la nomenklatura, les voyages, bien sûr. Le sexe.

16

1966-1967. Mes années grises

Le 3 janvier 1966, Fidel Castro inaugure la « première conférence de solidarité avec les peuples d'Afrique, d'Asie et de l'Amérique latine », une rencontre internationale qui sera plus connue sous le nom chantant et rythmique de « Tricontinentale ».

Chaque fois que j'entends ce nom, me revient à la mémoire un film de Fred Astaire et Ginger Rogers, le couple magique, où ils dansent la continentale, *the continental dance.*

A la Tricontinentale de La Havane on ne dansait pas, on parlait. On parlait beaucoup, et trop souvent pour dire n'importe quoi. A cette époque la rhétorique remplaçait sans scrupules et sans complexes toute velléité de pensée. Les petits-enfants de Marx et d'Engels devaient se dire que ces vieux théoriciens n'étaient pas, comme eux, des hommes d'action... Et quels étaient les principes défendus par ces fanatiques de l'action ? C'est aux pauvres de la Terre que nous dédions nos discours ; ne leur mettons pas trop d'idées dans la tête. Donnons-leur plutôt, en guise de nourriture intellectuelle, des slogans simples et efficaces, des mots d'ordre qui frappent l'oreille et peuvent être repris dans la rue, au son du tambour.

> *Le peuple uni, jamais ne sera vaincu !*
> *Jusqu'à la victoire, toujours !*
> *Patrie ou mort ! Nous vaincrons !*

Le pouvoir des mots à la place des idées. L'image se substituant à la pensée. Etrange et exotique programme politique.

Je suis obligé d'assister aux séances de la Tricontinentale en tant que journaliste. Les délégués, qui se prennent très au sérieux, arrivent tous avec des porte-documents lourds, chargés de paperasse. La première chose qui me frappe ce sont les visages graves, les regards durs ou soucieux, l'allure pressée d'hommes qui n'ont pas le temps de regarder la vie du bon côté. Ces mêmes personnes, après deux verres de rhum, retrouvent leur vraie personnalité. Rires francs et communicatifs des Africains, sourires subtils des Asiatiques, sens de l'humour des Latinos.

J'observe le comportement des délégués à travers l'œilleton de mon appareil photo. Ils jouent un jeu, ce podium est pour eux comme une scène de théâtre. Les micros de toute la planète enregistrent leurs discours. Les caméras du monde entier captent leurs gestes. Je découvre la vérité cachée de chacun. Les bons comédiens, comme Castro, rompus aux prestations publiques. Le séducteur sûr de lui qui fait du charme. Le politicien timide paralysé par le trac. L'angoissé à la Woody Allen. Petit et frêle, ce combattant du Guatemala qui lit ses notes parce qu'il est incapable d'improviser devant un auditoire si important et fait tomber ses lunettes, singeant le matamore pour dissimuler sa fragilité...

En un mot, ça ne rigole pas, à la Tricontinentale : 512 délégués, 64 observateurs, 77 invités représentant 82 pays se retrouvent au Habana Libre, l'ancien Hilton de La Havane.

J'imagine que pour le Commandant Castro, la Tricontinentale est une apothéose, un moment fort, une des périodes les plus grandioses de sa vie !

J'ai entendu quelqu'un dire un jour : « Cuba est trop petite pour l'ambition de Fidel. »

La Perle des Antilles est la plus grande île de la Caraïbe, mais, comparée au Canada, au Brésil et même au Japon, c'est un grain de riz sur la mappemonde.

Alors, à quoi sert l'imagination au pouvoir ? A transformer la réalité.

En ce début d'année 1966, après huit ans de révolution, Fidel Castro n'était plus seulement le Líder Máximo de Cuba. Il affichait aussi sa vocation tiers-mondiste et avait invité chez lui tous les révolutionnaires et tous les terroristes de la planète.

« Rendons-nous à l'invitation de Castro », disaient les Algériens qui venaient d'obtenir leur indépendance.

« Rendons-nous à l'invitation de Castro », enchaînaient les Vietnamiens en guerre contre les Etats-Unis.

« Rendons-nous à l'invitation de Castro », reprenaient en chœur les soldats de l'armée des forces rebelles du Guatemala.

« Let's go to Castro's », chantaient les Black Panthers.

Castro était généreux. Il laissait des ardoises aux Soviétiques, aux Polonais, aux Tchèques... « Chez Fidel », une sorte de maison close subventionnée par les pays d'Europe de l'Est. Ils signaient les chèques pendant que le mac tropical, très mec, dépensait... Où passait tout cet argent ? A quoi servaient ces dépenses faramineuses ?

La Révolution est prodigue, au sens noble du terme. Seuls les anticastristes fondamentalistes pourraient le nier. Car tout est gratuit à Cuba. Ou presque. Les enfants sont nourris, habillés, ils vont à l'école d'Etat. De la maternelle à l'université. Qui dit mieux ? Des années plus tard, un touriste attendri s'étonnera de rencontrer, en pleine période spéciale, des chauffeurs de taxi qui sont ingénieurs ou médecins, des prostituées (celles qu'on appelle des *jineteras*) qui leur parleront de l'œuvre de Simone de Beauvoir ! C'est vrai, celui qui voulait obtenir un diplôme à Cuba pouvait le faire aux frais de l'Etat.

Les soins aussi sont gratuits. Avant la Révolution, les familles modestes se saignaient aux quatre veines pour pouvoir se payer des cliniques privées considérées, à juste titre ou non, comme plus sûres que les hôpitaux destinés au peuple. Les plus riches allaient se faire opérer à Boston ou à Paris.

Voilà à quoi servait une partie du pactole attribué par les pays frères à l'île antillaise.

Voilà pour les aspects positifs. Passons maintenant aux côtés négatifs.

Pour s'inscrire à l'université ou accéder aux postes les plus convoités, les diplômés de la Révolution devaient, de préférence, avoir leur carte du Parti. Entre un bon docteur membre du Parti et un excellent médecin sans sa carte du Parti, le premier avait plus de chances d'obtenir ce dont il rêvait.

Qu'ils soient diplômés ou non, tous devaient suivre la pensée unique car... « Contre la Révolution, rien ! ».

En même temps, Cuba dépensait des sommes folles pour s'armer, dans l'expectative d'une nouvelle invasion yankee. Le Commandant, cela devenait de plus en plus clair, n'acceptait pas les accords entre ce pédé de Nikita et Jack Kennedy, le milliardaire ignare.

Sans compter que Cuba subventionnait de nombreuses guérillas dans le monde dont les instigateurs étaient des copains de Fidel car... « Avec la Révolution, tout ! ».

La Révolution ! Elle avait bon dos, la Révolution.

Elle avait pris la place de Dieu. La papesse révolutionnaire avait son apôtre, son prince, son prophète barbu, Fidel, et le Prince dont avait rêvé Machiavel distribuait à tour de bras à ses amis guérilleros des armes, des armes, et encore des armes.

Je regarde à travers mon objectif les vedettes internationales présentes à la Tricontinentale.

Stokely Carmichael, charismatique en diable, physique d'acteur de cinéma et allure de maquereau sûr de lui, ce qu'il était. Il prend le micro avec une telle nonchalance qu'on dirait qu'il va nous chanter un calypso à la Harry Belafonte. Mais non ! Il nous réserve un discours haineux, prône « la haine comme facteur de lutte ». Assassinons froidement ! Nous, les Noirs, nous avons tellement souffert que, comme 007, nous avons licence pour tuer !

Et voici Yasser Arafat tout jeune, dents blanches et keffieh sur la tête, avec son compagnon Georges Habache, tous deux inconnus à l'époque, et qui sont venus faire la promotion de l'Organisation de libération de la Palestine.

Qu'elles aient un côté positif ou négatif, les dépenses somptuaires de Cuba représentaient un fardeau pour l'Union soviétique. Moscou, qui n'approuvait pas le développement de foyers de guérilla en Afrique et en Amérique latine, n'avait pas oublié le discours du Che en Algérie. C'est alors que l'imagination du Commandant entra en action.

Découvrant que le sucre pouvait être une formidable monnaie d'échange entre Cuba et l'URSS, Fidel décida de doubler, voire de tripler la production. Il décréta que pour la récolte de 1970, Cuba devait atteindre les dix millions de tonnes de sucre !

C'était un mot d'ordre, et on ne rigolait pas avec les mots d'ordre.

Cette fois, il sema la panique chez les ingénieurs-agronomes et les travailleurs de l'industrie sucrière. Je me souviens d'un dîner au cours duquel un directeur d'une centrale sucrière, après quelques *mojitos* absorbés à la hâte comme pour oublier la triste réalité, ne put retenir sa langue :

« On ne peut pas violer comme ça la nature ! Les seules lois qu'on ne peut pas rayer d'un trait dans ce pays, ce sont les lois de la nature ! La terre, la pluie, le vent, le climat se moquent pas mal des slogans et mots d'ordre. Et quand on la maltraite, la nature se venge ! »

Silence gêné autour de la table. Cet individu était-il un provocateur, un fou pour se permettre de dire des choses pareilles devant des inconnus ? De mettre en doute la sagesse du Líder ! Quel sot !

Et malgré son état d'ivresse avancé, le type se rendit compte qu'il venait de *meter la pata*, autrement dit, de faire une gaffe. Les murs ont des oreilles, et cette déclaration spontanée pouvait lui coûter très cher.

Pour rattraper le coup, il sourit, fit un geste désinvolte de la main.

« Bien sûr, Fidel a montré qu'il pouvait déplacer les montagnes. Sans compter la volonté et l'effort collectif dont est capable notre peuple ! »

Nous respirions. La maîtresse de maison apporta un *mojito* frais au bonhomme. Non, ce n'était pas un provocateur ni un type des services de renseignement cubains. Mais une personne honnête et sensée qui connaissait son métier. Pas un mouchard non plus, mais un homme désespéré. Doublé d'un visionnaire.

1970. La *zafra*, la récolte des dix millions de tonnes, est un échec total. Les énormes sacrifices consentis par le peuple cubain et les travailleurs de l'industrie sucrière n'ont pas suffi. La nature s'est vengée, ou plutôt elle n'a pas obéi. Les quotas n'ont pas été atteints. Et le Commandant a perdu son pari. Il a perdu la face aussi. Alors, devant la foule rassemblée place de la Révolution, Castro s'inventera un nouveau rôle dans cette comédie humaine dont il est l'acteur principal. Devant ce qu'il interprète comme une faillite personnelle, il dit qu'il va démissionner, lâcher les rênes du pouvoir, redevenir un citoyen lambda. C'est grosso modo le message de son discours interminable : je me suis trompé, je quitte le pouvoir, je m'en vais.

Ce jour-là, Fidel Castro méritait un Oscar. Ni Marlon Brando, ni Dustin Hoffman, ni Al Pacino, ni Robert De Niro, tous les quatre réunis, n'auraient pu réussir un tel coup de théâtre devant la foule rassemblée. Marcello Mastroianni, peut-être, cet immense séducteur, ce *latin lover* qui savait mêler assurance virile et sourire ravageur à un désarmant regard d'enfant.

J'ai un jour posé à Elisabeth Burgos, l'ex-épouse vénézuélienne de Régis Debray, la question suivante :

« Toi qui as bien connu Castro à l'époque où Régis et lui ne se quittaient plus, dis-moi, quel est son secret, comment fait-il pour les séduire tous comme il le fait ? »

Je savais que cette femme de caractère avait eu des désaccords avec le Commandant. Castro ne la respectait pas seulement parce qu'elle était la femme de celui qui avait écrit *Révolution dans la révolution*, un essai théorique imprimé à des millions d'exemplaires à La Havane et largement diffusé dans toute l'Amérique latine, non, Castro respectait Elisabeth parce qu'elle avait fait preuve d'un courage rare à l'époque où Debray se trouvait dans sa prison bolivienne.

Elle réfléchit, prit son temps avant de répondre :

« Fidel savait que je n'étais pas une inconditionnelle. Un jour il m'a dit : " Je sais que tu as des reproches à me faire... N'hésite pas. Je t'écoute. Je tiens à ton opinion... " Mise en confiance, je lui ai dit ce que j'en pensais. Et pendant tout le temps que je lui parlais, Fidel me regardait avec des yeux d'enfant. Il approuvait de la tête ou murmurait un simple " Tu as raison ". Je savais qu'il jouait la comédie. Il savait qu'il jouait la comédie, et, en même temps, à ce moment précis, il y croyait. C'est sa force. L'homme ment, on le sait, et pourtant on lui donnerait le Bon Dieu sans confession. »

En regardant un des nombreux documents filmés de la télévision française sur Cuba où l'on voit Fidel Castro, en 1970, faire son fameux discours sur l'échec de la *zafra*, je me suis souvenu des paroles d'Elisabeth Burgos.

« Je me suis trompé. Je pars si vous le voulez ! »

Et un chœur de voix s'élève pour hurler :

« Non, Fidel ! Reste, Fidel ! Donne-moi le F... Donne-moi le I... Donne-moi le D... »

Le Commandant accomplit les vœux de son peuple. Nous arrivons aujourd'hui à quarante-cinq ans de pouvoir absolu. Le plus ancien dictateur du monde. Tous les records ont été battus.

Quelqu'un, d'ici à vingt ans peut-être, oubliant le contexte politique et se plongeant dans l'immense documentation concernant le Commandant, écrira un livre qui aura pour titre *Fidel Castro ou l'Art de l'acteur.*

Lors de la Tricontinentale, je n'étais qu'un observateur. Mon statut de journaliste me permettait de faire des interviews et de poser des questions en toute naïveté. Je me suis rendu compte que tous les participants n'avaient qu'une seule idée en tête : faire la guerre, se battre, détruire, éliminer... Pour cela, il leur fallait des armes et de l'argent. Beaucoup d'armes et beaucoup d'argent. Quand je leur demandais s'ils avaient un programme une fois qu'ils seraient au pouvoir, ce qu'ils feraient après le triomphe de leur révolution, la plupart me regardaient comme si j'étais un demeuré et répondaient :

« Comme à Cuba. »

Les plus malins élucubraient sur le « bonheur du peuple » et les progrès à accomplir pour les générations futures.

Un soir de déprime, assis à mon balcon qui donnait sur le cimetière de Colón, je me mis à rêver, à mon tour, à tout ce qu'aurait pu gagner le peuple cubain avec le trésor dilapidé pour l'organisation de cette Tricontinentale. Qui se souciait du bonheur du peuple cubain ?

Cette manifestation réunissant les trois continents préfigurait les guerres africaines à venir. Car Fidel Castro était bien conscient, j'en ai la certitude, que l'île de Cuba était une trop petite nation pour accomplir ses ambitions de conquistador.

Après ma démission de la direction de l'Ensemble dramatique cubain, j'eus davantage de temps pour m'occuper de cinéma, et pour voyager. C'était une sorte de fuite en avant pour mieux oublier le désastre de ma vie privée. Je n'étais pas le seul. Le divorce (avec larmes et hurlements) semblait être devenu le sport préféré des Cubains. Une sorte de fièvre sexuelle s'était emparée du pays et touchait jusqu'aux membres du gouvernement qui n'hésitaient pas à quitter leurs compagnes pour des partenaires plus jeunes.

Le travail réveillait les appétits sexuels et servait d'alibi aux conquêtes féminines. C'est ainsi que Ramón F. Suárez et moi-même nous nous étions inventé un projet à Varadero.

Varadero, lieu de perdition, royaume de la *dolce vita*, avec ses filles et ses luxueux hôtels le long de la plage.

Suárez connaissait toutes les combines, il savait où se procurer les produits qu'on ne trouvait pas ailleurs : whisky de qualité, vin français, fromage et jambon...

J'écrivis en quinze minutes une idée de documentaire qui fut approuvée par le directeur de production de l'ICAIC. Il s'agissait de suivre le travail quotidien de *chorus girls*, des filles qui dansaient dans un spectacle de cabaret. On filmait leur entraînement, les répétitions, les exercices physiques... effort musculaire, peine et transpiration. Et le soir, on voyait les chenilles se transformer en papillons exotiques spectaculaires.

Nous disposions d'une vieille caméra qui tombait en panne avec une régularité tatillonne. La pellicule couleur venait d'Allemagne de l'Est. Nous ne savions pas que le pays frère avait envoyé des bobines de pellicule périmée. Une chance inespérée. Parce que nous avions tourné pendant trois jours ce documentaire musical de quinze minutes dans un état d'ivresse avancé ! Le film s'appelait *Show*, et, après le spectacle, les girls venaient nous rejoindre pour faire la fête. Vertige révolutionnaire où tous se retrouvaient, ministres, membres de l'armée, journalistes...

Au laboratoire notre pellicule couleurs vira au gris terreux. Bacchus nous protégeait ! Nous avons jeté, sans hésiter, le négatif à la poubelle.

1967. Cette fois-ci je tourne un long-métrage loin de La Havane. Le scénario est inspiré d'un fait divers de l'époque. Gibara. Une femme célibataire d'un certain âge, qui habitait une grande maison isolée, avait loué une chambre à un homme de passage qui s'était présenté comme un pilote. En fait cet homme n'était qu'un aventurier. La dame gardait dans un tiroir secret des bijoux hérités de sa grand-mère. D'après les articles de journaux, le pilote a essayé de la dévaliser et la dame lui a tiré dessus avec un revolver ayant appartenu à son défunt père. Un fait divers sordide qui exprimait cependant le désir de bon nombre des Cubains de quitter le territoire à n'importe quel prix.

J'ai fait de cette histoire un mélo flamboyant pour donner un beau rôle à Raquel Revuelta, une de nos meilleures comédiennes.

Pour être sincère, le scénario était plutôt bâclé et je comptais sur la photo du Hongrois Jorge Hajdu, le talent de mes acteurs et la beauté de la ville coloniale pour faire passer les faiblesses du scénario. Pour un rôle secondaire, mais néanmoins important, nous avions choisi une jeune chanteuse très aimée du public cubain : Luisa María Güell. Elle avait repris le succès international de Gigliola Cinquetti, *Non ho l'età*, une chanson sirupeuse et romantique qui racontait en trois minutes l'histoire d'amour d'une adolescente pour un homme plus âgé qu'elle. Luisa María était la vedette d'un spectacle de cabaret et je pris l'habitude de m'asseoir à une table pour lire des poèmes de Rainer Maria Rilke à la lumière d'une petite lampe en attendant son tour de chant. Je croyais que ma présence passerait inaperçue. J'appris plus tard que notre histoire faisait rire toute La Havane.

1967 fut aussi une année tragique pour la Révolution.

Vers la fin de l'année 1966, le bruit courut que Mario Monge, le secrétaire général du parti communiste bolivien, se trouvait à Cuba pour des discussions avec Fidel Castro. Dès janvier 1967, de nouvelles rumeurs circulèrent. De retour en Bolivie, Monge informa un cercle fermé que son parti ne soutiendrait pas, ni ne tolérerait le développement de la guérilla en Bolivie...

Et chacun de se demander ce que faisait le Che. De quelle guérilla parlait Monge ?

Quand soudain, le choc ! J'arrive un matin à l'ICAIC pour m'occuper du montage de *El huésped*. Mon collègue réalisateur Julio García Espinosa m'arrête à la sortie de l'ascenseur, une poignée de feuilles à la main.

« L'armée bolivienne vient d'arrêter Régis Debray et Roberto Ciro Bustos. Nous signons une pétition pour éviter qu'ils soient fusillés. On se demande si ça n'est pas déjà trop tard. »

L'affaire Régis Debray venait de commencer. Le monde entier s'émut de cette histoire. Debray était un jeune intellectuel très en vogue. Le général de Gaulle frappa du poing sur la table. Coup de poing qui devait, dit-on, sauver Debray et Bustos.

La tension montait à Cuba. Où qu'on aille, la question de savoir si le Che était en Bolivie ou pas alimentait les conversations. Ce peuple, grand amateur de feuilletons radiophoniques et de séries télévisées, transformait la situation du Che en matière à suspens.

Etait-il mort ? Etait-il vivant ?

Au café La Pelota, les gens faisaient discrètement des paris.

Un élément nouveau se produisit le 11 août 1967. Fidel Castro nomma le Che « citoyen honoraire de l'Amérique latine ». Tout le monde comprit qu'il s'agissait d'une sorte de couverture symbolique pour protéger le guérillero. Mais cela laissait aussi entendre que l'Argentin se trouvait en danger de mort.

Pendant ce temps, en Bolivie, le Che écrivait dans son journal :

« 14 août : un jour noir... »

Deux mois plus tard, le 19 octobre, un Fidel Castro au visage hiératique et au regard tourmenté annonça devant les caméras de télévision que le docteur Ernesto « Che » Guevara avait été capturé le 7 octobre et fusillé par l'armée bolivienne sur ordre de la CIA.

Le Che mourait en martyr et en héros. Son physique d'acteur de cinéma jouait en sa faveur. La célèbre photo de Korda fera du Che le concurrent de James Dean et de Marilyn Monroe au rayon des magasins de T-shirts. La photo de son cadavre sur une humble table, le visage émacié, telle une pietà évoquant un Christ de Mantegna, contribuera davantage encore à créer le mythe et à semer la confusion. Trente-cinq ans plus tard, une agence de voyage proposera de « parcourir le chemin du Che jusqu'au lieu de sa mort ». Les Indiens boliviens organisent des pèlerinages et allument des cierges à la mémoire du Santo. De nombreux films de fiction (tous également mauvais) sont tournés en espérant un succès commercial. A Cuba, de nos jours, le culte de Guevara bat son plein : statues, livres, posters géants, ainsi que toutes sortes de gadgets pour touristes. Après tout, l'économie du pays va mal et l'Argentin se vend bien...

Si l'au-delà existe, Che Guevara reviendra sur l'île de Cuba, un fouet à la main, pour chasser les marchands.

17

1968. L'année de tous les exils

Un secret bien gardé devait éclater en ce début d'année 1968 : rien n'allait plus entre les autorités cubaines, le Commandant en chef et le régime soviétique. Moscou avait l'habitude de se faire obéir dans les pays où le régime soviétique imposait ses dirigeants. Mais ceux qui avaient gagné leur place à la force des armes comme Tito, Mao et Castro montraient une tendance fâcheuse à n'en faire qu'à leur tête, à ne pas respecter le diktat des Soviets. Cuba était un pion trop important sur l'échiquier de l'URSS. Tout en évitant une rupture brutale, les dirigeants de celle-ci entendaient rappeler au Líder Máximo que si les Cubains mangeaient, roulaient en voiture et exportaient leur sucre, c'était bien grâce au pétrole soviétique et à la magnanimité de Moscou. Kossyguine avertit donc les Cubains que l'heure était aux restrictions et que les envois de pétrole à Cuba allaient se raréfier à partir de 1968. Adieu le précieux or noir que les navires soviétiques déchargeaient dans les ports cubains ! Bonjour, la pénurie qui obligerait désormais tous les Cubains à se serrer la ceinture.

Il s'agissait d'un bras de fer typique entre la superpuissance et ses pays satellites. Les Polonais, les Tchèques, les Hongrois avaient connu ces phases de mauvaise humeur, ils avaient dû incliner la tête et baisser le ton. Castro n'avait qu'à suivre leur exemple, abandonner sa politique aventuriste en Amérique latine, faire des économies à l'intérieur du pays, régler ses dissensions avec diplomatie, en évitant de laver son linge sale en public. Il faut croire que les docteurs en psychologie du KGB n'avaient pas su cerner le caractère véritable du dirigeant cubain, ni su prévoir ses réactions. Car Castro réagit toujours avec violence face à ce qu'il croit être une offense ou un défi.

Nous sommes venus écouter le discours-fleuve du Commandant, place de la Révolution, sans nous attendre à rien de spectaculaire. Depuis la mort de Guevara le peuple cubain a la gueule de bois. Cette mort marque la fin d'une époque.

« Ce matin j'ai fait un rêve, dit le technicien qui m'accompagne.

— Et alors ?

— Cuba était devenu le Costa Rica. Un petit pays d'Amérique centrale où il ne se passe jamais rien. »

Sur la tribune, voici que Castro prend le micro.

« Il a l'air fermé, note mon compagnon en me passant la caméra.

— Fermé, Fidel ? Dis plutôt qu'il a l'air furieux. »

J'observe son visage qui apparaît en gros plan dans l'objectif.

Son regard balaie l'immense place bondée de monde. Une foule dense, des milliers de gens en uniforme de la

Milice ou en civil attendent que le *Comandante* se lance. Fidel flaire son public. Il prend son temps pour mieux mettre en scène les éléments de sa dramaturgie. Il démarre d'un ton bas, la voix plus grave que d'habitude. Il fait de longues pauses, joue avec les micros devant lui, un instant même, il semble « ailleurs » comme s'il rentrait en lui-même et oubliait la foule. En ce début de neuvième année de la Révolution, les Cubains montrent qu'ils sont devenus patients et disciplinés. Le Líder réfléchit, le Cubain au garde-à-vous se tait.

« Il y a une couille », murmure le technicien qui aime les formules-chocs.

Et comme si le Commandant l'avait entendu, il entre dans le vif du sujet.

Tout y passe. Les conversations secrètes à La Havane avec Kossyguine. La réaction de Moscou. La déception qu'a provoquée chez les responsables cubains la manière qu'ont eue les Soviétiques de maltraiter notre petite île des Caraïbes. Moscou menace et Cuba s'insurge, son Commandant en chef le premier, bien sûr. Il a, poursuit-il, pris des décisions « au nom du peuple cubain » (ça n'est pas nouveau).

« Et si demain nous manquons de pétrole pour l'électricité, qu'à cela ne tienne, nous nous éclairerons aux bougies ! Et si demain les produits d'alimentation envoyés par l'URSS viennent à manquer, qu'à cela ne tienne, nous mangerons de la *malanga* (une sorte de manioc) et des patates douces ! Et si demain... »

Castro exige du peuple cubain que, par dignité, la nation entière se prépare à passer d'une abondance relative à une misère planifiée. Or, huit ans après le triomphe de la Révolution, ces grand-messes collectives avaient perdu l'élan et la spontanéité des premières années. Cette fois-ci la célèbre *alegría* cubaine, que les étrangers admirent tant, n'était pas au rendez-vous. Rien de joyeux dans cette corvée à laquelle il fallait se soumettre si on ne voulait pas être traité de contre-révolutionnaire.

J'étais là. J'écoutais les conversations. Je savais ce que pensaient mes compagnons de travail. Si la plupart des paysans et ouvriers continuaient à suivre les mots d'ordre et à y croire, un grand nombre de personnes, sans penser encore à s'exiler, n'avaient plus l'enthousiasme du début. On allait à la « manif » par devoir et par peur. Les comités de la Révolution étaient les yeux et les oreilles du parti fondé en 1965.

Et voilà cette foule disciplinée qui, en entendant ces très mauvaises nouvelles et les décisions qui ont été prises par-dessus sa tête, se met à hurler :

« Sí! Sí! Fidel! Sin petroleo! Con velas y malanga! Venceremos! »

« Oui! Oui! Fidel! Sans pétrole! Avec des bougies et de la *malanga* ! Nous vaincrons! »

« El santo descendió en Fidel y la gente esta en transe, hermano! »

Encore une fois mon copain technicien trouve le mot juste pour expliquer l'inexplicable.

« Fidel est possédé et la foule est en transe! »

En mars 1968, les déclarations du Commandant prirent un virage auquel personne ne s'attendait. Le Líder défendit l'argument d'une « offensive révolutionnaire », cataloguée de « révol-utilitaire » par les sceptiques.

« Savonarole est de retour », me dit un ami libraire d'origine suisse en préparant ses valises. Marié à une Cubaine il aurait voulu s'adapter et travailler à Cuba pour la Révolution, mais...

Cette offensive décrétait :

— la nationalisation des petites et moyennes propriétés qui existaient encore ;

— la fermeture de milliers de bars, night-clubs, cabarets et restaurants dans tout le pays ;

— le renforcement du « travail volontaire » dans les campagnes.

Nous avons tous compris que nous allions devoir serrer les rangs et mettre les bouchées doubles pour arriver aux dix millions de tonnes de canne à sucre en 1970. Ceci expliquait cela. Fermeture des lieux nocturnes, même les motels pour amants clandestins. Tout le monde devait se coucher avec les poules. Pour mieux se lever tôt le lendemain matin. Du sucre pour amadouer l'ours moscovite qui se faisait de nouveau câlin.

Le peuple cubain saura un jour que le commandant Raúl Castro, très aimé des généraux soviétiques, était allé faire un tour chez le grand frère de l'Est. Pragmatique et bon négociateur, il avait réussi à réconcilier les Soviétiques et les Cubains, renouant avec le ton fraternel d'antan. En échange de quoi ? Nous le saurons plus tard, quand les chars soviétiques envahiront la Tchécoslovaquie.

Je regarde autour de moi : mes amis les plus proches et les personnes que j'estime ont tous quitté le pays.

Andrée, mon ex-épouse française, est rentrée à Paris ; Ramón F. Suárez est à Madrid, Irma Alfonso aussi ; Nestor Almendros tourne à Paris avec les cinéastes de la nouvelle vague ; Luisa Maria Güell se trouve en Espagne ; Myriam Gómez est allée rejoindre Guillermo Cabrera Infante à Londres ; Ricardo Porro, l'architecte, a choisi Paris ; Carlos Franqui partira en Italie comme Myriam Acevedo qui intégrera la troupe de Luca Ronconi à Rome ; Antonia Rey et Andrés Castro ont trouvé refuge à New York... Le pays se vide de quelques-uns de ses talents les plus brillants.

Quelles raisons poussent ces artistes, ces écrivains à préférer l'exil ? Chacun pourrait donner mille raisons pour expliquer ce choix, mais l'exil, quoi qu'on en dise, est toujours déchirant. De plus en plus souvent, je repense à ce groupe d'exilés espagnols au milieu duquel j'ai grandi. Ils s'y sentaient bien, dans cette île ensoleillée, ils y parlaient leur langue, y retrouvaient leurs traditions : la cuisine régionale pour les uns, les sports traditionnels comme la pelote basque pour les autres. Ils avaient refait leur vie à Cuba. Ils étaient devenus des gens respectés qui n'avaient pas de raison de se plaindre de leur sort, et pourtant... La dictature de Franco les empêchait de rentrer chez eux, et la peur de mourir à Cuba sans pouvoir revoir leur pays restait comme un poignard fiché dans leur cœur.

Je me souviens de certaines soirées à la maison après un dîner offert par mon père à ses amis espagnols. Ils avaient bien mangé, bien bu, ils fumaient leurs cigares. La nuit était fraîche et toutes les portes-fenêtres étaient ouvertes sur le jardin car les hivers cubains, n'est-ce pas, sont comme les printemps de Saint-Sébastien-Donostia,

Vigo et même Madrid. Parfois leurs sourires se figeaient, leurs regards s'absentaient. Le silence tombait.

« Un ange passe. »

Ma mère et moi nous regardions le groupe d'hommes dans les fauteuils bas et les rocking-chairs... Elle comprenait leur silence et elle essayait de me le faire partager.

« Ils se font du mal, tu sais ? Ils se réunissent pour passer un bon moment mais rien n'y fait, chacun pense à son pays. L'Espagne n'est pas une nation, l'Espagne est une mosaïque, une *olla podrida*, un puzzle. Nous portons en nous notre pays, l'endroit où nous sommes nés. Pour moi c'est l'Andalousie, pour ton père la Castille, pour ton parrain l'*etche* natale, sa maison basque. »

Franco en Espagne, Castro à Cuba. Curieuse coïncidence. Un Galicien et un fils de Galicien dont la vie d'autant de gens dépend. Le pouvoir de faire peur. Tout dictateur est toujours une sorte de Golem. Il engendre une peur atavique, une peur irrationnelle.

L'UMAP avait vraiment été dissoute et pourtant des artistes homosexuels quittaient en masse l'île par peur des persécutions qui pourraient revenir. Mieux valait se méfier d'un gouvernement dont les dirigeants étaient tous des supermachos homophobes.

La peur guidait les pas des autres qui, catholiques comme Mario Parajón et Annabelle Rodríguez, refusaient de se plier au dogmatisme marxiste. Peur de rester pour toujours enfermés dans cette langue de terre entourée d'eau. C'est ce que je craignais le plus. De ne plus pouvoir sortir. J'évitais même le Malecón, car la vue de la mer à l'infini m'angoissait terriblement.

Je profitai de mes amitiés dans la nomenklatura pour bien me renseigner sur la menace réelle de fermeture totale du pays. Ceux qui voulaient s'exiler « officiellement » perdaient leur emploi, subissaient toutes sortes de tracasseries. On les envoyait couper la canne à sucre en attendant le visa du pays d'accueil qui leur permettrait de partir ; les gens qui voyageaient avec leur famille laissaient derrière eux maisons, voitures, souvenirs... Ils n'avaient droit qu'à une valise ou deux de vêtements, et dix dollars.

Ceux qui n'étaient pas encore fichés comme « contre-révolutionnaires » pouvaient négocier un permis de sortie de six mois pour un voyage d'étude, un contrat ponctuel à l'étranger... La politique à l'ICAIC était, à cette époque, d'accorder des « permis » en laissant à chacun le choix de rester à l'étranger ou de rentrer. Grâce à Saúl Yelin, je savais que cette politique se maintiendrait, même après le discours musclé du mois de mars. Quoique...

« On ne sait jamais avec Fidel... »

Et la phrase en l'air de Yelin me fit sérieusement réfléchir.

J'ai lu dans un journal un fait divers assez sordide. Cinq malfrats, deux hommes et trois femmes, se sont déguisés en religieuses et ont pris contact avec une famille riche de Miramar. Un couple, la mère de l'époux, une sœur de la femme, trois garçons adolescents. L'exil leur était interdit car les jeunes gens ne pouvaient pas quitter le pays avant d'avoir fait leur service militaire, fixé à dix-sept ans. Les malfrats leur assurèrent qu'une « association catholique clandestine » les aiderait à s'enfuir. Ils disposaient d'un bateau à moteur puissant qui pourrait, en quelques heures, les déposer sur une plage de Miami. L'association fonctionnait grâce aux libres dons de ceux qui choisissaient l'exil. Mise en confiance par la présence de trois nonnes, la famille dévoila ce qu'elle offrirait à l'association et ce qu'elle-même emporterait pour se refaire une vie aux Etats-Unis. Des bijoux et des dollars. Beaucoup de dollars. Rendez-vous fut pris, à l'aube, sur la plage de Cojimar. Mais lorsque la famille arriva, ils ne virent de bateau nulle part. Les malfrats les menacèrent avec des revolvers et, par excès de précaution, leur retirèrent leurs vêtements. Un peu plus tard dans la journée, la Milice ne tarda pas à découvrir le groupe, tout nu sur la plage. Les malfrats furent arrêtés et cette histoire absurde fit le tour de l'île.

J'eus l'idée d'en faire un film néo-réaliste tout en décors naturels et tourné caméra à la main. Puis, en parlant avec José Antonio Rodríguez, mon acteur préféré qui faisait partie de l'Ensemble dramatique national, une autre version s'imposa à nous. Et si j'écrivais une pièce où les nonnes seraient interprétées par des hommes, comme dans la tradition du théâtre asiatique que nous admirions tant ? Une dame riche remplacerait toute la famille. Quatre comédiens, en somme. Un seul décor. Rodríguez jouerait la « méchante » nonne et ferait la mise en scène ; le rôle de la mère supérieure serait confié à Carlos Ruiz de la Tejera, un merveilleux comédien ; Alicia Bustamante qui faisait partie de mon équipe de « jeunes » ferait la dame.

J'ai commencé l'écriture de cette pièce tout en tournant un film de « commande ». L'ICAIC voulait rendre hommage à Alicia Alonso, *prima ballerina* et directrice du Ballet national cubain. Alonso était un véritable monstre sacré et, pour beaucoup de gens à Cuba, un monstre tout court. Il y avait en elle quelque chose d'un Castro : elle dirigeait sa compagnie avec une poigne de fer et n'admettait aucune tête au-dessus de la sienne. Le corps de ballet était une petite armée disciplinée, d'une efficacité et d'une qualité admirables. Mais toute jeune danseuse qui rêvait, un jour peut-être, de prendre la suite d'Alicia Alonso devait aller chercher son bonheur ailleurs. Ni l'âge ni la maladie (elle était presque aveugle) n'empêcheraient jamais Alicia Alonso de danser et de régner sur le Ballet national cubain.

Adolescent, j'avais été un admirateur fervent de cette immense artiste. Je l'avais vue, à l'époque de l'American Ballet Theater de New York. Elle dansait avec autant de passion la très classique *Giselle* que le mambo de l'entraîneuse de *Fancy Free* ou la folle meurtrière de *Fall River's Legend.* Son solo, pieds nus, cheveux tombant sur les épaules, une hache à la main, est, encore aujourd'hui, un de mes souvenirs artistiques les plus émouvants.

Avec une diva si célèbre et une femme au caractère fier, habituée à commander, je m'attendais au pire. J'eus la surprise de me trouver devant une grande professionnelle qui accepta d'emblée et avec bonne humeur les contraintes et la discipline du tournage, une femme qui n'avait pas peur de prendre des risques. Elle accepta de tourner *Le Lac des cygnes* dans le bois de La Havane, et *Carmen,* la nuit, devant la façade prestigieuse de la cathédrale.

Nous préparions ma pièce de théâtre *Las Monjitas (Les Nonnes)* en espagnol. José Antonio Rodríguez s'avéra être un metteur en scène aussi rigoureux et inventif que l'acteur qu'il était. Nous avions choisi une petite salle qui s'appelait El Sotano, « La Cave ». Ça tombait bien puisque le décor de la pièce était une cave. Le décorateur d'origine espagnole avait eu la belle idée d'ajouter des poutres qui partaient de la scène et allaient jusqu'au fond de la salle.

« De façon à ce que le public se sente lui aussi dans cette cave où l'action se déroule. »

Rodríguez et son équipe avaient su extraire l'humour noir de cette pièce qui était née sous l'influence du cinéma de Luis Buñuel.

Tout se passait bien quand voilà que...

José Antonio vient me trouver sur le tournage d'*Alicia.* C'est un homme très intègre et direct, qui n'a pas l'habitude de prendre des gants pour annoncer de mauvaises nouvelles. Il lâche d'une voix grave :

« Le ministère de la Culture annonce que nous ne pourrons pas, pour le moment, présenter ta pièce. Manque de matériaux. Plus de bois pour le décor, pas de clous. Le plan quinquennal, tu connais ? »

Chaque compagnie, je le savais en tant qu'ex-directeur de troupe, disposait d'une quantité déterminée de matériel qu'elle devait gérer de son mieux. Pourtant, j'avais du mal à croire que le manque de bois et de clous fût autre chose qu'un mauvais prétexte. José Antonio m'assura que la pièce serait présentée plus tard. J'avais vécu sept ans et demi de révolution. Sept ans de réflexion. Supposons que le projet puisse voir le jour un an plus tard... Rien n'empêchait de mettre à contribution les éditions de l'Union des écrivains cubains pour publier la pièce. J'étais membre de l'Union depuis sa fondation et j'avais été président de la section théâtre. Mais les temps avaient bien changé. Edith García Buchaca était en résidence surveillée chez elle ; Mirta Aguirre et Vicentina Antuñez n'avaient plus aucun pouvoir dans la culture. Des apparatchiks disciplinés les avaient remplacées. J'ai donc donné à lire le texte au directeur de publication de l'UNEAC. Je le connaissais très bien. Ce catholique fervent faisait partie du cercle des amis intimes du grand poète José Lezama Lima. Il avait été un anticommuniste militant avant la Révolution.

Je le retrouvai dans son bureau. Il fit un éloge ambigu de ma pièce et m'annonça :

« Nous ne pouvons pas publier ton texte pour le moment. Nous manquons de papier. »

Je regardai autour de moi, balayant la pièce du regard les dernières publications de l'UNEAC. Il y avait des livres partout, des bulletins, des fascicules de toutes sortes. De quoi torcher le cul de toute la population cubaine. L'envie d'étrangler cet homme assis en face de moi était si forte que je quittai le bureau précipitamment, omettant de prendre congé en le traitant de salaud !

Le hasard voulut qu'en sortant de son bureau je rencontre l'ambassadeur de Cuba au Vatican. Nous nous connaissions d'avant la Révolution. Je lui ai raconté la pièce et mes déboires. C'était un homme intelligent, un cynique au sens des anciens philosophes. Il m'expliqua :

« Il y a trois ou quatre ans tu n'aurais eu aucun problème. Mais aujourd'hui, Cuba essaie de retrouver de bonnes relations avec le Vatican. Le thème de ta pièce, trois hommes habillés en nonnes, un meurtre, un rituel vaudou, un cadavre qui sort de sa tombe... Seigneur ! L'Eglise n'aime pas ce genre de blague !

— Est-ce qu'il y a un espoir de réaliser ce projet un jour ? »

Il me regarda comme si j'étais devenu soudain sénile.

« Envoie le texte partout où tu peux. En Argentine, au Mexique, en France, pourquoi pas ? Tu as des amis là-bas, non ? »

J'avais aussi une version française de ma pièce dans un tiroir de la maison. L'idée d'envoyer ce texte dans la nature me rendait triste et j'étais prêt à attendre le temps nécessaire.

Quand... le joli mois de mai 1968 est arrivé.

Je suis en train de tourner les dernières séquences d'*Alicia* en studio. En cette période de l'année, La Havane est envahie par les touristes français. Ils ont vécu la révolte des étudiants du mois de mai à Paris et ils viennent à Cuba pour voir de près la Révolution à l'œuvre. Mes relations avec les techniciens et ouvriers de l'ICAIC ont toujours été au beau fixe. J'admire leur compétence, leur respect du métier. Quelques-uns sont très militants, d'autres non, mais tous sont, à de rares exceptions près, très sympathiques. La relation de complicité qui s'est dès le début instaurée entre nous ne s'est jamais démentie. Les *Francesitas*, minijupes au ras des fesses, rendent fous les Cubains. Et moi, heureux de pouvoir parler la langue de Racine, je commence à recevoir sur le tournage ces demoiselles qu'ils ont draguées en leur disant : « Ça vous amuserait de voir comment on fait un film musical ici ? »

Un jour, un de mes compagnons de tournage me présente un couple à l'allure de hippies authentiques. Ils sont beaux, d'une élégance naturelle qui attire l'attention de tous au studio. Jean et Janine Assens viennent d'entrer dans ma vie. Il a les cheveux presque blonds et très longs, les yeux clairs et la peau bronzée. Peintre, professeur de dessin et décorateur. Professeur de langue française, Janine, avec sa jupe longue, ses bagues et son regard intense, a l'air d'une gitane splendide.

Si le coup de foudre existe en amour, il existe aussi en amitié. Une poignée de main et quelques phrases suffisent pour que nous nous retrouvions comme en famille. Par un hasard extraordinaire, ils arrivent le jour de la célèbre intervention du général de Gaulle.

C'est la pause déjeuner au studio. Artistes et techniciens partagent des sandwichs et une affreuse boisson sucrée qui nous tient lieu de Coca-Cola. Le chef opérateur a mis en marche le transistor pour avoir les nouvelles du jour. Nous entendons la voix ferme du général qui parle d'arrêter « la chienlit ».

Ce que le journaliste cubain traduit par « en finir avec le désordre ! ».

Applaudissements, acclamations parmi les danseurs et les ouvriers du studio. Le couple Assens me regarde.

« Comment est-ce possible ? Les révolutionnaires cubains n'appuient pas les étudiants français ?

— Non. Les révolutionnaires et communistes cubains réagissent comme les communistes français : ne faire aucune alliance avec les étudiants, ces fils à papa, ni avec les gauchistes soupçonnés de toutes les dérives : anarchistes, titistes, maoïstes, fils spirituels de Trotski... ce qui serait pire que tout. »

Nous continuons la conversation ailleurs. Je leur parle de mes voyages dans les pays de l'Est, de ma déception à la découverte du « monde communiste » et de mes doutes sur le chemin que prend la Révolution cubaine, de plus en plus aliénée à Moscou. Les Assens me racontent le printemps de Prague et l'espoir que ce mouvement fit naître chez tous ceux qui, à leur tour, contestaient le capitalisme et les injustices sociales.

Je leur donne à lire la version française de *Les Nonnes*. Ils me proposent d'en emporter une copie pour la confier à des amis parisiens.

« Sait-on jamais ?

— On ne sait jamais ! »

Une manière de sceller notre amitié.

L'été approchait et, avec lui, une promesse de changement dans les pays de l'Est. La maison de l'UNEAC n'avait jamais été aussi fréquentée. Il est vrai que son salon-bar, ses adorables serveuses et le jardin où l'on pouvait trouver un peu de fraîcheur à la tombée du jour nous attiraient comme des mouches. Mais l'Union des écrivains offrait encore un autre avantage. C'est là que nous pouvions lire toutes sortes de revues anglaises, françaises, italiennes et allemandes que le commun des mortels à Cuba n'avait pas la possibilité de consulter.

Le printemps de Prague était à l'ordre du jour. Le socialisme à visage humain. Un socialisme qui, tel le phénix renaissant de ses cendres, allait secouer ses plumes pour se débarrasser des scories accumulées au cours des ans : le stalinisme, la bureaucratie, la terreur imposée par le KGB, le goulag. Tout un programme en quelques mots.

« Si seulement l'Union soviétique pouvait accepter et intégrer ces changements ! »

Nous étions assis en cercle, un groupe de personnes dont je ne dirai pas les noms, car la plupart de ces écrivains vivent encore à Cuba. Nous rêvions en buvant nos *mojitos*. Une Tchécoslovaquie qui développerait un socialisme à la suédoise, jonglant avec les frontières du possible et de l'impossible pour ne pas réveiller la fureur de l'ours soviétique. Un socialisme qui pourrait influencer peu à peu celui de Cuba, si jeune. Nous voulions y croire... nous rêvions...

L'URSS ne nous en laissa pas longtemps le loisir. Nous retenions nos souffles en attendant la réaction du Líder Máximo.

« Que va dire Fidel ? »

Nous avions de l'espoir car, pour la première fois depuis la création de *Granma*, on publia les dépêches de toutes les agences de presse internationales.

« La parole vient de se libérer à Cuba ! » disaient mes collègues de l'UNEAC.

Je pensais à mes amis tchèques, Otomar Krecja et tant d'autres.

La Chine s'opposait à toute intervention de l'Union soviétique dans le pays frère. Que ferait Cuba ?

Et puis c'est l'horreur. L'URSS envoie son armée. Les chars soviétiques entrent à Prague. L'impensable vient de se produire.

Et le *Comandante* se décide à parler.

Il faudrait revoir les images de ce discours-là. Je n'en garde bien sûr qu'un très mauvais souvenir. Est-ce mon imagination ou la simple vérité ? Ce fut un discours robotisé, un discours sans inspiration. Je voyais le visage de Castro se dédoubler sur l'écran de télévision. Cette fois c'était net, le jeune rebelle qui vivait encore en lui laissait la place au militaire endurci, au dirigeant cynique, au dictateur latino-américain. Il répétait les informations dictées par le KGB. Toute la faute venait des Etats-Unis, la CIA s'apprêtait à faire main basse sur la Tchécoslovaquie pour faire de ce pays le paradis du dollar. Il insultait les étudiants tchèques qui avaient combattu comme les étudiants cubains à l'époque du dictateur Machado et du dictateur Batista. Le Líder Máximo balaya le printemps de Prague d'un geste de la main. L'ordre était revenu en Tchécoslovaquie.

« La patrie ou la mort ! Nous vaincrons ! »

Le slogan, soudain, résonna en moi comme une sinistre clameur. Prague avait voulu s'ouvrir à la vie, Castro répondait par un cri de mort.

Je me transforme alors en véritable thermomètre : la fièvre monte, descend, remonte, se stabilise... Je bous à nouveau. Je ne décolère pas depuis le discours de Castro. Le sort de mes amis de Prague m'inquiète. J'essaie de joindre Krecja directement, et les personnes à qui je parle ne peuvent me transmettre que des informations glanées ici et là :

« Otomar s'est exilé ! »

« Krecja est en prison ! »

« Il travaille en France... Non, en Belgique. Non, en... »

Mon ex-collaboratrice Soledad Ruiz, de retour au Mexique, n'arrive pas non plus à avoir des nouvelles précises.

Yelin me prend à part dans un couloir de la Cinémathèque.

« Tu es fou ? Cesse de radoter contre l'entrée des chars soviétiques à Prague. Arrête donc de dire tout haut ce que tu penses, ça va finir par te faire du tort. »

Le film sur Alicia Alonso est pratiquement fini. *Les Nonnes* ne seront ni présentées ni publiées à Cuba. Quand je ne travaille pas, je m'ennuie. Je m'invente des activités. Un jour, on m'invite à participer à des activités culturelles à l'ambassade de Chine et j'accepte. Ce n'est pas un choix innocent : le torchon brûle en ce moment entre Castro et Mao. Beijing (que nous appelons encore Pékin) s'est rebellé contre les pressions soviétiques et les Chinois ont condamné l'entrée des chars à Prague. Le journal *Granma* s'est moqué du bain rituel de Mao Tsé-toung traversant le Mékong à la nage. L'auteur de l'article ajoute quelques propos insultants sur « la sénilité de Mao, son culte de la personnalité... ».

Un après-midi je me rends à l'ambassade de Chine. Un jeune homme tout freluquet me reçoit en chemise et pantalon, un balai à la main. Je le prends pour le concierge et je le suis. Il m'installe dans une petite salle d'attente. Sur la table il y a plein de brochures. Le jeune homme m'offre un paquet de cigarettes chinoises et disparaît. Toutes les brochures, en espagnol, font l'éloge du président Mao et de la Révolution culturelle chinoise. J'allume une cigarette qui me fait tousser un long moment. Le jeune homme revient en complet cravate. C'est le conseiller culturel de l'ambassade. J'imagine qu'il m'a vu arriver derrière les volets de sa fenêtre et qu'il a fait cette mise en scène avec le balai pour jouer la scène de « l'intellectuel qui fait un travail manuel ».

Je suis le seul spectateur de cette scène. Un fauteuil confortable est mis à ma disposition pour visionner le programme « choisi spécialement pour moi ». Cinq documentaires de vingt minutes.

Des étudiants partent joyeusement s'incorporer aux brigades qui vont travailler dans les champs. Des jeunes quittent leurs salles de classe pour aller dans la rue « éduquer les masses ». Une place immense remplie de jeunes Chinois, tous en uniforme, filles et garçons, lisent à haute voix le *Petit Livre rouge* de Mao. Concentration collective, foi religieuse quand, soudain, un vent de folie parcourt l'assemblée. Les jeunes entrent en transe et lèvent le *Petit Livre rouge* en criant d'une seule voix :

« Mao ! Mao ! Mao ! »

Une voiture décapotable entre dans le champ. Debout derrière, le président Mao et Lin Piao, son bras droit de l'époque.

Le dernier documentaire me donne le vertige. C'est un morceau choisi. Un désert en Mongolie. On voit une masure perdue dans les étendues vertes, au milieu de nulle part. La caméra nous fait pénétrer dedans. Il y a des mannequins à la place des personnes. Il s'agit de la reconstitution d'un foyer ordinaire chinois. On quitte la masure et ses habitants de carton-pâte. Une prise de vues aérienne nous montre un régiment de cavalerie au repos. Des soldats souriants boivent un verre de liqueur et mettent des casques de protection. Le narrateur nous explique que ce bataillon de cavaliers « attend l'explosion d'une bombe atomique sur la petite maison ».

L'explosion se produit. Un champignon énorme et terrifiant monte dans le ciel.

Retour sur les cavaliers qui se dirigent vers l'endroit où la bombe vient d'exploser. Images floues qui deviennent plus claires. Il ne reste rien de la masure ni de ses habitants en carton-pâte. Les cavaliers sont descendus de leurs montures et se promènent sur le lieu de l'explosion ! Ils remontent sur leur cheval et retournent au campement où les attendent un général et d'autres soldats. Applaudissements. Sourires. Moralité : la Chine n'a pas peur de la menace nucléaire ni de l'impérialisme occidental, ce « tigre de papier ». La bombe atomique ne peut rien contre le défi de tout un peuple.

Je suis invité ensuite à « partager un buffet avec les membres de l'ambassade ». Une ravissante jeune fille habillée avec la traditionnelle tunique de soie et une jupe échancrée me sert des hors-d'œuvre, une liqueur de riz et prend note de mon temps libre pour m'inviter à participer à d'autres activités culturelles. Je réponds que j'ai beaucoup de temps libre en ce moment et que nous pourrions discuter de ces activités au cours d'un dîner en tête-à-tête. Elle sourit mais ne m'accorde pas de rendez-vous.

Trois jours plus tard, Alfredo Guevara me convoque à son bureau. Il a l'air d'excessivement bonne humeur.

« Tu es vraiment devenu français, maoïste, comme Godard, Sollers et les intellectuels parisiens ! »

Et après la boutade, le coup de gong.

« Les relations entre La Havane et Pékin ne cessent de se dégrader. Je ne sais pas à quoi tu joues et je m'en fiche. Le problème est le suivant. Regarde ! »

Il me montre une dépêche de l'agence de presse chinoise : « Un intellectuel et cinéaste cubain connu participe aux activités culturelles de notre ambassade. »

« En allant chez les Chinois, tu impliques l'ICAIC tout entier. »

Adieu jolie jeune fille chinoise ! Profitant de la bonne humeur de Guevara, je lui annonce tout de go que je dois me rendre à Paris pour des motifs personnels, pour accompagner mon fils que sa mère réclame et m'occuper de projets urgents en relation avec le théâtre et l'édition.

Le visage d'Alfredo Guevara s'assombrit. Son regard se fait noir et perçant. Après un long silence, il me dit :

« Pour que je puisse te donner le permis, il faut que tu m'apportes des preuves que ces projets existent. »

J'ai parlé sur un coup de tête, sans prendre le temps de réfléchir. Une improvisation, comme au cours de Tania Balachova. Je n'ai pas, à cet instant précis, décidé de partir, je n'ai d'ailleurs aucune envie de tout quitter, de tout recommencer de zéro à l'étranger.

Je viens de brûler mon navire, tel Hernán Cortés. Ce qui est dit doit être fait.

Je traverse le miroir. Né sous le signe des Gémeaux, je dispose d'un pouvoir de dédoublement. Je participe à une réunion autour d'une table, je me montre attentif, je réponds aux questions, je peux intervenir dans les discussions, et pourtant je suis ailleurs, là où personne ne peut m'atteindre, dans une nébuleuse toute proche de la folie, peut-être.

Au cours de ces dernières semaines à Cuba, j'organise ma vie en me divisant en deux. Le numéro un continue ses activités quotidiennes ; le numéro deux ne s'occupe que de préparer son départ. J'ai une relation épistolaire avec Christian Bourgois. Nous ne nous sommes jamais rencontrés, mais je comprends à travers ses lettres que c'est un homme en qui l'on peut avoir confiance. Je lui explique qu'il me faut « une raison valable » pour justifier un voyage à Paris et obtenir un permis de sortie de mon pays. Bourgois m'envoie une lettre parfaite, dont l'ambiguïté convient tout à fait à la bureaucratie cubaine. Trois jours plus tard, coïncidence ou message providentiel, Janine et Jean Assens m'annoncent que Roger Blin a lu *Les Nonnes* et qu'il envisage de présenter la pièce à Paris. Metteur en scène légendaire des *Paravents* et des *Nègres* de Jean Genet, de *En attendant Godot* de Beckett, Blin n'a pas de théâtre ni les moyens de produire un spectacle. Ce qui n'était qu'un beau projet deviendra réalité un an plus tard grâce à Renée Delmas et Etienne Bierry qui dirigent le Théâtre de Poche à Montparnasse.

Je fais parvenir les deux lettres à la direction de l'ICAIC et Alfredo Guevara me donne un rendez-vous pour discuter des modalités de mon départ.

« Nous sommes presque sûrs que tu vas rester en France. C'est mieux que d'aller à Miami. C'est moins grave pour toi que pour d'autres qui nous ont quittés. Avec ton air parisien et ton accent si peu cubain, de toute façon, tout le monde te prend pour un étranger ici. »

Avant de me donner le document qui me permettra d'acheter les billets d'avion en monnaie nationale, Guevara me montre un exemplaire du journal universitaire dirigé par Raúl Castro. Lui, Alfredo, était rédacteur en chef, Gutiérrez Alea, critique de cinéma, et moi, critique de théâtre. De vieux papiers jaunis sortis d'une vitrine. Est-ce sa manière de dire adieu à notre jeunesse ? Ou un reproche informulé ?

Cette preuve de notre amitié, tu la quittes à jamais.

J'ai deux billets d'avion, un pour mon fils et un pour moi. La Havane-Paris avec une correspondance assez longue à Madrid. L'autosuggestion m'aide à croire qu'il ne s'agit, peut-être, que d'une pause dans ma vie. Quelques mois en dehors de Cuba ne peuvent que me faire du bien. Une sorte de cure spirituelle.

J'avais déjà vécu longtemps en Europe et je n'étais pas naïf, je savais ce que coûtait le droit à la liberté dans un pays capitaliste. J'abandonnais une maison, un salaire confortable, un travail que j'aimais, les amis de mon adolescence, des petites amoureuses devenues des maîtresses passionnées, une île que tous considéraient comme un coin de paradis... Je quittais...

A quoi bon faire l'inventaire de ce que je quittais avec douleur, une énorme culpabilité et un malaise intérieur qui devaient nourrir des romans pas encore écrits. L'ironie de la situation venait de ce que je quittais TOUT pour RIEN. Il fallait avoir un grain de folie, ou l'instinct d'un joueur invétéré, ce que je n'étais pas. Je choisissais, sans le vouloir, un 21 septembre pour partir, le premier jour de l'automne. Et les hivers sont parfois très rudes à Paris.

Ne restait plus qu'un pas à franchir.

Je marche vers ma mère. Elle est dans le jardin où elle a fait fleurir avec beaucoup de patience un parterre de roses dont elle peut être fière. Cette bâtisse de deux étages est située en plein Vedado. Ma mère occupe la partie supérieure. De son balcon, elle peut contempler son jardin et ses roses.

Je viens de lui annoncer notre départ. Nous jouons tous les deux la comédie. Je fais comme si j'allais revenir dans six mois. Elle fait semblant de me croire.

« Quand vous reviendrez, les roses occuperont tout le reste du jardin. Il n'y aura que des roses et du jasmin, comme là-bas chez moi. »

Chez elle, en Andalousie. Elle ne m'a jamais parlé de ses parents, sinon vaguement. De sa grand-mère qui lui chantait des comptines juives dans le secret d'une famille marrane. Parfois elle évoquait un rêve d'adolescente : voyager de l'Andalousie au Pays basque et au Sud-Ouest français, Bayonne, Bordeaux... Puis remonter jusqu'à Salonique, en Grèce, et traverser la mer jusqu'au port d'Alexandrie pour finir en Turquie. Le parcours dramatique des Juifs expulsés par Fernand et Isabelle, les Rois Catholiques. Elle ne parlait pas de se rendre en Israël, comme si le fait d'avoir été « reniée » par ses parents (cela au moins je le savais) lui interdisait de mettre les pieds sur la terre où tout avait commencé. Le début de l'errance...

Ma mère répète comme un mantra :

« Quand vous reviendrez, les roses occuperont tout le reste du jardin. Il n'y aura que des roses et du jasmin. »

Il n'y a ni amertume ni chagrin dans sa voix, mais de l'espoir.

Dans six mois, dans un an...

J'ai fait tout mon possible, des années plus tard, pour la faire venir à Paris. Mais la bureaucratie révolutionnaire semblait plus fermée que jamais. Puis un jour, la nouvelle est arrivée.

Une voisine réveille ma mère au téléphone pour la prévenir qu'il y a un arrivage d'huile dans un magasin du quartier.

Et pour essayer de se procurer la bouteille d'huile indispensable à la cuisine espagnole qu'elle aime, ma mère se précipite dans l'escalier et roule du premier étage jusqu'en bas. Conduite à l'hôpital le plus proche, elle est soignée par un de ces jeunes médecins dont la Révolution vante les exploits. Le jeune docteur ne trouve aucun signe alarmant. A quatre-vingt-cinq ans, ma mère a l'air en parfaite santé, dans une forme éblouissante. Elle est habituée à monter et à descendre l'étage vingt fois par jour. Elle a l'énergie d'une montagnarde. De retour à la maison, elle ne cesse de s'activer. Trois jours plus tard, elle meurt dans son sommeil. Le jeune médecin a omis de lui faire une radiographie de la tête.

Nous sommes à l'aéroport, mon fils et moi. Saúl Yelin est venu avec ma mère. Pour les autres compagnons de l'ICAIC, je suis déjà un « ver de terre », un déserteur. J'ai fini le montage d'*Alicia*, la postsynchronisation aussi. Ne reste plus qu'à faire des copies à partir du négatif. Je n'ai pas eu le temps de le faire. J'apprendrai plus tard que le montage a été refait par quelqu'un d'autre et que mon nom a disparu du générique.

Avec la Révolution, tout.
Contre la Révolution, rien.

Nous quittons Cuba, mon fils et moi. Je m'envole, je disparais, je m'efface. Je connais la loi implacable de cette révolution à laquelle j'aurais tant voulu adhérer de tout mon cœur.

Nous dépassons le point de non-retour dont parle Guillermo Cabrera Infante dans un brillant article. Si l'avion a un problème, pourvu qu'il se pose sur un aéroport loin devant, pourvu qu'il ne revienne pas en arrière ! Les Bahamas s'éloignent.

J'arrive au point où je dois tout recommencer.

Adieu, La Havane.

Adios, Cuba.

Un jour... Oui... Un jour peut-être...

Remerciements

A Jean-Claude Fasquelle et Olivier Nora pour m'avoir suggéré d'écrire ce livre.

A Christophe Bataille pour son exigence fraternelle.

A Elsa Gribinski, Hélène Vinon, Marta Ramos Sicilia, Michel Massuyeau, Françoise et Laurent G. Manet pour leur lecture attentive.

A Véronique Petit, l'ange gardien de tous mes textes, et à sa loyauté indéfectible.

A Raphaël Sorin pour ses bons conseils de jadis. Une fois de plus à Françoise Verny.

Et à Fatima Souathia-Manet.

TABLE

I

II

III

Cet ouvrage a été composé et imprimé par

FIRMIN DIDOT
GROUPE CPI

Mesnil-sur-l'Estrée

pour le compte des Éditions Grasset
en avril 2004

Imprimé en France
Dépôt légal : avril 2004
N° d'édition : 13239 – N° d'impression : 67128
ISBN : 2-246-62781-8